***ACCESO GRATIS** a la Lectura en la Nube*

Para visualizar el libro electrónico en la nube de lectura envíe junto a su nombre y apellidos una fotografía del código de barras situado en la contraportada del libro y otra del ticket de compra a la dirección:

ebooktirant@tirant.com

En un máximo de 72 horas laborales le enviaremos el código de acceso con sus instrucciones.

La visualización del libro en **NUBE DE LECTURA** excluye los usos bibliotecarios y públicos que puedan poner el archivo electrónico a disposición de una comunidad de lectores. Se permite tan solo un uso individual y privado

DERECHOS HUMANOS DE LAS PERSONAS INDÍGENAS EN MÉXICO

DERECHOS HUMANOS DE LAS PERSONAS INDÍGENAS EN MÉXICO

JESÚS AGUILERA DURÁN
ESMERALDA HERNÁNDEZ HERNÁNDEZ
MIGUEL ÁNGEL HERNÁNDEZ GÓMEZ
Coordinadores

Editor
Dr. **JAVIER SALDAÑA ALMAZÁN**

tirant lo blanch
Ciudad de México, 2023

En caso de erratas y actualizaciones, la Editorial Tirant lo Blanch México publicará la pertinente corrección en la página web www.tirant.com/mex/

Este libro será publicado y distribuido internacionalmente en todos los países donde la Editorial Tirant lo Blanch esté presente.

Esta obra fue dictaminada bajo la modalidad de pares doble ciego, con base en las normas editoriales y metodológicas de la Universidad Autónoma de Guerrero.

© EDITA: TIRANT LO BLANCH
DISTRIBUYE: TIRANT LO BLANCH MÉXICO
Av. Tamaulipas 150, Oficina 502
Hipódromo, Cuauhtémoc, 06100, Ciudad de México
Telf: +52 1 55 65502317
infomex@tirant.com
www.tirant.com/mex/
www.tirant.es
ISBN: 978-84-1197-886-6

Si tiene alguna queja o sugerencia, envíenos un mail a: *atencioncliente@tirant.com.* En caso de no ser atendida su sugerencia, por favor, lea en *www.tirant.net/index.php/empresa/politicas-de-empresa* nuestro Procedimiento de quejas.

Responsabilidad Social Corporativa: http://www.tirant.net/Docs/RSCTirant.pdf

ÍNDICE

Prólogo 11

Introducción 13

DERECHOS HUMANOS DE LAS PERSONAS INDÍGENAS EN EL CONTEXTO CONVENCIONAL Y MEXICANO
JESÚS AGUILERA DURÁN
PAOLA GONZÁLEZ LUNA
ESMERALDA HERNÁNDEZ HERNÁNDEZ

I. Introducción 15
II. Derechos humanos de las personas indígenas en el ámbito convencional 17
III. Los derechos humanos de las personas indígenas en México . 28
IV. Vulneración de los derechos humanos de las personas indígenas 32
V. Casos ante la Corte Interamericana de Derechos Humanos en relación a los derechos indígenas 38
VI. ¿Cómo garantizar eficazmente los derechos humanos de las personas indígenas? 42
VII. Conclusiones 44
VIII. Fuentes de investigación 46

DIVERSAS PROBLEMÁTICAS EN LA APLICACIÓN DE LOS DERECHOS HUMANOS EN LOS PUEBLOS ORIGINARIOS
JOSÉ ANTONIO SOTO SOTELO
GUSTAVO DÍAZ ALARCÓN

I. Introducción 49
II. Antecedentes de los derechos de los pueblos originarios en la Constitución 51
III. El reconocimiento de los derechos humanos de los pueblos originarios 64
IV. Contexto actual de los derechos de los pueblos originarios 67
V. Diversas problemáticas en la aplicación de los derechos humanos en los pueblos originarios 69

VI. Conclusiones 73
VII. Fuentes de investigación 74

DERECHOS HUMANOS DE LAS PERSONAS INDÍGENAS IMPUTADAS DE UN DELITO EN MÉXICO
JUAN MANUEL ÁVILA SILVA
HUGO ENRIQUE MAYO CASTREJÓN
RAUL ÁVILA SILVA

I. Introducción 77
II. Marco jurídico de los derechos humanos de las personas indígenas imputadas de un delito 78
III. Criterios de la Suprema Corte de Justicia de la Nación en la aplicación de los derechos humanos de las personas indígenas imputadas de un delito 86
IV. Problemática de los derechos humanos de las personas indígenas imputadas de un delito 108
V. Conclusiones 110
VI. Fuentes de investigación 111

LA JUSTICIA Y FAMILIA INDÍGENA EN MÉXICO
VERA JUDITH VILLA GUARDIOLA
ANAYICEL VALENZUELA BARBOZA

I. Introducción 113
II. La justicia indígena en México 115
III. El derecho humano a la familia en los pueblos indígenas 119
VI. Evolución histórica de la justicia y familia indígena en México 121
V. Marco jurídico de la justicia indígena en México 125
VI. Situación actual y análisis de la justicia indígena en México 129
VII. Conclusiones 131
VIII. Fuentes de información 133

ACCESO A LA JUSTICIA A TRAVÉS DE LA MEDIACIÓN INDÍGENA
OMAR DAVID JIMÉNEZ OJEDA
MARÍA JOSÉ OSEGUERA NARVÁEZ

I. Introducción 137

II. El derecho de acceso a la justicia desde la normatividad nacional e internacional 138
III. La mediación como forma de garantizar el derecho humano de acceso a la justicia 144
IV. Mediación y el acceso a la justicia de los pueblos indígenas 148
V. Conclusión 153
VI. Fuentes de investigación 154

LOS DERECHOS HUMANOS Y EL ACCESO A LA JUSTICIA DE LAS PERSONAS INDÍGENAS EN MÉXICO
VÍCTOR MANUEL ARCOS VÉLEZ
MARTIN EDUARDO SALMERÓN GARCÍA
ABUNDIO GONZÁLEZ REYES

I. Introducción 157
II. Los derechos humanos, su inserción en nuestra legislación 159
III. Análisis y contrastación de la legislación y las formas de justicia tradicional 168
IV. Conclusiones 178
V. Fuentes de investigación 179

LA MADRE TIERRA EN LAS COMUNIDADES INDÍGENAS COMO SUJETA DE DERECHOS
JUAN MANUEL ORTEGA MALDONADO
LIZETH JULIANA GARCÍA ATRA

I. Introducción 181
II. Marco teórico 183
III. La Madre Tierra 189
IV. La situación en México 192
V. Los derechos de la naturaleza en la experiencia ecuatoriana 194
VI. Un actor inesperado: la Suprema Corte de Justicia de la Nación 202
VII. Conclusiones 203
VIII. Fuentes de investigación 204

EL DERECHO AL TRABAJO DECENTE DE LOS MIGRANTES INDÍGENAS EN MÉXICO: EL CASO DE LOS TRABAJADORES GUATEMALTECOS EN CHIAPAS

LEONEL CASTRO ACOSTA
LUIS ENRIQUE CONCEPCIÓN MONTIEL

I. Introducción 207
II. Contexto de los migrantes indígenas en el Estado de Chiapas 210
III. Marco jurídico regulador 216
IV. Derecho al trabajo decente 221
V. Conclusiones 223
VI. Fuentes de investigación 224

DERECHOS POLÍTICO-ELECTORALES DE LAS PERSONAS INDÍGENAS COMO GARANTE DE LA DEMOCRACIA

BENITO LIMA MONTAÑO
ARISTEO VILLALBA CORTEZ
MIGUEL ÁNGEL HERNÁNDEZ GÓMEZ

I. Introducción 227
II. Origen de la ciudadanía 229
III. Marco jurídico en la normatividad electoral en favor de las comunidades indígenas 233
IV. Criterios relevantes en materia electoral indígena 242
V. Conclusiones 248
VI. Fuentes de investigación 250

PRÓLOGO

Escribir un prólogo siempre es un privilegio, especialmente cuando una obra es producto de la investigación colegiada con impacto social, dedicada a una temática que reclama no solo nuestra atención, sino recordar que las personas indígenas son parte de nuestra identidad nacional, por ello, desde que los doctores Jesús Aguilera Durán, Esmeralda Hernández Hernández y Miguel Ángel Hernández Gómez me extendieron la invitación, sin duda motivaron mi interés.

Derechos humanos de las personas indígenas, no es solo una obra, es un proyecto que se compone de investigaciones que están relacionadas con los Programas Nacionales Estratégicos del CONAHCYT, México, pero además, que son realizadas por investigadoras e investigadores del núcleo académico y estudiantes del Doctorado en Derecho de la Universidad Autónoma de Guerrero, en vinculación con destacadas y destacados investigadores de otras universidades del país.

Es un libro que al momento de su lectura, provoca grandes reflexiones a partir del estudio que ofrece de las personas indígenas como un grupo que históricamente ha sido vulnerado, identificando distintas problemáticas como: un deficiente acceso a la justicia, su ejercicio democrático, la educación pública excluyente, la desigualdad social y discriminación interseccional, así como de las restricciones a la autodeterminación para regirse según sus usos y costumbres, sin olvidarse de la sustentabilidad y la cosmovisión que las comunidades tienen de la madre tierra, proponiendo entonces, diversas soluciones y alternativas, por ejemplo, a través de las políticas públicas para garantizar y materializar los derechos humanos previstos en la Constitución Política de los Estados Unidos Mexicanos y en los tratados internacionales de los que México es parte.

La arquitectura del libro incluye temas pertinentes, de gran relevancia y adicionalmente, puedo afirmar, que cada capítulo contribuye a la generación del conocimiento de frontera en el ámbito de la investigación de las ciencias jurídicas, con el análisis de: diversas problemáticas en la aplicación de los derechos humanos de los pueblos originarios; derechos humanos de las personas indígenas imputadas de un delito en México; la justicia y la familia indígena en México; los derechos humanos y el acceso a la justicia de las personas indígenas en México; acceso a la justicia a través de la mediación indígena; la madre tierra en las comunidades indígenas como sujeta de derechos; el derecho al trabajo decente de los migrantes indígenas en México: el caso de los trabajadores guatemaltecos en Chiapas; y derechos político-electorales de las personas indígenas como garante de la democracia.

Leer esta obra se vuelve un referente para todas y todos aquellos estudiosos del derecho que deseen ampliar sus conocimientos en derechos humanos de las personas indígenas, y de quienes estén ávidos en el saber de estos temas, ya que su metodología nos ofrece una construcción epistemológica profunda, acompañada de elementos técnicos y casos, que hacen que este libro se sume a la doctrina jurídica como una guía para el ejercicio del derecho.

Dra. JESSICA CRISTINA ROMERO MICHELSNI I

Directora de la Facultad de Derecho de la Universidad de Colima y Coordinadora del Doctorado Interinstitucional en Derecho

INTRODUCCIÓN

La presente obra Derechos humanos de las personas indígenas, que los amables lectores tienen en sus manos, en donde investigadoras, investigadores y estudiantes del Doctorado en Derecho de la Universidad Autónoma de Guerrero, junto con destacadas profesoras y profesores investigadores de universidades nacionales, escriben sobre temas vinculados con los Programas Nacionales Estratégicos (PRONACES), del CONAHCYT, México. Aborda temas de actualidad sobre los derechos humanos indígenas.

El objetivo principal de esta obra fue poner en contexto los diversos aspectos jurídicos que inciden en la protección y garantía de los derechos humanos de las personas indígenas, los que provocan discriminación, afectan profundamente su dignidad e impiden el desarrollo de su potencial tanto en lo personal, como miembros de un grupo vulnerable de la sociedad.

La obra tuvo como objetivo analizar temas de relevancia sobre los derechos humanos de las personas indígenas, en donde los autores culminaron con rigor científico cada uno de los siguientes capítulos: Derechos humanos de las personas indígenas en el contexto convencional y mexicano, diversas problemáticas en la aplicación de los derechos humanos de los pueblos originarios, derechos humanos de las personas indígenas imputadas de un delito en México, la justicia y familia indígena en México, los derechos humanos y el acceso a la justicia de las personas indígenas en México, acceso a la justicia a través de la mediación indígena, la madre tierra en las comunidades indígenas como sujeta de derechos, el derecho al trabajo decente de los migrantes indígenas en México: el caso de los trabajadores guatemaltecos en Chiapas y derechos político-electorales de las personas indígenas como garante de la democracia.

Los referidos capítulos, dan vida a una obra donde se analizan temas de actualidad de los derechos humanos y del derecho indígena, y que son resultados de investigaciones vinculadas a las Líneas de Investigación y de Incidencia Social (LIES) del programa educativo de Doctorado en Derecho de la Universidad Autónoma de Guerrero, México, nuestro reconocimiento a los autores y coautores. Esperando que, con dicha obra, se aporten soluciones para mejorar nuestras instituciones en beneficio de la sociedad.

Los coordinadores de la obra

DERECHOS HUMANOS DE LAS PERSONAS INDÍGENAS EN EL CONTEXTO CONVENCIONAL Y MEXICANO

Jesús Aguilera Durán*
Paola González Luna**
Esmeralda Hernández Hernández***

SUMARIO: I. Introducción. II. Derechos humanos de las personas indígenas en el ámbito convencional. III. Los derechos humanos de las personas indígenas en México. IV. Vulneración de los derechos humanos de las personas indígenas. V. Casos ante la Corte Interamericana de Derechos Humanos en relación a los derechos indígenas. VI. ¿Cómo garantizar eficazmente los derechos humanos de las personas indígenas? VII. Conclusiones. VIII. Fuentes de investigación.

I. INTRODUCCIÓN

Los derechos humanos como facultades inherentes a las personas, una vez reconocidos en el marco jurídico nacional e inter-

* Profesor Investigador de Tiempo Completo de la Universidad Autónoma de Guerrero de la Maestría y el Doctorado en Derecho Programas inscritos en el SNP-CONAHCYT. Integrante del Sistema Nacional de Investigadores nivel I, CONAHCYT México. Doctor en Derecho y Globalización, correo electrónico: jesusaguilera@uagro.mx, ORCID: 0000-0001-6428-2199

** Licenciada y maestra en Derecho por la Universidad Autónoma de Morelos (UAEM), estudiante del Doctorado en Derecho de la Universidad Autónoma de Guerrero (UAGro), programa inscrito en el SNP-CONAHCYT. Correo electrónico: pao.luna05@hotmail.com

*** Profesora Investigadora de Tiempo Completo de la Universidad Autónoma de Guerrero (UAGro) de la Licenciatura, de la Maestría y el Doctorado en Derecho Programas inscritos en el SNP-CONAHCYT. Doctora en Derecho. Correo electrónico: 11670@uagro.mx

nacional, se convierten en el arma más poderosa para exigir que se proteja la dignidad de las personas de una forma garante. En otras palabras, cuando las autoridades, que se encuentran vinculadas a promoverlos, respetarlos y garantizarlos, no cumplen con sus obligaciones, se deben poner en movimiento los mecanismos tanto procesales constitucionales como los convencionales para exigir su cumplimiento.

Lamentablemente, no es ocasional, que se presente la vulneración de los derechos reconocidos tanto constitucional como convencionalmente. Esto debido a la falta de compromiso estatal para cumplir con sus obligaciones, lo que pone en situación de vulnerabilidad a determinados sectores de la población, entre ellos, las personas indígenas, quienes representan un porcentaje significativo en la población nacional.

"En 2020, la población total en hogares indígenas era de 11 800 247 personas, lo que equivale a 9.4 % de la población total del país; 51.1 % de la población en hogares indígenas eran mujeres y 48.9 %, hombres".[1] Por lo tanto, se debe poner especial atención para que este sector de la sociedad sea protegido de forma efectiva en sus derechos.

Sin importar que los derechos humanos de las personas indígenas están reconocidos en diversos tratados internacionales emanados tanto de la Organización de Naciones Unidas, como de la Organización de Estados Americanos y en la propia Constitución Política de los Estados Unidos Mexicanos, se siguen presentando diversas violaciones a sus derechos como puede ser una falta de acceso a la justicia, una educación excluyente, una discriminación interseccional, una salud deficiente, la desigualdad social y las restricciones a la autodeterminación para regirse en todos los aspectos inherentes a este sector social.

Por lo que es necesario que se analicen los derechos a la luz de lo antes expuesto y con ello, provocar una reflexión para que se

---

1 INEGI, *Comunicado de prensa* núm. 430/22, 8 de agosto de 2022, México, p. 2.

propongan visos de solución con el objetivo de que se garanticen los derechos humanos de las personas indígenas.

II. DERECHOS HUMANOS DE LAS PERSONAS INDÍGENAS EN EL ÁMBITO CONVENCIONAL

De acuerdo al Alto Comisionado de las Naciones Unidas para los Derechos Humanos, los derechos humanos son derechos inherentes a todos los seres humanos, sin importar su nacionalidad, lugar de residencia, sexo, origen étnico o nacional, color, religión, idioma o cualquier otra condición. Además, estos derechos están interrelacionados, son independientes e indivisibles.

Actualmente se habla de derechos humanos de primera, segunda, tercera y cuarta generación, en la primera generación encontraremos los derechos civiles y políticos, los cuales están relacionados con las atribuciones del individuo para disfrutar de la vida, la propiedad, la libertad, la igualdad, la seguridad, la capacidad para expresar su opinión, organizarse políticamente, designar a sus gobernantes por medio del voto, etcétera.[2] Mientras que los derechos humanos de segunda generación también son conocidos como derechos humanos emergentes, en esta generación se incorporan algunos de los derechos socio-económicos configurados en los últimos tiempos como la sanidad, la educación, las pensiones, los subsidios por desempleo y las vacaciones pagadas.[3] Por otro lado, de acuerdo a la Agencia de la ONU para los refugiados, Comité Español, los derechos humanos de tercera generación son:

> ... una actualización de la Carta de 1948. Están motivados por una serie de preocupaciones globales propias de finales del siglo XX y princi-

---

2 Corres Moisés, Jaima Bailón, *Derechos humanos, generaciones de derecho, derecho de minorías y derechos de los pueblos indígenas; algunas consideraciones legales*, Centro Nacional de Derechos Humanos, 2008, p. 109.

3 García García Antonio-Claret, "Derechos humanos de segunda generación: el acceso al crédito", *Temas para el debate*, ISSN 1134-6574, Nº. 157 (dic.), 2007, p. 77.

> pios del XXI, principalmente el deterioro del medio ambiente y sus efectos negativos en la calidad de vida de las personas.
>
> Estos derechos han sido incorporados progresivamente en una lista tras numerosas cumbres y encuentros mundiales, como por ejemplo el que tuvo lugar en Barcelona en 1992...[4]
>
> Dentro de los cuales podemos encontrar el derecho al desarrollo sostenido, derecho a la autodeterminación de los pueblos, derecho a la paz, derecho a la protección de los datos personales, derecho al patrimonio común a la humanidad, derecho a gozar de un medioambiente sano, etcétera; finalmente, los derechos humanos de cuarta generación surgen a partir de las nuevas formas que cobran los derechos de primera, segunda y tercera generación en el entorno del ciberespacio. Las tecnologías de la Información y de la comunicación (TIC) representan un gran beneficio para la hiperconexión, la compartimentación de conocimiento.[5]

Los derechos antes mencionados son considerados como derechos humanos, estos los gozarán todas las personas, incluyendo a las personas indígenas, que habitan en el mundo.

Entre este catálogo de derechos, se pueden encontrar algunos que son específicos para aquellas personas que están dentro de este grupo social indígena, que es considerado vulnerable. Los derechos humanos tales como el derecho a la libre determinación, a la cultura, a la consulta previa, a la elección de sus propias autoridades, solo por mencionar algunos, mismos que se encuentran estipulados en diferentes instrumentos de carácter jurídico a nivel internacional y nacional.

1. Los derechos humanos de las personas indígenas en la ONU

La Declaración de las Naciones Unidas sobre los Derechos de los Pueblos Indígenas fue aprobada por el Consejo de Derechos Humanos de la ONU el 29 de junio de 2006; y aprobada por la

---

4 Agencia de la ONU para los refugiados, Comité Español, ¿Cuáles son los derechos humanos de tercera generación?, *https://eacnur.org/blog/derechos-humanos-tercera-generacion-tc_alt45664n_o_pstn_o_pst/*

5 Martínez Guerrero, Rodolfo, "Derechos humanos de cuarta generación y las tecnologías de la información", *Derechos fundamentales a debate*, Comisión Estatal de Derechos Humanos, Jalisco, p. 137, *http://historico.cedhj.org.mx/revista%20DF%20Debate/articulos/revista_No12/ADEBATE-12-art8.pdf*

Asamblea General de la ONU, en su resolución A/61/L67, el 13 de septiembre de 2007. Surge por la evolución del derecho internacional de los Derechos Humanos, *David Chacón Hernández* refiere que "la Declaración es un mínimo, un conjunto de principios generales de los cuales se derivan muchos otros derechos particulares de cada pueblo indígena de cada país y de cada región, según se plasme en sus respectivos ordenes jurídicos consuetudinarios".[6]

Dicha Declaración contiene 46 artículos en los cuales se reconocen los derechos humanos y fundamentales de los pueblos indígenas, en su mayoría establecidos: "*...en la Carta de las Naciones Unidas, la Declaración Universal de Derechos Humanos y las normas internacionales de derechos humanos*".[7] Entre los cuales encontramos el derecho de los pueblos indígenas a la libre determinación, prescrito en el artículo 4 que a la letra dice: "Los pueblos indígenas, en ejercicio de su derecho a la libre determinación, tienen derecho a la autonomía o al autogobierno en las cuestiones relacionadas con sus asuntos internos y locales, así como a disponer de medios para financiar sus funciones autónomas ".[8]

Además, reconoce los derechos humanos individuales y colectivos de los Pueblos Indígenas, la diversidad cultural, el derecho de los pueblos indígenas a la libre determinación en materia de políticas estatales, el derecho al consentimiento previo, libre e informado, tal como lo establece en su artículo 30 que a la letra dice: "Los Estados celebrarán consultas eficaces con los pueblos indígenas interesados, por los procedimientos apropiados y en particular por medio de sus instituciones representativas, antes de utilizar sus tierras o territorios para actividades militares".[9]

El derecho a la participación de los pueblos indígenas en la mencionada Declaración, se establece en su artículo 41 que pres-

---

6 Chacón Hernández David, *Democracia, Nación y Autonomía Étnica, El derecho fundamental de los indígenas,* México, Editorial Porrúa, 2009, p 293.

7 ONU, Declaración de las Naciones Unidas sobre los Derechos de los Pueblos Indígenas en: https://www.ohchr.org/sites/default/files/Documents/Publications/UNDRIPManualForNHRIs_SP.pdf, febrero, 2023.

8 *Ídem.*

9 *Ídem*

cribe: "*...asegurar la participación de los pueblos indígenas en relación con los asuntos que les conciernan*".[10]

El derecho a poseer, utilizar, desarrollar y controlar bajo sus propias costumbres y sistemas la tenencia de las tierras, derechos laborales, derecho de los pueblos indígenas a impartir educación en su propio idioma y utilizarlo en las actuaciones políticas, jurídicas y administrativas, también tienen derecho a la autonomía o autogobierno en las cuestiones relacionadas con los asuntos internos y locales, asimismo, contempla disposiciones para prevenir la discriminación.

Los pueblos indígenas también deben gozar de otros derechos: derecho para disponer de los medios para financiar sus funciones autónomas y el derecho a mantener y fortalecer su propia relación espiritual.

Por lo que dicha Declaración es un instrumento jurídico mediante el cual quedan reconocidos y protegidos los derechos de los pueblos indígenas, así como las obligaciones que tienen las diferentes autoridades con estos grupos. Además, se debe subrayar que la Declaración también establece que los miembros de los pueblos indígenas deberán ser partícipes de las decisiones que pretendan un beneficio para la comunidad, con ello, se estipula que se debe priorizar el consentimiento de las personas indígenas en todos los asuntos que les atañen de forma directa, ya que serían ellos quienes resientan las afectaciones y, por ende, deben ser quienes las valoren y aprueben.

2. *Los derechos humanos de las personas indígenas en la OIT*

A. Convenio numero 107 sobre pueblos indígenas y tribales en países independientes de la OIT

El Convenio 107 sobre Pueblos Indígenas y Tribales de la Organización Internacional del Trabajo (OIT) fue aprobado el 26 de junio de 1957 en Ginebra Suiza, entrando en vigor el 2 de junio

---

10 *Ídem*

de 1959, del cual México forma parte, aprobado por el Senado mexicano el 26 de diciembre de 1958 y ratificado por el Estado Mexicano el 1 de junio de 1960.

En el Convenio 107 de la OIT en sus primeros 10 artículos contiene los Principios Generales, estableciendo a quienes deberá de aplicarse el convenio, es decir, a los miembros de las poblaciones tribales y semitribales en los países independientes considerados indígenas por el hecho de descender de poblaciones que habitaban en una región geográfica a la que pertenece el país, en la época de la conquista o la colonización y que, cualquiera que sea su situación jurídica, viven más de acuerdo con las instituciones sociales, económicas y culturales de dicha época que con las instituciones de la nación a la que pertenecen.[11]

El citado Convenio también hace referencia a las acciones, que los Estados parte están obligados a realizar, como por ejemplo diseñar programas coordinados y sistemáticos para proteger a estos grupos de personas, así como también medidas encaminadas a la protección de sus instituciones, integrantes, bienes y trabajo, cuando se vean limitados a obtener beneficios del sistema jurídico del Estado al que pertenezcan dentro de una situación social, económica y cultural.

Por otra parte, hace mención que para la aplicación de las disposiciones de este Convenio 107 deberán de tomarse en cuenta los valores culturales y religiosos así como su organización social y por cuanto a la resolución de sus conflictos al interior, ya sean individuales o colectivos, con el objetivo de proteger e integrar a estas poblaciones, se vincula al Estado a buscar la colaboración, disponer de oportunidades que estimulen los medios para su desarrollo, mejorando las condiciones de trabajo, de vida y de educación.

Dentro de esta Parte I, además, se menciona que para definir sus derechos y obligaciones se deberá de tomar en cuenta al

---

[11] OIT, Convenio 107 sobre Pueblos Indígenas y Tribales en Países Independientes, en: *https://www.ilo.org/dyn/normlex/es/f?p=NORMLEXPUB:12100:0::NO::P12100_ILO_CODE:C107,* febrero, 2023.

Derecho consuetudinario, respetando sus costumbres y tradiciones, porque sus integrantes no serán limitados a ejercer dichos derechos, posteriormente, habla de los métodos de control para evitar los delitos dentro de la población anteponiendo los intereses colectivos y su ordenamiento jurídico, también menciona algunas prohibiciones como la prestación obligatoria de servicios personales remunerados o no impuestos por algún miembro de la comunidad y, finalmente, establece que las personas que sean parte de estas poblaciones deberán ser objeto de protección de detenciones preventivas así como contar con recursos legales que amparen los derechos que posiblemente sean violentados, pero, en caso de que estas sean conforme a las leyes nacionales deberá de considerarse el grado de evolución cultural y deberán emplearse métodos de readaptación acordes al respeto de los derechos humanos.

En la Parte II, se aborda el tema referente a las tierras, la cual está integrada por cuatro artículos (11-14), abocándose al Derecho a la propiedad tanto individual como colectiva, favoreciendo a los pueblos y a sus integrantes, preservando la conservación de su territorio a menos que el desplazamiento sea a beneficio del Estado de acuerdo a la legislación nacional de cada país, estará obligado a proporcionarle otro espacio en el cual pueda desarrollarse libremente. Por otra parte existe la posibilidad de entregar una compensación en caso de que fuera así su deseo de los integrantes de esas comunidades, con respecto a las formas de la transmisión de derechos, deberá de respetarse la legislación nacional, satisfaciendo las necesidades de estas comunidades, también hace mención de las medidas que se deberán de implementar para que personas ajenas a estas comunidades no abusen de la ignorancia de los sujetos y finalmente, en este apartado, hace referencia a los programas agrarios nacionales, los cuales tendrán el objetivo de garantizar el disfrute de otros sectores de la colectividad nacional además de promover el fomento de las tierras.

En la Parte III, se abordan las contrataciones y las condiciones de empleo respecto de los integrantes de estas comunidades, este apartado hace referencia a la protección de los trabajadores integrantes de estas comunidades evitando siempre cualquier discriminación, de igual forma, hace mención de la formación profesional, artesanías e industrias rurales, en donde se vela por la igualdad, de la necesidad que podrían existir programas generales de formación profesional proporcionando los medios para el desarrollo de los integrantes, basado en la evolución cultural u otros factores a considerar, por cuanto a las artesanías y las industrias rurales hace mención que deberán fomentarse con la finalidad del crecimiento económico de la población, considerándolo como patrimonio cultural.

Por otro lado, en la Parte V se aborda lo relacionado a la seguridad social y sanidad, la cual deberá ser extendida a los trabajadores asalariados y a las demás personas pertenecientes a la población. También se le delega la responsabilidad a los Estados para que proporcionen los servicios de sanidad adecuados para dichas poblaciones.

La Parte VI hace referencia a la educación y medios de información, los Estados deberán adoptar las medidas necesarias para proporcionar dicha educación sin discriminación alguna, con la creación de programas educativos, los cuales deberán adaptarse a la etapa alcanzada, por cuanto al proceso social, económico y cultural. De igual forma, refiere que a los niños y niñas se les deberá enseñar a leer y escribir en su lenguaje materno para asegurar su preservación, pero cuidando su transición de la lengua materna a una nacional u oficial.

El Convenio contempla a los Pueblos y Comunidades Indígenas, a los que les reconoce sus derechos, siendo uno de los más importantes el derecho a la participación en la toma de decisiones que le beneficie de manera individual o colectivamente, lo cierto es que también el Estado Mexicano reconoce ese derecho de los integrantes de los Pueblos y Comunidades Indígenas, sin embargo, en la actualidad aún se presenta la exclusión de estos grupos por el resto de la población, por lo que será necesario garantizar los derechos que les son reconocidos.

B. Convenio número 169 sobre pueblos indígenas y tribales en países independientes de la OIT

El Convenio 169 sobre pueblos indígenas y tribales en países independientes de la OIT fue uno de los primero convenios que se preocupó por el reconocimiento de los pueblos y comunidades Indígenas, es decir, por sus Derechos Humanos, después del Convenio 107 de la OIT sobre Pueblos indígenas y tribales independientes, Convenio que cobró vida mismo que tiene como objetivo terminar con la discriminación contra los Pueblos Indígenas, los cuales son denominados por el mismo convenio en su artículo 1.1.b) de la siguiente manera: "... Considerados indígenas por el hecho de descender de poblaciones que habitaban en el país o en una región geográfica a la que pertenece el país en la época de la conquista o la colonización o del establecimiento de las actuales fronteras estatales y que, cualquiera que sea su situación jurídica, conservan todas sus propias instituciones sociales, económicas, culturales y políticas, o parte de ellas ".[12]

Este Convenio está integrado por 40 artículos en los cuales se engloba lo relacionado con la Política General, las tierras, la contratación y condiciones de empleo, la formación profesional, artesanías e industrias rurales, seguridad social y salud, educación y medios de comunicación, contratos y cooperaciones a través de las fronteras, administración, disposiciones generales y disposiciones finales, así mismo contempla disposiciones que previenen la discriminación como se enuncia en el artículo 2.2.a que a la letra dice: "*...dichos pueblos gozarán, en pie de igualdad, de los derechos y oportunidades que la legislación nacional otorga a los demás miembros de la población*".[13]

Por otro lado, reconoce derechos diferenciados, es decir, medidas especiales, como derechos sobre los recursos naturales, así como el derecho a la participación en la utilización, administra-

---

12 Convenio 169 de la OIT sobre Pueblos Indígenas y Tribales en Países Independientes en: *https://www.gob.mx/cms/uploads/attachment/file/30118/Convenio169.pdf*, febrero, 2023.

13 *Idem.*

ción y conservación de dichos recursos, derecho a la salud, derechos colectivos relacionados con la libre determinación y la autonomía, entre otros. Pero resulta de particular relevancia para el presente trabajo de investigación, el derecho de participación de los miembros de los pueblos y comunidades indígenas, en los siguientes términos:

"establecer los medios a través de los cuales los pueblos interesados puedan participar libremente, por lo menos en la misma medida que otros sectores de la población, y a todos los niveles en la adopción de decisiones en instituciones electivas y organismos administrativos y de otra índole responsables de políticas y programas que les conciernan;"[14]

También el derecho a decidir sus prioridades para su desarrollo tal cual lo establece en su artículo 7.1 que a la letra dice: "... afecte a sus vidas, creencias, instituciones y bienestar espiritual y a las tierras que ocupan o utilizan de alguna manera, y de controlar, en la medida de lo posible, su propio desarrollo económico, social y cultural. Además, dichos pueblos deberán participar en la formulación, aplicación y evaluación de los planes y programas de desarrollo nacional y regional susceptibles de afectarles directamente".[15]

El Convenio 169 es de los más avanzados, además, como bien lo menciona *Leila Jiménez* que ha servido de presión para el ejercicio de derechos y el cuestionamiento y adecuación tanto de políticas públicas como de las legislaciones a escala nacional.[16] Ha sido influyente para la creación de diversos instrumentos jurídicos que regulan los Pueblos y Comunidades Indígenas, tanto en instrumentos jurídicos de carácter federal, estatal como municipales en los diferentes Estados que ratificaron dicho Convenio.

---

14 *Idem.*

15 *Idem.*

16 Jiménez Leila, *Programa de Cooperación sobre Derechos Humanos México-Comisión Europea, Derechos Humanos de los Pueblos Indígenas*, Secretaría de Relaciones Exteriores, México, 2006, p, 81.

3. *Los derechos humanos de las personas indígenas en el ámbito interamericano*

A. Convención Americana sobre Derechos Humanos

La Convención Americana sobre Derechos Humanos fue suscrita en la Conferencia Especializada Interamericana sobre Derechos Humanos en San José, Costa Rica del 7 al 22 de noviembre de 1969, la cual contiene 82 artículos en los cuales se contemplan los deberes de los Estados miembros, así como los derechos protegidos derechos civiles, políticos, económicos, sociales y culturales. Habla también de la suspensión de garantías, interpretación, aplicación, de los deberes de las personas, de los órganos competentes, de la Comisión Interamericana de Derechos Humanos, por cuanto a su organización, sus funciones, sus competencias, de los procedimientos, así como también de la Corte Interamericana de Derechos Humanos, de igual manera de su organización, competencias y funciones, del procedimiento, además de las disposiciones comunes de la Convención, de las disposiciones generales y transitorias englobando la firma, ratificación, reserva, enmienda, protocolo y denuncia de las disposiciones transitorias.

Algunos de los artículos de suma importancia para el presente capítulo es el 1° que a la letra dice:

> 1. Los Estados Partes en esta Convención se comprometen a respetar los derechos y libertades reconocidos en ella y a garantizar su libre y pleno ejercicio a toda persona que está sujeta a su jurisdicción, sin discriminación alguna por motivos de raza, color, sexo, idioma, religión, opiniones políticas o de cualquier otra índole, rigen nacional o social, posición económica, nacimiento o cualquier otra condición social.
> 2. Para los efectos de esta Convención, persona es todo ser humano.[17]

Este artículo reviste importancia toda vez que, los países que han ratificado dicha Convención están obligados a respetar los derechos consagrados en la misma, sin distinción alguna, es decir,

---

[17] Convención Americana sobre Derechos Humanos, disponible en: *https://www.cndh.org.mx/sites/default/files/doc/Programas/TrataPersonas/MarcoNormativoTrata/InsInternacionales/Regionales/Convencion_ADH.pdf, febrero 2023*

deberán ser garantizados y respetados, sin discriminación, a todas las personas que sean parte de algún Estado de la Convención. Otros de los artículos importantes son el artículo 15 y el 16, los cuales se refieren al derecho a la reunión y a la libertad de asociación, respectivamente. Como a continuación se muestra:

> "ARTÍCULO 15.- Se reconoce el derecho de reunión pacífica y sin armas. El ejercicio de tal derecho sólo puede estar sujeto a las restricciones previstas por la ley que sean necesarias en una sociedad democrática, en interés de la seguridad nacional, de la seguridad o del orden público,...
>
> ARTÍCULO 16.- 1. Todas las personas tienen derecho a asociarse libremente con fines ideológicos, religiosos, políticos, económicos, laborales, sociales, culturales, deportivos o de cualquier otra índole. 2. El ejercicio de tal derecho sólo puede estar sujeto a las restricciones previstas por la ley que sean necesarias en una sociedad democrática en interés de la seguridad nacional".[18]

Además del derecho a la asociación y el derecho a la reunión también son de suma importancia los derechos políticos, los cuales se encuentran consagrados en el artículo 23 que a la letra dice:

> "1. Todos los ciudadanos deben gozar de los siguientes derechos y oportunidades:
>
> a) de participar en la dirección de los asuntos públicos, directamente o por medio de representantes libremente elegidos;
>
> b) de votar y ser elegidos en elecciones periódicas auténticas, realizadas por sufragio universal e igual y por voto secreto que garantice la libre expresión de voluntad de los electores, y
>
> c) de tener acceso, en condiciones generales de igualdad, a las funciones públicas de su país.
>
> 2. La ley puede reglamentar el ejercicio de los derechos y oportunidades a que se refiere el inciso anterior, exclusivamente por razones de edad, nacionalidad, residencia, idioma, instrucción, capacidad civil o mental, o condena, por juez competente, en proceso penal".[19]

Y el artículo 24 el cual hace mención que todos somos iguales ante la ley, y que literalmente establece: *Todas las personas son iguales ante la ley.*[20] Como se puede observar este instrumento es

---

18 *Idem.*

19 *Idem.*

20 *Idem.*

de gran utilidad, pues a través de este se van a garantizar derechos importantes, así como establece las obligaciones de los Estados que han ratificado dicho instrumento a proteger y garantizar dichos derechos, además de que ayudará a disminuir las violaciones a este grupo de personas por parte de las diferentes autoridades.

III. LOS DERECHOS HUMANOS DE LAS PERSONAS INDÍGENAS EN MÉXICO

1. Ordenamientos jurídicos nacionales y estatales de los pueblos y comunidades indígenas

En la legislación mexicana se contemplan disposiciones emanadas de diversos instrumentos jurídicos de carácter internacional, nacional y estatal, que reconocen a los pueblos y comunidades indígenas, así como sus derechos, los cuales deben ser promovidos, respetados, protegidos y garantizados por las diferentes autoridades, sin embargo, los instrumentos de carácter internacional también se contemplan en el sistema jurídico mexicano ya que la Constitución establece que "*En los Estados Unidos Mexicanos todas las personas gozaran de los derechos humanos reconocidos en esta Constitución y en los tratados internacionales de los que el Estado Mexicano sea parte, así como de las garantías para su protección, cuyo ejercicio no podrá restringirse ni suspenderse, salvo en los casos y bajo las condiciones que esta Constitución establece*".[21]

La Constitución es el instrumento de mayor jerarquía dentro del territorio nacional, la cual reconoce a los pueblos y comunidades indígenas, específicamente en el artículo segundo al establecer que "*La Nación tiene una composición pluricultural sustentada originalmente en sus pueblos indígenas...*"[22] También contempla los derechos que tienen los integrantes de estos pueblos y comunidades, así como las obligaciones que tienes las diferentes autorida-

---

21 Constitución Política de los Estados Unidos Mexicanos, consultada en *https://www.diputados.gob.mx/LeyesBiblio/pdf/CPEUM.pdf*, febrero 2023.

22 *Idem.*

des. Existen normas de carácter nacional, en las que se regulan los derechos de los pueblos indígenas, como la Ley del Instituto de los Pueblos Indígenas y la Ley General de Derechos Lingüísticos de los Pueblos Indígenas.

A nivel estatal también existe legislación que reconoce los derechos indígenas, en las Constituciones de cada Entidad Federativa, algunas de ellas cuentan con leyes sobre derechos indígenas, ejemplo de ello, en el Estado de México existe la Ley que crea el Organismo Público Descentralizado denominado Consejo Estatal Para el Desarrollo Integral de los Pueblos Indígenas del Estado de México, en el Estado de Morelos la Ley de Fomento y Desarrollo de los Derechos y Cultura de las Comunidades y Pueblos Indígenas del Estado de Morelos y en el Estado de Puebla la Ley de Derechos, Cultura y Desarrollo de los Pueblos y Comunidades Indígenas del Estado de Puebla, solo por mencionar algunas.

Es preciso mencionar que en el ámbito municipal encontramos la Ley Orgánica Municipal de cada Estado, por ejemplo, en la del Estado de Morelos establece que "Los ayudantes municipales serán electos por votación popular directa, conforme al principio de mayoría relativa. En las comunidades indígenas de cada uno de los municipios que conforman al Estado, se procurará proteger y promover los usos, costumbres y formas específicas de organización social".[23] Así como en algunos Bandos Municipales, como por ejemplo el Bando Municipal de Tianguistenco 2017 estableciendo que "El municipio de Tianguistenco está integrado por dos etnias que son náhuatl y otomí... Con fundamento en el artículo 78 de la Ley Orgánica Municipal del Estado de México y en relación con el contenido de la Ley de la Comisión para el Desarrollo de los Pueblos Indígenas, se deben respetar los derechos de los mismos; así como alentar su participación e inclusión..."[24]

---

23 *Idem.*

24 Bando Municipal de Tianguistenco, Estado de México, Artículo 162, consultado en *https://tianguistenco.gob.mx/wp-content/uploads/2023/01/BANDO-MUNICIPAL-2023.pdf*, febrero 2023.

2. Usos y costumbres de los pueblos y comunidades indígenas

El Derecho Indígena también es considerado como Derecho Consuetudinario o Sistema Consuetudinario, es llamado así porque es construido por la práctica reiterada de acciones convirtiéndose en la costumbre, que ha sido eficiente para la solución de los conflictos, la forma de organización en diferentes aspectos, como en la administración de justicia, en la representación de cada pueblo, solo por mencionar algunos y que en la actualidad estas costumbres han sido reconocidas por las diferentes autoridades del Estado Mexicano, al mismo tiempo han sido respetadas por las mismas, logrando así de alguna manera el reconocimiento pleno de las comunidades indígenas, sus derechos y por ende, del Derecho Indígena.

Además, es de gran importancia establecer que como los indígenas practican una serie de actividades que son determinantes para su relación y su convivencia, puesto que a través de estas se han regido desde su creación, tan es así que al paso de los años estas actividades han sido reiteradas y se han convertido en costumbres las cuales son reconocidas por los integrantes de cada comunidad, que también son reconocidas y algunas respetadas por el Estado; el *Instituto de Investigaciones Jurídicas* de la Universidad Nacional Autónoma de México considera a la costumbre como;

> "Regla de derecho que funda su valor en la tradición y no en la autoridad del legislador. Se opone al derecho escrito... La existencia de una comunidad, la mera pluralidad de individuos, presenta costumbres de las cuales el individuo no puede divorciarse. Nuestras comunidades más altamente desarrolladas y civilizadas del mundo moderno se encuentran tan repletas de costumbres como las comunidades primitivas del pasado. Esas costumbres son quizá más racionalizadas y, para la mayoría, menos supersticiosas de lo que fueron en la antigüedad: pero, en la realidad, son igual de numerosas y poderosas..."[25]

---

25 Instituto de Investigaciones Jurídicas de la Universidad Nacional Autónoma de México, *Diccionario Jurídico Mexicano,* Tomo A-CH. Ed. Porrúa. México. 2011, pp. 764- 765.

Es notorio que dichas costumbres no están en el derecho escrito, sin embargo, son respetadas por los integrantes de la sociedad, aunque es necesario hacer mención que dichas costumbres no son respetadas en su totalidad, toda vez que, en la actualidad, se vulneran algunos de sus derechos y, por consecuencia, en algunas ocasiones se van perdiendo dichas costumbres. Otros autores, como *Emma Nogales* afirman que:

> "La costumbre es la repetición constante y general de actos de generación en generación y que se imponen a la colectividad con la misma obligación de una Ley. De aquí que se desprenden los elementos constitutivos de la costumbre que son: la unveterata consuetudo (costumbre inveterata), que es el elemento objetivo, que se traduce en esa repetición constante de actos u hechos de generación tras generación y la opinio juris seu necesitatis que es el elemento por el cual la sociedad acepta esas normas consuetudinarias como si fueran leyes.[26]

Las tradiciones también son características esenciales de las comunidades indígenas ya que a través de estas son identificadas y reconocidas entre sus integrantes los pueblos indígenas, "la cual está vinculada con la forma de organización de las mismas, pues una tradición es "sinónimo de identidad cultural y por tanto involucra las creencias, comportamientos, sensibilidades y en general todo aquello que forma parte de su pasado y su presente ".[27]

De tal modo que la falta de leyes o disposiciones constitucionales o convencionales no es la razón para concretar el cumplimiento de los derechos humanos, porque como se ha expuesto, tanto en la práctica nacional como en el ámbito convencional los derechos humanos de las personas indígenas, en la letra, están perfectamente protegidos y son vinculantes para el Estado mexicano.

---

26 Nogales de Santivañez, Emma, *Derecho Municipal*, Segunda Edición, Editorial Jurídica TEMTS, La Paz, Bolivia, 2013, p. 11.

27 Hernández Huerta, Miguel Ángel, *La asistencia social indígena, deber de los gobiernos municipales del Estado de México*, Porrúa, 2006, p. 92.

IV. VULNERACIÓN DE LOS DERECHOS HUMANOS DE LAS PERSONAS INDÍGENAS

Este apartado, principalmente, se enfoca en la vulneración de los derechos humanos de la comunidad indígena en México, tomando como premisa que el menoscabo de sus derechos, en la mayoría de las ocasiones, es estructural, ya que es provocada o ejecutada por los integrantes de las instituciones, por parte de los órganos del Estado, minimizando, excluyendo y muchas veces totalmente ignorando a los integrantes de los pueblos y comunidades indígenas.

Las violaciones de derechos humanos de los pueblos y comunidades indígenas siempre han existido de alguna forma. El Estado Mexicano ha sido omiso para actuar, pues no ha logrado la garantía integral de sus derechos humanos, teniendo como consecuencia un poco o nulo desarrollo en diferentes aspectos, por ejemplo, el acceso a los servicios primarios como a la salud, la educación, la vivienda digna, solo por mencionar algunos.

También a causa de la vulneración de los derechos humanos de las personas indígenas, se crean barreras, que se convierten en los obstáculos a los que se enfrentan para la obtención de algún derecho, dentro de estos influyen ciertos factores que se vuelven negativos como la pobreza, la condición de ser mujer, ser analfabeta, los que no deberían de influir y que provocan diversas formas de discriminación.

La pobreza es una de las barreras históricas que ha limitado la igualdad frente a la sociedad en general, además, que las personas que se encuentran en esta situación sólo tienen las condiciones mínimas para sobrevivir y el acudir a alguna institución solicitando apoyo de algún tipo les genera algún gasto que muchas veces no pueden solventar, aunado a eso, posiblemente serán discriminados.

La condición de ser mujer es otra de las barreras a las que se enfrentan las mujeres indígenas, pues en la actualidad, son consideradas como de segunda categoría, en la mayoría de las ocasiones se ven limitadas a exigir algún derecho que por ley les corresponde; en México, en efecto, ser indígena es la condición que limita el respeto y garantía de los Derechos Humanos, "en 2020, la población total en hogares indígenas era de 11 800 247 personas, lo que equivale a 9.4 % de la población total del país; 51.1 % de la población en hogares indígenas eran mujeres y 48.9 %, hombres".[28]

Otro de los factores que influyen es la edad, al ser niños o niñas, se considera que no tienen capacidad para exigir sus derechos, lo cual es una limitante, pues deberán exigirlos a través de un representante y no por sí mismos cuando ellos resienten una afectación en sus derechos; asimismo, los discapacitados y los adultos mayores que están en las mismas condiciones que las niñas y niños, así como ser migrantes, afrodescendientes u homosexuales.

En lo que respecta a las barreras de carácter normativo, se puede mencionar la falta de integración de derechos de rango convencional al derecho interno, la existencia de normativas mono culturales, para el hombre promedio y el lenguaje incomprensible para las mayorías, el individuo y su interés personal y directo con funcionamiento de los sistemas normativos y procesales. Las barreras materiales están marcadas por la falta de asignación de recursos por parte del Estado.

En cuanto a las barreras culturales se refieren a lo que se denomina el analfabetismo legal o indigencia legal, la percepción negativa que tiene la población del sistema de justicia, al desconocimiento que tiene la población respecto de derechos, libertades y obligaciones con que cuentan, este problema aqueja a todas las personas sin importar su nivel económico social y académico, el desconocimiento del derecho es una de las barreras culturales que impiden el acceso a los derechos.

Derivado de los múltiples obstáculos a los que se enfrentan los integrantes de los pueblos y las comunidades indígenas se sintetiza en una violación sistémica, la cual se ejerce bajo cualquier

---

28 INEGI, *Comunicado de prensa* núm. 430/22, 8 de agosto de 2022, México, p. 2.

práctica o discurso normativo cuyo efecto, intencionado o no, es dañar a colectivos subordinados,[29] como se menciona anteriormente, la característica principal de este tipo de violación es que va dirigida a un grupo de personas o a un colectivo, el cual es un tema importante en la actualidad ya que aún es ejercido principalmente contra pueblos y comunidades indígenas.

La Suprema Corte de Justicia de la Nación ha hecho esfuerzos para erradicar esa violación sistematizada de derechos humanos, ya que en sus diferentes precedentes al resolver casos que involucran derechos de personas y pueblos indígenas adopta una perspectiva intercultural, con el objetivo de cubrir y proteger los diversos sistemas de valores y culturas que coexisten en la nación mexicana, algunos de los casos relevantes son el Amparo en Revisión 953/209, del 6 de mayo de 2020, el cual está enfocado al interés de la comunidad indígena y agotamiento de recursos para acudir al juicio de amparo, lo que implica el derecho humano a un debido proceso, específicamente.

Un ejido del Estado de Yucatán presentó una demanda de amparo en contra de diversas autoridades federales reclamando la inconstitucionalidad del artículo 120 de la Ley de la Industria Eléctrica (LIE) y la resolución en materia de Evaluación de Impacto Social (EvIS) del Proyecto Eólico y Fotovoltaico Cansahcab, por considerar que se violentan sus derechos a un medio ambiente adecuado, la salud, la propiedad, el patrimonio, los recursos existentes y la cultura de la comunidad indígena maya.[30]

El juicio de amparo se sobreseyó porque la Juez de Distrito que tuvo conocimiento del caso estimó que el ejido no demostró tener interés jurídico, porque la aprobación de la evaluación de impacto social para el proyecto eólico no ocasiona un perjuicio real, actual y directo, ya que no limitaba sus derechos como comunidad indígena. Derivada de la inconformidad, el representante

---

[29] Martínez Pérez, Ana, Cabezas Fernández, Marta, "Violencia sistémica y género: disidencias y resistencias," España, 2022, *Revista De Ciencias Sociales*, 10(1), 6-9. https://doi.org/10.17502/mrcs.v10i1.554, p. 3

[30] SCJN, Amparo en Revisión 953/209, del 6 de mayo de 2020.

del ejido promovió un recurso de revisión en el cual argumentó que cuentan con el interés legítimo para acudir al juicio de amparo porque violan diversos derechos de los pueblos indígenas y ambientales, por lo que la Suprema Corte de Justicia de la Nación asumió su competencia y resolvió el recurso, consecuentemente, la Segunda Sala determinó que el ejido contaba con interés legítimo para recurrir al amparo y reclamar violaciones de derechos humanos como lo es el derecho humano a un medio ambiente sano, por lo que ordenó a la Secretaría de Energía, revocar la aprobación de la evaluación de impacto social del proyecto en mención, así mismo se le requirió a la empresa desarrolladora proporcionar información adecuada sobre el impacto ambiental del proyecto.

Los criterios de la Corte, en este caso son predominantes, ya que concedió y reconoció el interés legítimo que tenía el ejido para reclamar la violación a su derecho al medio ambiente sano, derivado de la aprobación de la evaluación de impacto social del proyecto eólico sin atender los impactos ambientales que pueden causar, transgreden los principios in dubio pro natura, el de participación ciudadana y que le da derecho a un medio ambiente sano a los integrantes del ejido.

Otro de los casos en que la Suprema Corte de la Justicia de la Nación ha resuelto con perspectiva intercultural es el Amparo Directo 06/2018, del 21 de noviembre de 2019, el cual versa sobre el principio de la libre determinación de los pueblos indígenas, específicamente, el caso que nos ocupa se enfoca a la jurisdicción especial indígena y los factores para discernir su competencia frente a la jurisdicción ordinaria, los hechos refieren que:

> En junio de 2015 integrantes del Comisariado de Bienes Comunales de San "X", Oaxaca, recibieron una queja vecinal y acudieron a una zona reforestada y vedada de la comunidad en la cual observaron un rebaño de aproximadamente cincuenta chivos propiedad de Juan "N" causando daños a los recursos naturales, por lo cual, el Cabildo Municipal impuso una multa y apercibió al infractor de que en caso de reincidencia se presentaría una denuncia en su contra ante la Procuraduría Federal de Protección al Ambiente. El señor Juan "N" pagó el monto de la multa y se comprometió a no reincidir en su falta. Unos días después las mismas

autoridades encontraron a la esposa de Juan "N" pastoreando su rebaño de cerca de cien chivos en la misma área reforestada. La señora María "Y" agredió a los representantes comunales cuando intentaron dialogar con ella y se le impuso una multa, que se negó a pagar, por lo cual fue arrestada por veinticuatro horas.

Tiempo después y por las conductas del Sr. Juan "N" (su rebaño fue encontrado nuevamente en las zonas restringidas) y al ser encontrado su rebaño fue arreado a los corrales municipales, la Asamblea General decidió resguardarlo mientras consultaban como proceder legalmente, además, se estableció una multa en Asamblea General (monto de la multa por $249,920.00 M. N), tenía que ser liquidada en un plazo de cinco días naturales después de ser comunicados a los infractores, en caso de ser omiso parte de su ganado será vendido). Derivado de las actuaciones de la Asamblea General y autoridades municipales la Sra. María "Y" y el Sr. Juan "N" presentaron una denuncia penal, por lo que la Agencia del Ministerio Público de Asunción Nochixtlán, Oaxaca, abrió una carpeta de investigación en contra de las autoridades municipales de San "X", por el delito de abuso de autoridad y privación de la libertad; las autoridades municipales solicitaron al Ministerio Público que desconociera el caso porque era un asunto de carácter interno por las características (sistemas normativos internos), la Agencia del Ministerio Público negó declinar la competencia y turno la carpeta al juez de control para imputar a las autoridades municipales de la comunidad indígena. Posteriormente, las autoridades municipales promovieron un juicio de derecho indígena ante la Sala de Justicia Indígena y Quinta Sala Penal de Tribunal Superior de Justicia del Estado de Oaxaca, demandando al Sr. Juan "N" y la Sra. María "Y", la Sala de Justicia Indígena se declaró competente para conocer y resolver el juicio, resolviendo lo siguiente:

- Convalidó el sistema normativo interno y el procedimiento jurisdiccional indígena que resolvió el conflicto relacionado con los daños causados por el ganado caprino del demandado y su esposa, al estimar que la autoridad comunitaria resolvió en ejercicio de su libre determinación y autonomía, sin violentar los límites establecidos en la Constitución Política de los Estados Unidos Mexicanos.
- Una vez que calificó los hechos como competencia indígena, ordenó al Juez de Control de Asunción Nochixtlán, Oaxaca, sobreseer la causa penal **********/2016, por la extinción de la acción penal, y al agente del Ministerio Público ceñirse a lo expuesto y ordenado en la sentencia, exhortándolo también a que en futuras ocasiones verificara la existencia de la jurisdicción indígena y reencausara los casos a las autoridades comunitarias o a la Sala Indígena para su resolución.
- Finalmente, indicó que las sanciones impuestas a los demandados se debían someter nuevamente a la consideración de la Asamblea General

de la Comunidad Indígena, con el fin de buscar alternativas para el pago y la reparación el daño material ocasionado.[31]

Consecuentemente, el Sr. Juan "N" interpuso juicio de amparo directo en contra de la resolución, argumentando que la Sala de Justicia Indígena no tenía competencia legal para conocer del asunto, por lo que expresó que fue violentada su garantía constitucional de no retroactividad de la ley penal, también expresa que la Sala de Justicia Indígena validó indebidamente las resoluciones emitidas en su contra por las autoridades de su comunidad indígena, ya que no existen sistemas normativos al respecto y las sanciones fueron exclusivas. Derivado de la presentación de la demanda de amparo, las autoridades municipales indígenas se adhirieron al juicio de amparo, solicitando a la Suprema Corte de Justicia de la Nación ejecutar su facultad de atracción para resolver el caso. Los criterios que emitió son los siguientes; *Esta Sala entiende que la jurisdicción indígena tiene como un límite constitucional ineludible que sus decisiones no quebranten los derechos humanos consagrados en la Constitución.*[32] Tomando en cuenta el siguiente esquema:

1. Obligaciones constitucionales y convencionales para el Estado Mexicano en materia de jurisdicción especial indígena.
2. Competencia legal por razón de tiempo y materia de la Sala de Justicia Indígena.
3. Factores que deben considerar los juzgadores para determinar que el conocimiento de ciertos hechos o conflictos son competencia de la jurisdicción especial indígena.
4. Principios de interpretación que rigen en la jurisdicción especial indígena.
5. Límites al ejercicio de la jurisdicción especial indígena[33]

Tomando en consideración los puntos anteriores la Suprema Corte de Justicia de la Nación consideró que:

---

31 Amparo Directo 06/2018, 21 de noviembre de 2019, mayoría de votos, Ponente: Ministro Juan Luis González Alcántara, Secretarios: Ana Marcela Zatarain Barret.

32 *Ídem*

33 *Ídem*

> ... es factible sostener que la creación de la citada Sala de Justicia Indígena y el Juicio de Derecho Indígena, constituye un cumplimiento al mandato constitucional -éste desde agosto de 2001– y convencional que ordena al Estado no solo el reconocimiento del pluralismo jurídico que caracteriza a la Nación Mexicana, sino además la creación de los órganos jurisdiccionales que permitan validar tales determinaciones, a través de los mecanismos o procedimientos jurídicos correspondientes, con el objeto de garantizar y efectivizar dicho reconocimiento, y que con ello el mismo no constituya letra muerta.[34]

Con todos los pronunciamientos acertados de la Suprema Corte de Justicia de la Nación, en relación a garantizar la protección de los derechos humanos de los integrantes de los pueblos y comunidades indígenas, aún existen graves violaciones a los mismos. Por lo que será necesario contar con los diferentes órganos de administración de justicia, así como los diferentes ordenamientos jurídicos para la protección, promoción y garantía de los derechos humanos de estas comunidades y pueblos.

V. CASOS ANTE LA CORTE INTERAMERICANA DE DERECHOS HUMANOS EN RELACIÓN A LOS DERECHOS INDÍGENAS

En adición a la respuesta que ha brindado el máximo tribunal jurisdiccional y constitucional en México, que ha integrado la jurisprudencia, en relación a los pueblos y comunidades indígenas, se considera relevante hacer mención que los criterios asumidos por la misma, son precedentes para la resolución de conflictos similares futuros, los que se fortalecen con los criterios tomados por otros órganos jurisdiccionales, del orden internacional, por lo que el valor de la jurisprudencia de la Corte Interamericana de Derechos Humanos es formulado de diferentes modos, en función de la elección, posee los más diferentes enfoques.[35]

---

34 *Ídem*

35 López Guerra Luis, Saiz Arnaiz Alejandro (directores), *Los sistemas interamericanos y europeos de protección de los derechos humanos, una perspectiva del dialogo*

Por lo que se puede indagar sobre el valor moral o social de las decisiones de los Tribunales Internacionales, abordar el problema de la legitimidad de las decisiones de la Corte interamericana y el modo en que los derechos internos enfrentan el problema, indagar sobre la obligatoriedad de las decisiones[36] e, incluso, sobre la obligatoriedad del conjunto de decisiones del Tribunal internacional adecuado para constituir una jurisprudencia.

Es preciso mencionar que la Corte Interamericana de Derechos Humanos ha emitido resoluciones referentes a la necesidad de contrarrestar las violaciones ejercidas sobre este grupo de personas a través de exigirle acciones concretas al Estado, uno de los precedentes importantes y que más abona al tema, el cual fue resuelto en febrero del año 2000, es el caso de Comunidades Indígenas Miembros de la Asociación *Lhaka Honhat* (Nuestra Tierra) vs. Argentina, en el cual se establecen varios puntos centrales que tienen que ver con las obligaciones de los Estados sobre la protección de los derechos humanos de los pueblos y comunidades indígenas, tales como el derecho de propiedad comunitaria indígena, pronunciándose de la siguiente manera:

> A fin de garantizar el uso y goce de la propiedad colectiva, el Estado debe cumplir ciertas salvaguardas, que se enuncian en el párrafo siguiente. Las mismas son debidas a fin de resguardar la propiedad y también en función del derecho de los pueblos indígenas a participar en decisiones que afecten sus derechos. Conforme la Corte ha indicado, en razón de los "derechos políticos" de participación receptados en el artículo 23 de la Convención, en cuestiones atinentes a sus tierras, los pueblos indígenas deben ser consultados de forma adecuada a través de instituciones representativas de los mismos.[37]

---

entre tribunales, Lima Perú, Palestra Editores SAC., Primera Edición, febrero, 2015, p 231.

36 *Idem.*

37 Corte IDH Caso de Comunidades Indígenas Miembros de la Asociación *Lhaka Honhat* (Nuestra Tierra) vs. Argentina. Fondo, Reparación y Costas, Sentencia de 6 de febrero de 2020, Serie C No. 400., párr. 174. https://www.corteidh.or.cr/docs/casos/articulos/seriec_400_esp.pdf

También se aborda el derecho de circulación y de resistencia, a un medio ambiente sano, a una alimentación adecuada, al agua y a la participación en la vida cultural, específicamente, sobre el derecho a un medio ambiente sano se pronunció de la siguiente manera:

> ... el derecho a un medio ambiente sano "constituye un interés universal" y "es un derecho fundamental para la existencia de la humanidad", que "como derecho autónomo [...] protege los componentes del [...] ambiente, tales como bosques, mares, ríos y otros, como intereses jurídicos en sí mismos, aun en ausencia de certeza o evidencia sobre el riesgo a las personas individuales. Se trata de proteger la naturaleza", no solo por su "utilidad" o "efectos" respecto de los seres humanos, "sino por su importancia para los demás organismos vivos con quienes se comparte el planeta". Lo anterior no obsta, desde luego, a que otros derechos humanos puedan ser vulnerados como consecuencia de daños ambientales.[38]

Por lo que respecta al derecho a una alimentación adecuada, la Corte considera que los Estados tienen el deber no solo de respetar, sino también de garantizar el derecho a la alimentación, y debe entenderse como parte de tal obligación el deber de "protección" del derecho, tal como fue conceptuado por el Comité DESC: "[l]a obligación de proteger requiere que el Estado parte adopte medidas para velar por que las empresas o los particulares no priven a las personas del acceso a una alimentación adecuada". Correlativamente, el derecho se ve vulnerado por el Estado al "no controlar las actividades de individuos o grupos para evitar que violen el derecho a la alimentación de otras personas.[39] Por lo que respecta al derecho al agua, la Corte en el mismo caso estableció que ... los Estados "deben prestar especial atención a las personas y grupos de personas que tradicionalmente han tenido dificultades para ejercer este derecho", inclusive, entre otros, "los pueblos indígenas". En ese sentido, deben velar porque "[e]l acceso de los pueblos indígenas a los recursos de agua en sus tierras ancestrales sea protegido de toda transgresión y contaminación ilícitas" y "facilitar recursos para que los pueblos indígenas plani-

---

38 *Ibidem*, párr. 203.

39 *Ibidem*, párr. 221.

fiquen, ejerzan y controlen su acceso al agua", así como que "[l]as comunidades nómadas [...] tengan acceso al agua potable en sus lugares de acampada tradicionales".[40]

En esa tesitura, sobre los derechos indígenas, recientemente, ha llegado el caso Pueblos Rama y Kriol, Comunidad de Monkey Point y Comunidad Negra Creole Indígena de Bluefields y sus miembros Vs. Nicaragua,[41] a la Corte Interamericana de Derechos Humanos, dicho caso se relaciona con la presunta responsabilidad del Estado por la violación de diversos derechos de los pueblos Rama y Kriol, incluyendo las nueve comunidades que integran el territorio de dichos pueblos, así como de la Comunidad Negra Creole Indígena de Bluefields y sus miembros. Históricamente, tales pueblos y comunidades indígenas y afrodescendientes habrían reivindicado el reconocimiento, titulación y demarcación de su territorio tradicional, procurando su protección frente a iniciativas que pongan en riesgo su integridad física y cultural.

Sin embargo, en 2013, el Consejo Regional Autónomo Atlántico Sur (CRAAS) aprobaría la autorización por el Estado de Nicaragua del megaproyecto "Gran Canal Interoceánico de Nicaragua", y en 2014, el Gobierno habría anunciado que la ruta del canal interoceánico atravesaría el territorio Rama y Kriol. Ante esto, los pueblos Rama y Kriol, habrían solicitado información sobre el proyecto, pidiendo sostener un diálogo previo al procedimiento de consulta. En respuesta a ello, se habría realizado un plan de consulta, donde el gobierno se comprometería a no expropiar las tierras de estos pueblos ni confiscar sus recursos naturales. Sin embargo, en 2016, la Asamblea Territorial del Pueblo Rama y Kriol habría aprobado un Convenio de Consentimiento para arrendar 263 km2 del territorio de las comunidades por tiempo indefinido a favor de la Comisión Gubernamental a cargo del GCIN. Al res-

---

40 *Ibidem*, párr. 230.

41 CoIDH, Caso Pueblos Rama y Kriol, Comunidad de Monkey Point y Comunidad Negra Creole Indígena de Bluefields y sus miembros Vs. Nicaragua consultado el 8 de abril de 2023 en: *https://www.corteidh.or.cr/docs/tramite/rama_kriol_monkeypoint_bluefields.pdf*

pecto, algunos de los miembros del gobierno de los Pueblos Rama y Kriol denunciaron públicamente que habían sido presionados para firmar el acta de aprobación del convenio.

En consecuencia, se arguye que el Estado es responsable por la violación de los derechos a la propiedad, derechos políticos, igual protección ante la ley, garantías judiciales, protección judicial y el derecho a un medio ambiente sano establecidos en los artículos 8, 21, 23, 24, 25 y 26 de la Convención Americana, en relación con las obligaciones establecidas en los artículos 1.1 y 2 del mismo instrumento.

VI. ¿CÓMO GARANTIZAR EFICAZMENTE LOS DERECHOS HUMANOS DE LAS PERSONAS INDÍGENAS?

En México, como en diferentes naciones, se presentan constantemente violaciones de derechos humanos contra los pueblos y comunidades indígenas, mismos que se encuentran estipulados en diferentes ordenamientos jurídicos tanto nacionales como internacionales, según lo visto en líneas anteriores, estos derechos están consagrados en la Constitución Política de los Estados Unidos Mexicanos, por otro lado se tiene la Ley del Instituto Nacional de los Pueblos Indígenas y la Ley General de Derechos Lingüísticos de los Pueblos Indígenas.

Además, los derechos a los que se hace referencia, también se pueden encontrar en diversas Constituciones estatales, en leyes estatales y en varios ordenamientos de carácter municipal, sin embargo, es preciso mencionar que actualmente, no todas las Constituciones de las Entidades Federativas han homologado sus disposiciones con la Constitución federal.

En el artículo segundo de la Constitución Política de los Estados Unidos Mexicanos, se encuentra un catálogo de los derechos de los pueblos y comunidades indígenas, así como las obligaciones de las diferentes autoridades que tienen para velar. Entre las más importantes es que en las medidas de sus competencias establecerán las partidas específicas destinadas al cumplimiento de sus obligaciones en los presupuestos de egresos, además las formas y procedimientos para que las comunidades participen en el ejercicio y vigilancia de las mismas.

Desde esa perspectiva, el Gobierno del Estado tendrá la obligación de garantizar los derechos humanos establecidos por la leyes estatales, nacionales e internacionales, es preciso mencionar que para el cumplimiento de la garantía de sus derechos es necesaria la participación de diversos especialistas de diferentes ciencias, pero sobre todo de la participación de los integrantes de los pueblos y comunidades indígenas.

Una de las alternativas para garantizar sus derechos humanos son la creación de políticas públicas, las cuales deben ser dirigidas a solucionar problemas de gran impacto en la sociedad, como la garantía del derecho a una vivienda digna, a garantizar el derecho a la educación de calidad o a satisfacer necesidades básicas, generalmente, están dirigidas a sectores de la sociedad que se encuentran en una situación de pobreza o extrema pobreza, sin embargo, es necesario mencionar que estas políticas públicas también están dirigidas a la sociedad en general, lo cierto es también, que en muchas de las ocasiones no son creadas ni ejecutadas correctamente, como por ejemplo las políticas públicas dirigidas a los indígenas, las cuales "deben orientarse necesariamente en los convenios internacionales sobre los derechos de los pueblos indígenas, sobre la lucha contra el racismo, la discriminación y la pobreza".[42]

Con la implementación de las políticas públicas se deberán garantizar los derechos de los pueblos y de las comunidades indígenas que les reconocen en los diferentes instrumentos jurídicos internacionales y nacionales, sin embargo, en la actualidad, las políticas públicas tienden a fracasar y otras veces no son ejecutadas diligentemente, ya que interviene la voluntad política del go-

---

42 Esquer, R, R. *Acciones de gobierno y su impacto en el índice de desarrollo humano de la comunidad de Torim Guaymas Sonora, 1997-2009* (tesis de doctorado). Universidad Popular Autónoma del Estado de Puebla. Puebla, 2012, México.

bernante en funciones, además, que existe el abuso en los recursos destinados a estas, principalmente, por los servidores públicos que representan las instituciones, otro de los problemas que se presentan es la ejecución de las políticas públicas para los indígenas; en algunas veces se ven perjudicados, principalmente, en sus formas específicas de vivir, generando daños a la comunidad tanto en su conjunto como de manera particular.

Resulta interesante mencionar que si bien es cierto las políticas públicas implementadas y ejecutadas por el Gobierno son dirigidas, como ya se mencionó en renglones anteriores, a resolver problemas graves que se presentan en la sociedad y, por supuesto, pareciera que no son excluyentes, lo cierto es que están diseñadas, elaboradas y ejecutadas para la población en general, es decir, la mayoría de las políticas públicas son creadas con el mismo molde, sin embargo no son orientadas de la manera correcta a los pueblos y las comunidades indígenas, ya que no son planeadas ni diseñadas y mucho menos ejecutadas con medidas particulares, tampoco adecuadas al territorio en el que se encuentran estos grupos vulnerables, ni tomando en cuenta su cultura, por lo que no se estaría garantizando el pleno goce de los derechos, la igualdad de condiciones y el respeto de los derechos específicos, sin respetar sus usos y costumbres y su lengua, sobrepasando por encima de sus derechos al medio ambiente, el derecho a la tierra y recursos naturales, permitiendo la explotación de los recursos naturales, por lo que será necesario para que se cristalicen los derechos humanos contenidos en instrumentos jurídicos internacionales y nacionales que se privilegie la participación de los integrantes de los pueblos y comunidades indígenas en la toma de decisiones.

VII. CONCLUSIONES

En el sistema jurídico mexicano se reconocen los derechos humanos de los pueblos y comunidades indígenas, además los precedentes de dichos derechos se encuentran en los diferentes y diversos ordenamientos de carácter convencional que resultan vinculantes para el Estado mexicano, sin embargo, persisten violaciones a los derechos humanos de las personas indígenas, por lo que los órganos jurisdiccionales competentes han tenido que pronunciarse, aunque no se ha logrado una garantía plena, efectiva ni adecuada, acercada a la justiciabilidad de sus derechos humanos.

A pesar de lo antes mencionado, aún se presentan graves violaciones a los derechos humanos de los pueblos y las comunidades indígenas, ya que no se visualiza el respeto al derecho a la no discriminación, al derecho a la tierra, al derecho a la consulta previa, libre e informada, el derecho a un ambiente sano, el derecho a la salud digna, a su territorio, entre otros.

En México, como se mencionó en el desarrollo del presente capítulo, a través de las resoluciones emitidas por la Suprema Corte de Justicia de la Nación se han garantizado los derechos humanos de los pueblos y comunidades indígenas, sin embargo, ha sido necesario tomar en cuenta los pronunciamientos de la Comisión Interamericana de los derechos Humanos, con el único propósito de que dichos derechos a los que se hace referencia sean garantizados en su totalidad.

Sobre las resoluciones y pronunciamientos de los órganos jurisdiccionales tanto del Poder Judicial de la Federación como de la Corte Interamericana de Derechos Humanos, se considera que no son suficientes, ya que muchas de las ocasiones no se tienen las herramientas para ejecutar las sentencias emitidas en materia de derechos humanos de los pueblos y comunidades indígenas.

Hace falta proporcionar más recursos materiales y humanos, acompañados de políticas públicas encaminadas o enfocadas a la garantía de los derechos de los pueblos indígenas y que estas deberán ser creadas y ejecutadas de manera concurrente, es decir, que involucre a los integrantes de los tres órdenes de gobierno, pero involucrando también a las organizaciones defensoras de derechos humanos así como a los mismos integrantes de los pueblos y comunidades indígenas, ya que son ellos quienes carecen de la protección de sus derechos pero también quienes sufren la violación constante de los mismos.

VIII. FUENTES DE INVESTIGACIÓN

Bibliografía

Chacón Hernández David, Democracia, Nación y Autonomía Étnica, El derecho fundamental de los indígenas, México, Editorial Porrúa, 2009

Corres Moisés, Jaima Bailón, *Derechos humanos, generaciones de derecho, derecho de minorías y derechos de los pueblos indígenas; algunas consideraciones legales,* Centro nacional de derechos humanos, 2008.

Esquer, R, R. *Acciones de gobierno y su impacto en el índice de desarrollo humano de la comunidad de Torim Guaymas Sonora, 1997-2009* (tesis de doctorado). Universidad Popular Autónoma del Estado de Puebla. Puebla, México, 2012.

García García Antonio-Claret, "Derechos humanos de segunda generación: el acceso al crédito", *Temas para el debate,* ISSN 1134-6574, Nº. 157 (dic.), 2007.

Hernández Huerta, Miguel Ángel, "La asistencia social indígena, deber de los gobiernos municipales del Estado de México, Porrúa, 2006.

INEGI, Comunicado de prensa núm. 430/22, 8 de agosto de 2022

Instituto de Investigaciones Jurídicas de la Universidad Nacional Autónoma de México, Diccionario Jurídico Mexicano, Tomo A-CH. Ed. Porrúa. México. 2011

Jiménez Leila, Programa de Cooperación sobre Derechos Humanos México-Comisión Europea, Derechos Humanos de los Pueblos Indígenas, Secretaria de Relaciones Exteriores, México, 2006

López Guerra Luis, Saiz Arnaiz Alejandro (directores), Los sistemas interamericanos y europeos de protección de los derechos humanos, una perspectiva del dialogo entre tribunales, Lima Perú, Palestra Editores SAC., Primera Edición, febrero, 2015

Martínez Guerrero, Rodolfo, Derechos humanos de cuarta generación y las tecnologías de la información y de la comunicación, Derechos fundamentales a Debate/Comisión Estatal de Derechos Humanos Jalisco, p 137, http://historico.cedhj.org.mx/revista%20DF%20Debate/articulos/revista_No12/ADEBATE-12-art8.pdf

Martínez Pérez, Ana, Cabezas Fernández, Marta, Violencia sistémica y género: disidencias y resistencias, España, 2022, Revista De Ciencias Sociales, 10(1), 6-9. https://doi.org/10.17502/mrcs.v10i1.554, p. 3

Nogales de Santivañez, Emma, "Derecho Municipal", Segunda Edición, Editorial Jurídica TEMTS, La Paz, Bolivia, 2013.

Legislaciones

Bando Municipal de Tianguistenco 2023

Convención Americana sobre Derechos Humanos

Constitución Política de los Estados Unidos Mexicanos.

Ley Orgánica Municipal del Estado de Morelos.

ONU, Declaración de las Naciones Unidas sobre los Derechos de los Pueblos Indígenas.

OIT, Convenio 107 sobre Pueblos Indígenas y Tribales en Países Independientes.

OIT, Convenio 169 sobre Pueblos Indígenas y Triviales en Países Independientes.

Páginas de internet

Agencia de la ONU para los refugiados, Comité Español, ¿Cuáles son los derechos humanos de tercera generación?, https://eacnur.org/blog/derechos-humanos-tercera-generacion-tc_alt45664n_o_pstn_o_pst/

Jurisprudencia

SCJN, Amparo Directo 06/2018, 21 de noviembre de 2019.

SCJN, Amparo en Revisión 953/209, del 6 de mayo de 2020.

Corte IDH Caso de Comunidades Indígenas Miembros de la Asociación Lhaka Honhat (Nuestra Tierra) vs. Argentina. Fondo, Reparación y Costas, Sentencia de 6 de febrero de 2020, Serie C No. 400.

Corte IDH, Caso Pueblos Rama y Kriol, Comunidad de Monkey Point y Comunidad Negra Creole Indígena de Bluefields y sus miembros Vs. Nicaragua consultado el 8 de abril de 2023 en: *https://www.corteidh.or.cr/docs/tramite/rama_kriol_monkeypoint_bluefields.pdf*

DIVERSAS PROBLEMÁTICAS EN LA APLICACIÓN DE LOS DERECHOS HUMANOS EN LOS PUEBLOS ORIGINARIOS

José Antonio Soto Sotelo[*]
Gustavo Díaz Alarcón[**]

SUMARIO: I. Introducción. II. Antecedentes de los derechos de los pueblos originarios en la Constitución. III. El reconocimiento de los derechos humanos de los pueblos originarios. IV. Contexto actual de los derechos de los pueblos originarios. V. Diversas problemáticas en la aplicación de los derechos humanos en los pueblos originarios. VI. Conclusiones. VII. Fuentes de investigación.

I. INTRODUCCIÓN

Mediante el presente capítulo se pretende dar una mirada profunda y crítica de los antecedentes del derecho de los pueblos originarios, de la situación actual, así como de las diversas problemáticas y retos que afronta esta población, que representa el 19.4% de la población Mexicana, contando con 23.2 millones de habitantes distribuidos a lo largo del territorio nacional, tanto en

* Profesor - Investigador de Tiempo Completo en la Licenciatura en Derecho y Posgrado en Derecho de la Universidad Autónoma de Guerrero. Integrante del Sistema Nacional de Investigadores CONAHCYT. Ponente en eventos académicos a nivel estatal, nacional e internacional. Miembro del Colegio Guerrerense de Profesionistas del Derecho "Vicente Guerrero Saldaña", A.C. Correo electrónico: 11461@uagro.mx, antonio_061375@hotmail.com

** Estudiante de la Maestría en Derecho de la Universidad Autónoma de Guerrero (UAGro), programa inscrito en el SNP-CONAHCYT. Correo electrónico: 14385098@uagro.mx

el aspecto social como en el aspecto jurídico, resaltando la importancia este sector demográfico en el México contemporáneo.

Por tanto, el objetivo principal de esta investigación es abordar las diversas problemáticas que enfrentan los pueblos originarios en el ejercicio y goce de sus derechos humanos fundamentales, para lo cual se emplearán diversos métodos de investigación, siendo los más prominentes en este texto el método histórico lógico, el derecho comparado y el análisis comparativo.

Inicialmente, mediante el primer apartado, se pretende ofrecer al lector un análisis completo y sintético sobre la evolución histórica de la incorporación del derecho indígena a la carta magna mexicana, en el cual se contemplan los diversos movimientos en pro de este sector, sus luchas y los aportes que dieron al reconocimiento e incorporación de los pueblos originarios en los diversos aspectos de la normativa mexicana, de igual forma se hace un repaso breve a través de las distintas disposiciones constitucionales sobre la materia y las reformas que sufrieron a lo largo de la historia de México así como las repercusiones tanto negativas como positivas que trajeron consigo.

El segundo subtema se centra en la cuestión del derecho indígena desde la óptica del ius naturalismo, y se abordan las distintas instancias y normativa internacional que reconocen los distintos derechos que poseen los pobladores originarios.

Por su parte el objetivo principal del tercer subtema es realizar un critica a la situación socio jurídica en la que se encuentran los pueblos originarios en el México del siglo XXI, y las diversas problemáticas a las que se ven enfrentadas estas etnias, como lo es el propio reconocimiento de la autodeterminación de los pueblos originarios, la discriminación sistemática a la que se enfrentan los pobladores originarios, la usurpación de las cuotas político electorales en razón representación del sector indígena y la lucha por la defensa del medio ambiente y el territorio de estos pueblos.

Finalmente se expondrá una serie de conclusiones cimentadas en los hechos expuestos a lo largo del capítulo, con la intención de resaltar la importancia de los derechos de los pueblos originarios y centrar la atención en sus necesidades.

II. ANTECEDENTES DE LOS DERECHOS DE LOS PUEBLOS ORIGINARIOS EN LA CONSTITUCIÓN

El derecho de los pueblos originarios en México es un objeto de estudio vasto en el cual deben tomarse en cuenta un sinfín de matices y contextos que van desde lo histórico hasta lo cultural y por supuesto la óptica que se tiene de estos derechos desde el punto de vista de las ciencias jurídicas.

Un aspecto destacable dentro del contexto histórico y que resulta clave para poseer un panorama amplio que permita indagar de forma más completa el tema, es el choque cultural del que surge la nación actualmente conocida como "Estados Unidos Mexicanos".

Si bien el proceso de colonización por parte del imperio español a los pueblos originarios de centro y Suramérica estuvo marcado por la crueldad de la guerra y la conquista, en ese entonces ya existía una temprana discusión sobre los derechos de los primeros pobladores del nuevo continente frente a la normativa del imperio español, siendo el pensamiento de Bartolomé de las Casas uno de los primeros referentes al derecho de los pueblos originarios como un derecho humano.

El pensamiento adelantado a su época de este ilustre religioso y filósofo se puede sintetizar como una de las primeras miradas críticas a la opresión injustificada por parte del colonialismo hacia los pueblos originarios y el cómo desde la base de lo que podríamos definir como derechos naturales, hoy por hoy derechos humanos, estos por su propia naturaleza no pueden, ni deben ser privados o restringidos a ningún ser humano por cuestiones meramente étnicas.

Para Bartolomé de las Casas todas las precariedades a las que fueron sometidos los habitantes originarios del nuevo continente era un ataque directo a todo lo que se comprendía como los derechos naturales del hombre, dicha postura fue defendida con fervor por este pensador a través de numerosos escritos y obras. Entre los cuales puede destacarse el siguiente párrafo, originalmente pronunciado por fray Antón de Montecinos en 1511, para ofrecer al lector un panorama acertado de la visión sobre los derechos humanos y los pueblos originarios que este pensador aportó:

> Todos estáis en pecado mortal y en él vivís y morís por la crueldad y tiranía que usáis con estas inocentes gentes. Decid, ¿con qué derecho y con qué justicia tenéis en tal cruel y horrible servidumbre aquestos indios? Con qué autoridad habéis hecho tan detestables guerras a estas gentes que estaban en sus tierras mansas y pacíficas; donde tan infinitas dellas, con muertes y estragos nunca oídos, ¿habéis consumido? ¿Cómo los tenéis tan opresos y fatigados, sin dalles de comer ni curallos en sus enfermedades, que de los excesivos trabajos que les dais incurren y se os mueren, y por mejor decir, los matáis, por sacar y adquirir oro cada día? ¿Y qué cuidado tenéis de quien los doctrine, y conozcan a su Dios y criador, sean bautizados, oigan misa, guarden las fiestas y domingos? ¿Estos, no son hombres? ¿No tienen ánimas racionales? ¿No sois obligados a amallos como a vosotros mismos? ¿Esto no sentís? ¿Cómo estáis en tanta profundidad de sueño tan letárgico dormidos? Tened por cierto, que en el estado que estáis, no podéis más salvar que los moros o turcos que carecen y no quieren la fe de Jesucristo.[1]

A pesar de la presencia de este tipo de ideas en este periodo temporal en concreto, lo cierto es que el derecho de los pueblos originarios en nueva España era inexistente, el colonialismo por ser un fenómeno de naturaleza predatoria e impositiva dejaba a los pueblos originarios en una posición donde no se les veía como iguales y se veían sometidos a tratos denigrantes, esclavitud y toda la barbarie típica de la época.

El reconocimiento de la identidad de estos pueblos y su autonomía no llegó con la salida de la corona española, muy a pesar de la enorme participación de las etnias nativas de México en los movimientos independistas, se les seguía viendo como un elemento separado de la identidad nacional de aquel entonces, tanto así

---

1 De las Casas Fray Bartolomé. *Historia de las Indias,* Libro III, Capítulo IV, Ed. F.C.E., México, 1951, págs. 441-442.

que se puede apreciar en varios documentos de la época la segregación de estos pueblos originarios.

Un claro ejemplo de la exclusión de los pueblos originarios en la conformación de la identidad nacional se encuentra en el "acta constitutiva de la federación mexicana de 1824" en su articulado número trece, fracción décima, en la cual se establece la facultad del llamado "Congreso de la Unión" para gestionar el comercio entre naciones extranjeras y "tribus de indios".

El enunciado de dicha disposición deja en claro que los pueblos originarios no eran contemplados como parte de la Federación, pese al rol decisivo que tuvieron en la independencia y formación de dicho ente, lo cual da lugar a dos grandes interrogantes planteadas por Francisco López Bárcenas, así como a una primera afirmación bastante acertada: "La alusión a los indígenas no se expone para reconocer su existencia y algunos de sus derechos sino para arreglar el comercio entre la nación mexicana y las tribus de indios. ¿Eran los indios extranjeros en su propia tierra o por qué la nación tenía que arreglar con ellos el comercio como si fueran un sujeto político ajeno a la población mexicana?"[2]

La respuesta a la interrogante reside en el hecho de que quienes llegaron al poder ejerciendo las funciones legislativas y gubernamentales eran miembros de sectores más privilegiados como los criollos o mestizos, quienes lógicamente conservaban cierta visión colonialista y eurocéntrica, que pese a los años aún se mantiene un tanto arraigada en el imaginario colectivo de los mexicanos.

Para la llegada de la constitución de 1856, ya habían resultado excesivos los abusos y la segregación hacia los pobladores originarios, quienes, aunque resulte un tanto difícil de creer sufrieron mayores despojos de sus tierras, así como atropellos a sus derechos por parte del Estado Mexicano, de aquel entonces, que por la corona española.

---

[2] López Bárcenas Francisco. "Los pueblos indígenas en las constituciones de México". *Argumentos,* 2016, vol. 29, no 82, p. 161-180.

Tanto fue así que los pueblos originarios se vieron enfrascados en numerosas disputas y conflictos con la federación por cuestiones territoriales, por el nulo reconocimiento de su identidad en los ordenamientos y cartas de la época, por lo cual el constituyente de 1856 se topó con el reto de debatir las numerosas precariedades por las que pasaron los pobladores originarios.

Aunque el texto legislativo, como ya se mencionó anteriormente, tenía nulas menciones o diferenciaciones de los pueblos indígenas, surgen varias discusiones e ideas interesantes durante el proceso de creación. Varios legisladores de la época, tanto por ser provenientes de estos pueblos y conocer de primera mano los retos de las poblaciones indígenas, como por defender algunas pautas ideológicas dejadas por las leyes de indias y los textos de Bartolomé de las Casas, disertan sobre variadas problemáticas que han sido una constante en la vida de la población originaria, entre lo que más destaca de la discusión legislativa están los intentos del diputado José María del Castillo Velazco por dar un alegato en favor del derecho a las tierras para los pueblos indígenas, así como sensibilizar al constituyente tanto sobre la pobreza como el atropello que sufrieron los habitantes nativos de esta nación al describirlos como "una raza desgraciada de hombres, que llamamos indígenas, descendientes de los antiguos dueños de estas ricas comarcas, humillados ahora con su pobreza infinita y sus recuerdos de otros tiempos".[3]

Visión que sería un tanto apoyada por otros legisladores, sin embargo, el esfuerzo legislativo se centraría en la separación del clero y el Estado, lo cual desafortunadamente dio como resultado un documento jurídico sin mención alguna del sector indígena más que aquella que los segregaba de la federación, que, en consecuencia, no los integraba a la identidad nacional.

Pero a pesar de ello vale la pena mencionar los alegatos en favor de las lenguas indígenas que se dieron durante el proceso

---

3 López Bárcenas Francisco. *Legislación y derechos indígenas en México.* Centro de Estudios para el Desarrollo Rural Sustentable y la Soberanía Alimentaria. 2005, pág. 26

legislativo de dicha carta magna, no sólo por ser un antecedente primigenio de la lucha por este derecho, sino porque dicha lucha por la identidad de los pueblos originarios se ha mantenido en pleno siglo XXI, por lo cual resulta grato recordar las afirmaciones del diputado Ignacio Ramírez apodado el Nigromante, quien exalta la importancia de la lengua en el siguiente enunciado:

> También la diversidad de idiomas hará por mucho tiempo ficticia e irrealizable toda fusión. Los idiomas americanos se componen de radicales significativas [...] partes de la oración fue nunca o casi nunca se presentan solas y en una forma constante, como en los idiomas del viejo mundo; así es que el americano en vez de palabras sueltas tiene frases. Resulta aquí el notable fenómeno de que, al componer un nuevo término, el nuevo elemento se coloca de preferencia en el centro por una Inter sucesión propia de los cuerpos orgánicos; mientras que en los idiomas del otro hemisferio el nuevo elemento se coloca por yuxtaposición, carácter peculiar de las combinaciones inorgánicas. Estos idiomas [...] no pueden manifestarse sino bajo las formas animadas y seductoras de la poesía.[4]

En síntesis puede decirse que si bien la constitución de 1856 distaba mucho de dar reconocimiento y derechos reales a los pobladores originarios, ya que en su texto no había enunciado alguno en favor de sus garantías y eran más bien vistos como un elemento ajeno a la federación, los diversos alegatos y posturas manifestadas por algunos legisladores se mantendrían en el imaginario colectivo de estos pueblos, dando pie a las luchas que se darían a causa de la invisibilidad que sufrió este sector en todos los aspectos.

Para la llegada del siglo XX el descontento social a causa de los reiterados atropellos a sus derechos y el despojo sus tierras por parte de la federación, así como la imposición de un caciquismo en el cual los habitantes originarios siempre se veían relegados a ser peones sometidos a una servidumbre inhumana, se gestó un gran número de movimientos sociales acompañados de documentos jurídicos de gran valor, en los cuales se buscaba reivindicar los derechos tanto de la población de clase obrera como de

---

4 López Bárcenas Francisco *https://desinformemonos.org/lenguas-indigenas-colonialismo-y-derechos-linguisticos/* Consultado el 15 de febrero del 2023.

los pueblos originarios frente al régimen porfirista de principios del siglo.

Entre los esfuerzos para el reconocimiento de la población indígena se encontraba el Proyecto de programa del Partido Liberal Mexicano publicado en 1906, que en sus puntos generales estableció la llamada "protección a la raza indígena" que si bien es solo una mención y el documento no ahonda en qué consistía o que medios consideraba pertinentes para garantizarla, en su punto general número cincuenta de manera expresa establece que uno de los principales objetivos del partido al llegar al poder, sería la restitución de bienes y tierras enajenados por el gobierno porfirista a distintos grupos étnicos y comunidades originarias, dicha disposición hacia las siguientes distinciones: "Al triunfar el Partido Liberal, se confiscarán los bienes de los funcionarios enriquecidos bajo la Dictadura actual, y lo que se produzca se aplicará al cumplimiento del capítulo de Tierras —especialmente a restituir a los yaquis, mayas, y otras tribus, comunidades o individuos, los terrenos de que fueron despojados— y al servicio de la amortización de la Deuda Nacional".[5]

Este enunciado cobra una gran importancia tanto por ser una declaración en pro de la reivindicación de las tierras y riquezas de los habitantes originarios, como por el contexto histórico en el cual se suscita. Tomando en cuenta que los pueblos mencionados en el texto estaban en una constante lucha por sus derechos frente al régimen de aquella época donde era común que los intereses de los yaquis, mayas y mixtecos, fueran afines a los intereses del partido liberal, lo cual eventualmente se derivó en esfuerzos y poder de convocatoria entre los pueblos originarios, lo que sería uno de los pilares más sólidos del magonismo convirtiéndose en un impulso significativo para los movimientos contrarios al porfiriato.[6]

---

5 Proyecto de programa del Partido Liberal Mexicano. 15 de abril de 1906. Consultado en: http://www.ordenjuridico.gob.mx/Constitucion/CH6.pdf el 19 de febrero de 2023.

6 López Bárcenas Francisco. *Rebeldes solitarios el magonismo entre los pueblos mixtecos.* Desinformémonos ediciones. 2013, p. 47.

De igual forma la lucha por estos derechos continuaría en 1910 teniendo como plataforma para estos intereses al partido Antirreeleccionista representado por el ilustre Francisco I. Madero, quien denunciaba lo injusto y arbitrario de las leyes federales mediante las cuales el régimen porfirista tomó posesión de tierras habitadas por distintas comunidades indígenas.

Madero incorporó como uno de los principales objetivos del partido la devolución de las tierras a estas comunidades, razón por la cual contaba con gran apoyo de este sector que llevaba años luchando por los derechos que le fueron vulnerados a lo largo de su historia. A pesar de no concretar acciones por la vía política en las elecciones de 1910 debido a que fue retenido para evitar su participación en el proceso, instó a los pueblos en conjunto con la clase obrera a continuar la lucha por la vía de las armas al proclamar el Plan de Ayala.

Pese a que dicha convocatoria se dio en 1910, la lucha contra el régimen cobraría fuerza en 1911, año en el que el régimen porfirista se daría por terminado y en que Francisco I Madero llegaría al ejecutivo por la vía democrática, pese a ello las exigencias plasmadas en el plan de Ayala no fueron cumplidas con la prontitud que aquellos indígenas partícipes en la lucha deseaban, por lo cual fue necesario separarse del maderismo y centrar sus esfuerzos en otro movimiento que cobraría gran fuerza en toda la nación debido al descontento de pobladores originarios, campesinos y obreros. El movimiento zapatista liderado por Emiliano Zapata, que eventualmente emitirá el llamado "Plan Libertador de los hijos del Estado de Morelos" documento en el cual se exige la redistribución de las tierras y recursos naturales a las comunidades a través de cuatro puntos fundamentales que enuncian lo siguiente:

> 6°. Como parte adicional del Plan que invocamos, hacemos constar: que los terrenos, montes y aguas que hayan usurpado los hacendados, científicos o caciques a la sombra de la tiranía y justicia venal entrarán en posesión de estos bienes inmuebles desde luego los pueblos o ciudadanos que tengan sus títulos correspondientes a estas propiedades, de las cuales han sido despojados por la mala fe de nuestros opresores, manteniendo a todo trance, con las armas en la mano, la mencionada posesión, y los

> usurpadores que se consideren con derecho a ellos lo deducirán ante tribunales especiales que se establezcan al triunfo de la Revolución. 7°. En virtud de que la inmensa mayoría de los pueblos y ciudadanos mexicanos no son más dueños que del terreno que pisan, sufriendo los horrores de la miseria sin poder mejorar en nada su condición social ni poder dedicarse a la industria o a la agricultura por estar monopolizadas en unas cuantas manos las tierras, montes y aguas, por esta causa se expropiarán, previa indemnización de la tercera parte de esos monopolios, a los poderosos propietarios de ellas, a fin de que los pueblos y ciudadanos de México obtengan ejidos, colonias, fundos legales para pueblos o campos de sembradura o de labor y se mejore en todo y para todo la falta de prosperidad y bienestar de los mexicanos. 8°. Los hacendados, científicos o caciques que se opongan directa o indirectamente al presente Plan se nacionalizarán sus bienes, y las dos terceras partes que a ellos les correspondan se destinarán para indemnizaciones de guerra, pensiones para las viudas y huérfanos de las víctimas que sucumban en la lucha por este Plan. 9°. Para ajustar los procedimientos respecto a los bienes antes mencionados, se aplicarán leyes de desamortización y nacionalización según convenga, pues de norma y ejemplo pueden servir las puestas en vigor por el inmortal Juárez a los bienes eclesiásticos, que escarmentaron a los déspotas y conservadores que en todo tiempo han pretendido imponernos el yugo ignominioso de la opresión y del retroceso.[7]

A través de estas ideas un tanto radicalizadas el movimiento zapatista buscaba la restitución de tierras y recursos naturales enajenados por el gobierno mexicano. Estos esfuerzos se sumarían en el "Plan de Guadalupe" de la mano de Venustiano Carranza en 1913, con la intención de derrocar al gobierno de Victoriano Huerta quien había tomado por la fuerza el poder ejecutivo en ese mismo año.

Tras años de lucha en la cual los pobladores originarios, campesinos y demás sectores desfavorecidos realizaron incontables sacrificios, que llegaría un nuevo texto constituyente en 1917, que prometía atender la problemática de las tierras y dar reconocimiento al sector indígena.

---

7 Plan de Ayala del 28 de noviembre de 1911. Consultado el 20 de febrero de 2023 por medio de: *https://archivos.juridicas.unam.mx/www/bjv/libros/12/5625/49.pdf*

Es así como llega la constitución de 1917, texto relevante por su vigencia en pleno siglo XXI, con sus respectivas reformas y adiciones claro está, estableciendo, tanto la restitución del territorio de los pueblos, como los medios para que esta se diese.

Uno de los enunciados que intentó dar paso a la repartición de tierras se encuentra en el articulado veintisiete, fracción sexta, el cual enuncia las siguientes disposiciones:

> Los condueñazgos, rancherías, pueblos, congregaciones, tribus y demás corporaciones de población, que de hecho y por derecho guarden el estado comunal, tendrán capacidad para disfrutar en común las tierras, bosques y aguas que les pertenezcan o que les hayan restituido o les restituyesen, conforme a la ley del 6 de enero de 1915; entre tanto la ley determina la manera de hacer el repartimiento únicamente de las tierras.[8]

Si bien el texto no refiere de manera explícita a las poblaciones originarias "La enumeración de condueñazgos, rancherías, pueblos, congregaciones, tribus y demás corporaciones, no era más que enunciativa de las formas de organización de los pueblos indígenas a lo largo y ancho del país, tanto en el sur como en el norte de su territorio".[9] Como afirma Francisco López Bárcenas, además de los estipulado en esta fracción, se estableció como medio para su cumplimiento lo que dispone el cuarto párrafo de la fracción previamente citada, el cual refiere lo siguiente:

> las diligencias, disposiciones, resoluciones y operaciones de deslinde, concesión, composición, sentencia, transacción, enajenación o remate que hayan privado total o parcialmente de sus tierras, bosques o aguas, a los condueñazgos, rancherías, pueblos, congregaciones, tribus y demás corporaciones de población, que existan todavía, desde la ley del 25 de junio de 1856; y del mismo modo serán nulas todas las disposiciones, resoluciones y operaciones que tengan lugar en lo sucesivo y produzcan iguales efectos.[10]

---

8 Constitución Política de Los Estados Unidos Mexicanos de 1917. Texto original consultado el 20 de febrero de 2023 en: *https://archivos.juridicas.unam.mx/www/bjv/libros/6/2802/8.pdf*

9 López Bárcenas Francisco. "Los pueblos indígenas en las constituciones de México". *Argumentos*. 2016. Pag 171

10 CPEUM, *óp. cit.* 1917

Este nuevo orden jurídico supuso una leve mejora en la situación general de los pueblos originarios, aunque cabe aclarar que el reconocimiento de los pueblos originarios y la atención a las diversas problemáticas que afrontan no fue algo que llegase de forma inmediata, por el contrario, la constitución de 1917 a lo largo de su existencia ha tenido reformas que suponen un atraso en la materia, como aquella al artículo 27, que llegaría durante el mandato de Abelardo L. Rodríguez, la cual despojó de la titularidad sobre derechos agrarios a los pueblos, que recordemos era la denominación con la que se engloba a las poblaciones rurales e indígenas.

Además del retroceso en materia de derechos de tierras, aunado a el nulo reconocimiento de las identidades de los pueblos originarios y su autodeterminación, se sumaría un clima de intolerancia e invisibilidad de este sector tanto en el aspecto jurídico como en lo referente a la representación política, afectando sus derechos sociales, situación que perduró por décadas,

A pesar de la creación del Instituto Nacional Indígena de 1948, Fue hasta finales de los ochenta, principios de los noventa, que los pueblos originarios empezarían a tomar cierta visibilidad, gracias a numerosos tratados internacionales y convenios en materia de derechos humanos. Algunos especialmente centrados en los derechos de las poblaciones originarias como el Convenio 169 de la OIT sobre Pueblos Indígenas y Tribales en Países Independientes de 1989, el cual intentaba complementar las carencias del Convenio 107 de 1957 sobre Indígenas y otras Poblaciones Tribales y Semitribales, que en su momento no abordaba cuestiones como la libre determinación o la forma de adaptar las costumbres de estos pueblos.

El convenio en cuestión aborda numerosas problemáticas propias del contexto histórico y social de estas poblaciones, además reconocer la estrecha relación de estas con el territorio que habitan, así como la importancia del derecho posesión, la propiedad de sus tierras y recursos. Por lo cual este documento sería de especial observancia para los países que lo reconocieron, entre ellos México, que cabe destacar que unos cuantos años antes de este convenio ya contaba con antecedentes tanto de documentos como de organismos que intentaban procurar los derechos de los pueblos originarios.

Tal fue el caso de la procuraduría social de la montaña en el Estado de Guerrero, surgida en 1987 como un esfuerzo por garantizar condiciones de vida dignas y procurar una integración del sector indígena de la montaña de Guerrero y demás regiones apartadas en donde por general la población originaria se mantenía en una situación de rezago debido a diversos factores tanto jurídicos como sociales, el segundo considerando de la ley que crea dicho organismo expone de la siguiente forma la finalidad de la procuraduría:

> SEGUNDO. - Con ese organismo se completaría el marco institucional que representa el Instituto Nacional Indigenista, que se ha caracterizado por su acción bienhechora en la región de la Montaña y en otras zonas del Estado, el COPLADE, que cuenta con un Subcomité de Etnodesarrollo, y distintas áreas de las dependencias y entidades públicas federales, estatales y municipales. La región de la Montaña está compuesta por municipios que poseen recursos que podrían ser aprovechados más eficientemente para el desarrollo armónico de la zona y para la elevación del bienestar de sus habitantes, así como para una vinculación más balanceada con el resto de la entidad. Para lograrlo, es preciso disponer de un programa de desarrollo integral, que abarque la acción de los tres niveles de gobierno y propicie la participación de la sociedad, comprendiendo la infraestructura básica, la producción y el bienestar social, fincado este último en mínimos de bienestar que han de asegurarse a todos los municipios en los próximos años.[11]

El surgimiento de esta clase de órganos aunado al nuevo clima de apertura a nivel internacional sobre la discusión y aceptación de los derechos de los pueblos originarios, dio las condiciones idóneas para una serie de cambios importantes en la carta magna mexicana. Que reconocerían a los diversos pueblos originarios de la nación y que tratarían ampliar el espectro de derechos de este sector, siendo la primera de estas reformas el reconocimiento ex-

---

11 Ley Que Crea La Procuraduría Social De La Montaña de 1987. Consultada en el 21 de febrero de 2023 en: *https://www.guerrero.gob.mx/wp-content/uploads/2022/03/LCPSM.pdf*

plícito de los pueblos originarios y sus tierras, mediante un breve enunciado contenido en la fracción séptima párrafo segundo del artículo 27, la cual tuvo lugar en el año de 1992 y de forma breve refería "la ley protegerá la integridad de los grupos indígenas". Si bien puede argumentarse que esto suponía un cambio positivo al referir directamente a la población indígena, en consiguiente, dar pie a políticas orientadas a las problemáticas propias de estas, algunos autores como López Bárcenas advierten sobre los aspectos negativos implícitos en esta categorización al afirmar lo siguiente

> Esta norma desconoce la condición de pueblos a los indígenas reduciéndolos a minorías. Esto que en lenguaje común pudiera parecer una nimiedad, para el derecho es muy importante porque a las minorías deben aplicárseles políticas de discriminación positiva para ayudarles a igualarse con el resto de la población, mientras a los pueblos se les debe reconocer tal naturaleza, junto con su derecho a decidir libremente su condición política, económica, cultural y social, que son los derechos reconocidos en el sistema internacional hace bastante tiempo.[12]

Si bien esta reforma aportó cierto reconocimiento a la existencia de estas comunidades, siendo la pauta para diversas acciones y programas de asistencia social, los pueblos originarios aún carecían de la autodeterminación por la cual continúan luchando en pleno siglo XXI.

Pasarían nueve años hasta la siguiente reforma constitucional en materia de derechos indígenas, que tomaría lugar en el año 2001, la cual dio aportes significativos al reformar los artículos primero y cuarto constitucionales, adicionando disposiciones importantes para la materia, en el artículo 18 y 115, estas nuevas disposiciones reconocían la pluriculturalidad del pueblo mexicano así como el papel primordial de los pueblos originarios, reconociendo las instituciones, costumbres y libre determinación de estos, así como una cierta autonomía, que si bien fue limitada,

---

12 López Bárcenas Francisco. "Los pueblos indígenas en las constituciones de México". *Argumentos.* 2016. Pag 173

significó un paso correcto en el reconocimiento y reivindicación de los pueblos originarios.

Además de estas acciones en pro del reconocimiento de las necesidades, así como las particularidades culturales y sociales de los pueblos originarios, la reforma estableció una serie de pautas y criterios para la identificación de los sujetos jurídicos, incorporando un medio de defensa para los derechos de este sector la tipificación de la discriminación como un delito.

Con base a estos nuevos elementos y consideraciones contenidos en la carta magna, fue necesario para todos los estados de la república, crear leyes y órganos que estuvieran acorde con la nueva normativa para que tomaran en cuenta los diversos aspectos propios de las comunidades indígenas de sus entidades, o bien renovar y fortalecer las instituciones ya existentes, recordemos que algunos estados, principalmente aquellos con una gran población perteneciente a los pueblos originarios, habían hecho esfuerzos y gestiones previos incluso a la reforma del 92.

En resumidas cuentas, la reforma del 2001 intentó llevar el reconocimiento de los pueblos originarios a nivel federal aportando las bases para los organismos y leyes en materia de derecho indígena de las distintas entidades del país.

Empero cabe señalar que dichos órganos y legislaciones estatales distaban de ser perfectas, y uno de los errores más comunes de parte de los gobiernos estatales fue el calcar la ley reglamentaria federal sin tomar en cuenta las necesidades específicas del sector indígena de sus entidades. Este error se debe en gran parte al hecho de cambiar el estatus de estas comunidades como sujetos de derecho público a sujetos de interés público, lo cual implica la pérdida en su totalidad de la autonomía por la cual los pueblos originarios han luchado a lo largo de su historia, *María Teresa Valdivia Dounce* resume de manera acertada los prejuicios que esta reforma trajo consigo en sus distintos puntos a través del siguiente análisis:

> La ley indígena del 2001 no deja de ser una ley mocha pues en el apartado A del artículo 2 se garantizan derechos que ya tenían los pueblos indígenas, y en el apartado B se perfilan las bases para diseñar un típico

> plan de desarrollo social, que normalmente se lleva a cabo de hecho por medio de la Comisión Nacional para el Desarrollo de los Pueblos Indígenas. Pero el aspecto más defectuoso de todos es que los pueblos y comunidades indígenas son definidos como sujetos de interés público, y no como sujetos de derecho público, con lo cual su derecho a la libre determinación y autonomía quedan en mera retórica. Y en este punto, desgraciadamente, las leyes reglamentarias estatales son copia fiel de la federal del 2001.[13]

Diez años más tarde con la reforma en materia de derechos humanos, y el cambio estructural que implicó para la constitución en todos los ámbitos, el derecho de los pueblos originarios sufriría cambios significativos, entre ellos su reconocimiento como sujetos de derecho, siendo este un aspecto vital en la lucha por la autodeterminación de estos por el reconocimiento a su personalidad jurídica colectiva y todo lo que implica.

III. EL RECONOCIMIENTO DE LOS DERECHOS HUMANOS DE LOS PUEBLOS ORIGINARIOS

A partir de la reforma de 2011 el derecho de los pueblos indígenas así como los derechos humanos en general, encuentran una protección más amplia gracias al llamado bloque de constitucionalidad, que en sí puede definirse como todos aquellos elementos externos a la constitución que cumplen la función de ser criterios o parámetros de constitucionalidad, es decir que amplían y brindan una mayor protección de los derechos humanos sin estar contenidos en la carta magna, por lo general nos referimos a normas de carácter internacional para hacer alusión a este aspecto; por tanto este concepto juega un papel fundamental en el derecho de los pueblos originarios al aplicar tratados y convenciones internacionales sobre la materia.

Uno de los primeros documentos internacionales firmados por México en cuestión de derechos indígenas fue el convenio

---

13 Valdivia Dounce, María Teresa. "Políticas y reformas en materia indígena, 1990-2007". *Argumentos*. Ciudad de México. v. 22, n. 59. 2009.

169, que dentro de su artículo segundo establece una serie de disposiciones que resultan vitales para las cuestiones de autodeterminación, que aportan pautas importantes para el desarrollo de políticas públicas y acuerdos entre las comunidades indígenas y los gobiernos federales, dicho texto enuncia lo siguiente:

> Artículo 2
>
> 1. Los gobiernos deberán asumir la responsabilidad de desarrollar, con la participación de los pueblos interesados, una acción coordinada y sistemática con miras a proteger los derechos de esos pueblos y a garantizar el respeto de su integridad.
>
> 2. Esta acción deberá incluir medidas:
>
> a) que aseguren a los miembros de dichos pueblos gozar, en pie de igualdad, de los derechos y oportunidades que la legislación nacional otorga a los demás miembros de la población;
>
> b) que promuevan la plena efectividad de los derechos sociales, económicos y culturales de esos pueblos, respetando su identidad social y cultural, sus costumbres y tradiciones, y sus instituciones;
>
> c) que ayuden a los miembros de los pueblos interesados a eliminar las diferencias socioeconómicas que puedan existir entre los miembros indígenas y los demás miembros de la comunidad nacional, de una manera compatible con sus aspiraciones y formas de vida.[14]

Tomando en cuenta estas disposiciones como parte del bloque de constitucionalidad, resulta evidente la obligación inherente al gobierno mexicano de garantizar tanto la libre determinación, como los medios para el desarrollo de las comunidades indígenas, así como el respeto y goce de los derechos humanos, tomando en cuenta el respeto por la identidad de estos pueblos.

A estas disposiciones se suman las contenidas en el Convenio Constitutivo del Fondo para el Desarrollo de los Pueblos Indígenas de América Latina y el Caribe de 1992, de entre las cuales destaca la creación del "Fondo Indígena", instrumento importante para el desarrollo del sector, que cumple con la función de ser tanto un foro para la discusión de políticas que fortalezcan el desarrollo de los pueblos originarios como para captar, administrar

---

14 Convenio 169 sobre Pueblos Indígenas y Tribales en países independientes, de la Organización Internacional del Trabajo, adoptado en la ciudad de Ginebra, Suiza, el 27 de junio de 1989

y encaminar recursos a distintos proyectos propiciando políticas que estén dirigidas al sector indígena, siempre velando por su desarrollo, las atribuciones de este ente quedan contenidas en el artículo primero en su apartado 1.2 del mencionado documento, las cuales se enuncian de la siguiente manera:

> 1.2 Funciones. Para lograr la realización del objeto enunciado en el párrafo 1.1 de este artículo, el Fondo Indígena tendrá las siguientes funciones básicas:
>
> a) Proveer una instancia de diálogo para alcanzar la concertación en la formulación de políticas de desarrollo, asistencia técnica, programas y proyectos de interés para los Pueblos Indígenas, con la participación de los Gobiernos de los Estados de la región, Gobiernos de otros Estados, Organismos proveedores de recursos y los mismos Pueblos Indígenas.
>
> b) Canalizar recursos financieros y técnicos para los proyectos y programas prioritarios, concertados con los Pueblos Indígenas, asegurando que contribuyan a crear las condiciones para el autodesarrollo de dichos Pueblos.
>
> c) Proporcionar recursos de capacitación y asistencia técnica para apoyar el fortalecimiento institucional, la capacidad de gestión, la formación de recursos humanos y de información y asimismo la investigación de los Pueblos Indígenas y sus organizaciones.[15]

Como puede apreciarse, el derecho indígena cuenta con numerosas disposiciones e instancias que derivan de instituciones internacionales, como de la propia constitución mexicana al aceptar dichas disposiciones e incorporarlas a su estructura, debe garantizar tanto los medios como los espacios para que los derechos indígenas sean ejercidos, pero sobre todo para escuchar las necesidades de estas etnias y satisfacerlas con una perspectiva que tome en cuenta un enfoque con base en derechos humanos, siempre tomando en cuenta el contexto social en que viven.

---

15 Convenio Constitutivo del Fondo para el Desarrollo de los Pueblos Indígenas de América Latina y el Caribe, adoptado en la ciudad de Madrid, España, el 24 de julio de 1992.

IV. CONTEXTO ACTUAL DE LOS DERECHOS DE LOS PUEBLOS ORIGINARIOS

En el México contemporáneo el derecho de los pueblos indígenas es un tópico en continua discusión, lo cual se debe en gran parte al porcentaje considerable de habitantes del territorio mexicano que se conciben a sí mismos como indígenas. De acuerdo con el INEGI en un censo realizado en 2020 "en México existen 23.2 millones de personas de tres años y más que se autoidentifican como indígenas, lo que equivale a 19.4 % de la población total de ese rango de edad".[16] Una cifra significativa que aunado al hecho de que en pleno 2023 se tiene conocimiento de la existencia de 68 pueblos indígenas a lo largo de todo el territorio nacional,[17] muestra un poco de las dimensiones e importancia de esta población en particular.

Además de ello tiene que tomarse en cuenta la riqueza cultural que aportan estos pueblos, así como la importancia de las partes del territorio nacional en las que se concentra esta población, tal como lo expone Munguía Salazar, quien afirma sobre estas dos cuestiones lo siguiente:

> México ocupa el octavo lugar en el mundo, entre los países con la mayor cantidad de pueblos indígenas; se hablan más de 100 lenguas, de las cuales los pueblos indígenas aportan a esta riqueza cuando menos 60. Nuestro país tiene una superficie de casi 2 millones de kilómetros cuadrados. Los grupos mexicanos indígenas poseen, en las regiones en las que viven, una superficie que abarca la quinta parte del territorio nacional...
>
> El 70% de los recursos petroleros se extrae de yacimientos marinos y terrestres del trópico mexicano, los más importantes corresponden a los Estados de Campeche, Tabasco y Chiapas, en municipios con una fuerte presencia indígena. Las principales presas hidroeléctricas del país: La An-

---

16 Estadísticas a propósito del día internacional de los pueblos indígenas. Comunicado de prensa núm. 430/22. 8 de agosto de 2022. Consultado el 27 de febrero de 2023. Disponible en: *https://www.inegi.org.mx/contenidos/saladeprensa/aproposito/2022/EAP_PueblosInd22.pdf*

17 IWGIA, *El mundo indígena,* México. 2020 en: *https://www.iwgia.org/es/mexico/3745-mi-2020*-mexico.html#:~:text=En%20el%20territorio%20mexicano%20habitan,derivan%20en%20364%20variantes%20dialectales.

> gostura, Malpaso, Chicoasén, Aguamilpa y Presidente Alemán se ubican y se abastecen de agua en los territorios indígenas.[18]

Por ello los pueblos indígenas disponen de una normativa especializada que deriva tanto de los preceptos constitucionales como de la normativa internacional. En consecuencia, a esto, existen dos leyes nacionales centradas en la materia de desarrollo de estos pueblos para la conservación de sus lenguas y demás aspectos de identidad cultural, la ley de la Comisión Nacional para el Desarrollo de los Pueblos Indígenas y la Ley General de Derechos Lingüísticos de los Pueblos Indígenas, respectivamente.

La existencia de la legislación y órganos enfocados a la representación y protección de los derechos de dichas comunidades, deriva de las disposiciones del artículo segundo constitucional, que reconoce la pluriculturalidad de la nación mexicana, la cual expone tanto los criterios de distinción para la identidad indígena, como las precisiones para definir la autodeterminación, derecho fundamental para el libre desarrollo de estas comunidades, lo que implica la autonomía para decidir sobre su organización social, territorial, usos y costumbres, la preservación de sus lenguas, por supuesto los medios para decidir sobre las cuestiones de representatividad popular.[19]

A partir del marco normativo ampliado por los diversos tratados internacionales en beneficio de las poblaciones originarias, así como los preceptos constitucionales con base en derechos humanos desde la reforma de 2011, muchas acciones afirmativas han tomado lugar en distintos rubros, con la finalidad de disminuir la desigualdad social, permitiendo a las comunidades indígenas preservar sus usos y costumbres. Dando espacio a la libre determinación en todos los aspectos.

---

18 Munguía Salazar, Alex, Lourdes Delgadillo Díaz Leal, y Silvano Victoria de la Rosa. "La Lucha De Los Pueblos Originarios En México Por El Reconocimiento De Sus Derechos". *Revista Latinoamericana De Derechos Humanos.* 2017. Pag 190 disponible en: *https://doi.org/10.15359/rldh.27-2.9*

19 Constitución Política de Los Estados Unidos Mexicanos Art 2 inciso A.

Una de las acciones afirmativas más relevantes para los pueblos indígenas sería el acuerdo INE/CG508/2017, emitido por el Instituto Nacional Electoral, durante el periodo electoral 2017-2018, mediante este acuerdo se instaura por primera vez en México una cuota representativa en favor de los pueblos originarios, es decir, se establecía un determinado número de candidaturas exclusivas para miembros de etnias indígenas en 12 de los 28 distritos electorales representando en total un 42% de los distritos electorales, mediante esta acción afirmativa se pretendió dar visibilidad, representación, pero sobre todo dar voz a las problemáticas que aquejan a la población indígena, mediante la participación en los asuntos políticos y legislativos en todos los niveles.

V. DIVERSAS PROBLEMÁTICAS EN LA APLICACIÓN DE LOS DERECHOS HUMANOS EN LOS PUEBLOS ORIGINARIOS

En pleno siglo XXI aun con todo el avance legislativo, la normativa internacional, los órganos especializados en la materia y sobre todo la lucha de asociaciones junto con la población indígena, este sector poblacional no ha salido por completo de la marginación, ni ha podido ejercer la autodeterminación que tanto ha buscado a lo largo de los años.

Un claro ejemplo que sirve para medir las dimensiones de la desigualdad que viven los pueblos originarios se encuentra en el informe sobre la pobreza en la población indígena en México, el cual afirma que "el porcentaje de población indígena en situación de pobreza es de 69.5%, en contraste con el 39% de la población no indígena que se encuentra en esta situación,"[20] lo cual denota no solo la desigualdad económica, ya que estas cifras son en sí, el producto de la marginación a nivel social y el escaso acceso a las oportunidades de desarrollo para la población indígena.

---

20 CONEVAL. *La pobreza en la población indígena de México, 2008 - 2018.* Consultado El 1 de marzo de 2023, disponible en: *https://www.coneval.org.mx/Medicion/MP/Documents/Pobreza_Poblacion_indigena_2008-2018.pdf.*

La problemática de desigualdad que viven los indígenas de México es un problema sistemático, ya que al preguntar ¿Qué tan accesible es la educación para los pueblos originarios? Nos encontramos con resultados poco alentadores al respecto, el INEGI en su comunicado de 2022 afirma lo siguiente respecto a la escolaridad de este sector

"La población de 15 años y más, hablante de lengua indígena, registró un nivel de escolaridad promedio de 6.2 grados (equivalente a primaria completa). La cifra es menor a la de la población no hablante de alguna lengua indígena de 15 años y más. Esta reportó un nivel de 10 grados de escolaridad. También resultó menor con respecto a la población total, que reportó 9.7 grados".[21]

Estos datos muestran la gran dificultad por la que atraviesan los pobladores originarios en cuanto al acceso a la educación, misma que se intensifica cuando se es hablante de alguna lengua indígena. Esta situación deriva en el aislamiento de este sector respecto al resto de la población, lo cual conduce a una situación de vulnerabilidad en donde todas las oportunidades de superación se ven limitadas por la falta de preparación académica, así como por la desigualdad económica y la marginación que esto trae de manera implícita.

Otros dos retos que enfrentan los pueblos indígenas que están estrictamente ligados son la autodeterminación y la representación política, siendo la primera cuestión, un derecho por el cual se ha peleado desde tiempos coloniales y que se discute continuamente en el México del siglo XXI, numerosas comunidades indígenas en pleno 2023 aún acuden a organismos como la Suprema Corte de Justicia de la Nación para exigir su derecho a regirse mediante sus usos y costumbres, tal es el caso de jLumaltik Candelaria, un gobierno de la población Tsotsil en Chipas que en febrero del mencionado año envió a sus autoridades a representar el deseo de autogobierno a la SCJN.[22]

---

21 INEGI *óp. cit.* p. 5

22 IBERO Puebla. 21 de febrero de 2023. Consultado el 3 de marzo de 2023 en: *https://web.iberopuebla.mx/noticias_y_eventos/noticias/la-candelaria-pide-su-*

Por ello surgen interrogantes cuando se indaga sobre la autonomía de estos pueblos y que supone tanto para el sector indígena como para el Estado Mexicano, para Gustavo E. Barbarán el reclamo de autodeterminación de la población indígena es tanto la consecuencia de años de desigualdad como la forma en la que se busca reivindicar, y visibilizar a los pueblos originarios, para dicho autor las connotaciones de la autodeterminación se resumen en las siguientes afirmaciones:

> Los pueblos indígenas reclaman una protección jurídica basada en la no discriminación racial y el reconocimiento de derechos singulares para ser ejercidos de manera colectiva, más en su condición de minorías étnicas que en función de una ciudadanía determinada; pero sin perjuicio de los derechos y garantías que toda constitución nacional reconoce a sus habitantes.
>
> Esta es una faceta del problema: por causa de tanto maltrato histórico, un indígena hoy se asume como tal antes que como boliviano, mexicano o peruano. Las poblaciones indígenas plantearon reclamos reivindicando su condición de grupos diferenciados de la mayoría de los componentes dominantes de la sociedad nacional en que residen. La exigencia es la de ser considerados "pueblos" con historia, instituciones y cultura propias y, en consecuencia, capaces de administrarse conforme a sus tradiciones, usos y costumbres.[23]

Por tanto, la búsqueda de la autonomía de estas comunidades innegablemente tiene relación directa con la representación política, al ser este el medio que en teoría debería ser la voz de estas comunidades, sin embargo, pese a las acciones afirmativas en materia electoral, aún se dista mucho de contar con la representación adecuada de los intereses de los pueblos indígenas, en gran parte esto se debe al fenómeno de la usurpación de estas cuotas de representatividad indígena, pese a que los reglamentos en materia electoral establecen requisitos para aspirar a este tipo de candidaturas, "desde las elecciones de 2018 estamos frente a

---

prema-corte-reconocer-su-gobierno-comunitario

23 Toledo, Víctor, y Barbarán Gustavo. "El Principio De Libre determinación De Los Pueblos Y Su aplicación En El Caso De Los Pueblos Originarios". *Revista Omnia* 1. México 2019. Pag 25 disponible en: http://200.10.180.182/index.php/RO/article/view/22

un problema de simulación y usurpación de esta acción afirmativa. "De tal forma que podemos concluir que un escaño ocupado por un diputado electo en un distrito indígena, no quiere decir que un indígena esté ocupando su lugar en la Cámara de Diputados, que por derecho le correspondería"[24] como afirmó Araceli Burguete, durante el foro Evaluación y prospectiva de las acciones afirmativas en los procesos electorales federales celebrado por el INE en 2021.

Esto se le debe en gran parte a la auto adscripción por parte de aspirantes políticos que, por el hecho de haber nacido en distritos electorales pertenecientes a estas comunidades, acceden de manera deshonesta a espacios políticos que en teoría deberían ser una plataforma para los intereses y preocupaciones de las comunidades indígenas. Por estas circunstancias, la auto adscripción en lugar de ser una forma de dar representatividad, termina siendo un medio para acceder al poder político, ocasionando que las acciones afirmativas pierdan el propósito por el cual fueron creadas, es por ello que aunque el contenido de la normativa electoral opta por la discriminación positiva en pro de los pueblos originarios, estas medidas no dan el resultado esperado, tal como lo señala Cedillo Delgado al referir lo siguiente respecto a las acciones afirmativas en materia electoral:

> Las acciones afirmativas en México como medio para promover la participación política de los indígenas en los cargos de gobierno y de representación tiene claroscuros, porque si bien hay impulso de medidas legales, gestiones y compromisos de instituciones electorales, partidos políticos y gobiernos estatales para promover la inclusión de indígenas en la política, al mismo tiempo dichas acciones resultan insuficientes para aumentar su participación y poco efectivas para solucionar y atender sus necesidades específicas.[25]

---

24 García Martínez Anayeli. "Simulación y usurpación en la acción afirmativa indígena, afirma experta". *Cimanoticas.* 21 de agosto de 2021. *https://cimacnoticias.com.mx/2021/08/20/simulacion-y-usurpacion-en-la-accion-afirmativa-indigena-afirma-experta#gsc.tab=0*

25 Cedillo Delgado, Rafael. "Cuotas electorales y otras formas de Inclusión para indígenas en México en el Contexto latinoamericano". *Pensares y Quehaceres Revista de políticas de la filosofía.* EÓN. México. 2017. Pag 27

Lo cual significa que los pueblos originarios tienen que luchar contra la marginalidad en la cual viven por el difícil acceso a condiciones de vida dignas, además de eso tienen que enfrentarse a la invisibilidad ocasionada por la usurpación de los espacios que han ganado a base de una lucha histórica por sus derechos, a ello se suma el despojo del territorio de estas comunidades por parte del crimen organizado como por las multinacionales ya sean mineras o cualquier otra empresa que se beneficie de la sobreexplotación de los recursos del territorio indígena a base de concesiones injustas, la gravedad de esta problemática es tal que en la clausura de la visita del consejo de derechos humanos en 2022 Cecilia Jiménez Damary afirmo que "el 40% de los poblados indígenas son desplazados en México a causa de narcotráfico, tala ilegal de árboles, actividad minera e, incluso, proyectos prioritarios del gobierno federal mexicano"[26] lo cual implica que estos pueblos no solo luchan por su autonomía y representación, en el México contemporáneo los pueblos indígenas luchan por sus derechos humanos básicos contra el poderío de las multinacionales, el gobierno, y el crimen organizado.

VI. CONCLUSIONES

A manera de conclusión sobre el panorama que afrontan los pueblos originarios en el México del siglo XXI, es un hecho que, pese a las décadas de discusión, las legislaciones nacionales e internacionales, los brillantes alegatos en defensa de estas etnias, de boca de filósofos, juristas, líderes indígenas y demás mentes brillantes con una visión humanista, los retos continúan. Cada día surgen más adversidades que parecieran no tener cabida en el mundo moderno, el desplazamiento, la marginación, la usurpación de los derechos que tantos años y sangre costaron.

---

26 Aguilar Diego. ONU: 40% de los pueblos indígenas han sido desplazados. *El economista.* 12 de septiembre del 2022. Consultado el 4 de marzo de 2023 en: *https://www.eleconomista.com.mx/politica/ONU-40-de-los-pueblos-indigenas-han-sido-desplazados-20220912-0012.html*

Ser perteneciente a un pueblo originario es motivo de orgullo, es llevar en la piel, en la sangre, en la lengua, el legado y tradición de sus ancestros por décadas, pero también es heredar una lucha interminable, es carecer de los medios elementales para la vida digna, como la educación, el acceso a la tecnología, la salud, trabajo, pese a toda la normativa que así lo garantiza.

El pueblo indígena aún lucha por sus tierras, contra colonizadores extranjeros y connacionales, es necesario seguir luchando por la representación adecuada de estas comunidades, que las acciones afirmativas no sean otro accesorio político, que sean un verdadero espacio para escuchar las necesidades de este sector.

Ahora más que nunca los pueblos originarios necesitan estar en todas las instancias y explotarlas al máximo para que se dé una lucha en defensa del territorio, la lengua y los derechos humanos fundamentales.

VII. FUENTES DE INVESTIGACIÓN

Aguilar Diego. ONU: 40% de los pueblos indígenas han sido desplazados. El economista. 12 de septiembre del 2022. https://www.eleconomista.com.mx/politica/ONU-40-de-los-pueblos-indigenas-han-sido-desplazados-20220912-0012.html

Cedillo Delgado, Rafael. "Cuotas electorales y otras formas de Inclusión para indígenas en México en el Contexto latinoamericano". Pensares y Quehaceres Revista de políticas de la filosofía. EÓN. México. 2017.

CONEVAL, La pobreza en la población indígena de México, 2008 - 2018. Consultado en: https://www.coneval.org.mx/Medicion/MP/Documents/Pobreza_Poblacion_indigena_2008-2018.pdf

Constitución Política de Los Estados Unidos Mexicanos de 1917. Texto original.

Convenio 169 sobre Pueblos Indígenas y Tribales en países independientes, de la Organización Internacional del Trabajo, adoptado en la ciudad de Ginebra, Suiza, el 27 de junio de 1989

Convenio Constitutivo del Fondo para el Desarrollo de los Pueblos Indígenas de América Latina y el Caribe, adoptado en la ciudad de Madrid, España, el 24 de julio de 1992.

De las Casas Fray Bartolomé. Historia de las Indias, Libro III, Capítulo IV, Ed.F.C.E., México, 1951.

Estadísticas a propósito del día internacional de los pueblos indígenas. Comunicado de prensa núm. 430/22. 8 de agosto de 2022.

García Martínez Anayeli. Simulación y usurpación en la acción afirmativa indígena, afirma experta. Cimanoticas. 21 de agosto de 2021.

IBERO Puebla. 21 de febrero de 2023. Consultado en: https://web.iberopuebla.mx/noticias_y_eventos/noticias/la-candelaria-pide-suprema-corte-reconocer-su-gobierno-comunitario el 3 de marzo de 2023

IWGIA, *El mundo indígena* México. 2020 https://www.iwgia.org/es/mexico/3745-mi-2020-mexico.html#:~:text=En%20el%20territorio%20mexicano%20habitan,derivan%20en%20364%20variantes%20dialectales.

Ley Que Crea La Procuraduría Social De La Montaña de 1987.

López Bárcenas Francisco https://desinformemonos.org/lenguas-indigenas-colonialismo-y-derechos-linguisticos/ Consultado el 15 de febrero del 2023

López Bárcenas Francisco. Legislación y derechos indígenas en México. Centro de Estudios para el Desarrollo Rural Sustentable y la Soberanía Alimentaria. 2005.

López Bárcenas Francisco. Los pueblos indígenas en las constituciones de México. Argumentos, 2016, vol. 29.

López Bárcenas Francisco. Rebeldes solitarios el magonismo entre los pueblos mixtecos. Desinformémonos ediciones. 2013.

Munguía Salazar, Alex, Lourdes Delgadillo Díaz Leal, y Silvano Victoria de la Rosa. La Lucha De Los Pueblos Originarios En México Por El Reconocimiento De Sus Derechos. Revista Latinoamericana De Derechos Humanos. 2017 México.

Plan de Ayala del 28 de noviembre de 1911.

Proyecto de programa del Partido Liberal Mexicano. 15 de abril de 1906. Consultado en: http://www.ordenjuridico.gob.mx/Constitucion/CH6.pdf el 19 de febrero de 2023.

Toledo Víctor, y Barbarán Gustavo El Principio De Libre determinación De Los Pueblos Y Su aplicación En El Caso De Los Pueblos Originarios. Revista Omnia 1. México 2019.

Valdivia Dounce, María Teresa. Políticas y reformas en materia indígena, 1990-2007. Argumentos. Ciudad de México. v. 22, n. 59. 2009.

DERECHOS HUMANOS DE LAS PERSONAS INDÍGENAS IMPUTADAS DE UN DELITO EN MÉXICO

JUAN MANUEL ÁVILA SILVA*
HUGO ENRIQUE MAYO CASTREJÓN**
RAUL ÁVILA SILVA***

SUMARIO: I. Introducción. II. Marco jurídico de los derechos humanos de las personas indígenas imputadas de un delito. III. Criterios de la Suprema Corte de Justicia de la Nación en la aplicación de los derechos humanos de las personas indígenas imputadas de un delito. IV. Problemática de los derechos humanos de las personas indígenas imputadas de un delito. V. Conclusiones. VI. Fuentes de investigación.

I. INTRODUCCIÓN

La problemática de los derechos humanos de las personas indígenas imputadas en México se trata de un fenómeno de atención prioritaria. Las personas indígenas acusadas de un delito, por el hecho de ser personas, también le son atribuibles estas prerrogativas inherentes a toda persona por el sólo hecho de su dignidad

* Profesor Investigador de Tiempo Completo de la Universidad Autónoma de Guerrero (UAGro) de la Licenciatura y el Posgrado en Derecho programa inscrito en el SNP-CONAHCYT. Integrante del Sistema Nacional de Investigadores nivel I, CONAHCYT México. Doctor en Derecho y Globalización. Estancia posdoctoral por la Universidad de Alicante, España, correo electrónico: juansilva@uagro.mx orcid 0000-0002-0518-0771

** Estudiante del Doctorado en Derecho de la Universidad Autónoma de Guerrero (UAGro), programa inscrito en el SNP-CONAHCYT. Correo electrónico: hugoemc21@gmail.com

*** Licenciado en Derecho. Abogado postulante, servidor público. lic.raulavila-silva@gmail.com

de seres humanos y, en consecuencia, pueden llevar a cabo el ejercicio de estos derechos fundamentales.

En el mundo moderno, los derechos humanos han surgido como un sistema de reconocimiento para preservar y promover el desarrollo pleno de todo individuo. Por tanto, las personas indígenas, por el hecho de ser personas gozan de los mismos derechos humanos como cualquier otro individuo. Del planteamiento anterior surge la cuestión del presente capítulo sobre cuáles son los derechos fundamentales de las personas indígenas imputadas de un delito en México.

Para conocer la situación real del panorama que viven jurídicamente las indígenas en estudio en relación a sus derechos humanos en todo proceso penal, en este trabajo se analizará el marco jurídico contenido en la Constitución Política de los Estados Unidos Mexicanos, los criterios de la Suprema Corte de Justicia de la Nación sientan precedentes importantes para la protección especial de los derechos fundamentales de las personas imputadas indígenas en México, la problemática actual de los indígenas imputados, y se concluye con la necesidad de encontrar mecanismos jurídicos más efectivos para el ejercicio efectivo de estos derechos humanos y en con énfasis en la protección especial que la misma Constitución Federal establece en su artículo 2°, apartado A, fracción VIII.

II. MARCO JURÍDICO DE LOS DERECHOS HUMANOS DE LAS PERSONAS INDÍGENAS IMPUTADAS DE UN DELITO

La Constitución Federal en México, establece que las disposiciones sobre derechos humanos contenidas en su texto son de aplicación para todas las personas que están dentro del territorio nacional Artículo 1°, Párrafo 1. Entonces, partiendo de esta consideración, las personas indígenas también gozan de los derechos humanos establecidos en la misma.

Más aún, la misma Constitución en su artículo 2, Apartado A, Fracción VIII garantiza el acceso a la justicia:

> VIII. Acceder plenamente a la jurisdicción del Estado. Para garantizar ese derecho, en todos los juicios y procedimientos en que sean parte, individual o colectivamente, se deberán tomar en cuenta sus costumbres y especificidades culturales respetando los preceptos de esta Constitución. Los indígenas tienen en todo tiempo el derecho a ser asistidos por intérpretes y defensores que tengan conocimiento de su lengua y cultura.[1]

Este apartado establece dos derechos humanos importantes a tomar en cuenta por las autoridades jurisdiccionales para determinar el tratamiento que debe darse a un imputado indígena:

> **a.** Tomar en cuenta sus costumbres y su cultura específicos, y
>
> **b.** El derecho a recibir la asistencia de intérpretes y defensores, no sólo en una parte del proceso sino durante el proceso completo, y además de que esos especialistas conozcan la lengua y la cultura de los imputados.

A partir de la reforma al artículo 20 constitucional, se cambió el proceso penal tradicional al acusatorio como un sistema de administración de justicia que tiene como eje rector el respeto a los derechos humanos del inculpado. Este cambio ha tenido impacto en el trato a las personas señaladas en la comisión de un delito que amerite prisión, pues privilegia la presunción de inocencia, y con el respeto a sus derechos humanos, un proceso judicial en menos tiempo, primeramente, protegiendo el derecho humano a la libertad.

Según Sarre et. al.[2], se ha visto un cambio en la concepción de las personas en prisión a quienes, en un principio, han pasado de considerarse como "degenerados", luego como "desadaptados", y finalmente, con la reciente reforma al Sistema de Justicia Penal

---

1 Constitución Política de los Estados Unidos Mexicanos. Consultado el 1 de marzo de 2023 en https://www.diputados.gob.mx/LeyesBiblio/pdf/CPEUM.pdf

2 Sarre, Miguel, Gerardo Manrique, y Juan Morey. ABC del nuevo sistema de justicia de ejecución penal en México. Ciudad de México: Instituto Nacional de Ciencias Penales, 2018.

como sujetos de derechos y obligaciones por los cambios sobre reinserción social incluidos en 2008.

Todas estas reformas al sistema penitenciario colocan a las personas imputadas de un delito como sujetos, y no objetos, de ser tratados con total respeto a su dignidad y a proteger sus derechos humanos durante todo el proceso judicial al que estén sujetos tal y como lo describe la Carta Magna y en específico el Apartado B del artículo 20 constitucional.

A partir del goce de los derechos humanos establecidos en el Artículo 1° constitucional, las personas imputadas indígenas también disfrutan de los derechos del imputado, contenidos en el artículo 20 del mismo ordenamiento federal en su apartado B, y en el orden inscrito, tratando los siguientes:[3]

> a. La presunción de inocencia;
>
> b. Declarar o guardar silencio y conocer los motivos de su detención, no mantener incomunicación o realizar intimidación o tortura en su persona;
>
> c. Conocer los hechos que se le imputan y los derechos que tiene en el momento de su detención como en su comparecencia;
>
> d. El derecho a que se le reciban testigos y demás pruebas pertinentes que ofrezca;
>
> e. Ser juzgado en audiencia pública por un juez o tribunal, lo cual es restringido cuando la ley lo determine como excepción;
>
> f. Facilitarse todos los datos que solicite para su defensa y el acceso a los registros de la investigación;
>
> g. Un tiempo explícito para ser juzgado: antes de cuatro meses si la pena máxima del delito no excede de dos años de prisión, y antes de un año si se excede de pena de prisión de dos años; y
>
> h. Recibir la defensa de un abogado propio o defensor público desde el momento de su detención, y que dicho defensor comparezca en todos los actos del proceso.

También la Constitución hace referencia a tres conceptos dentro del proceso penal acusatorio: inculpado, procesado o sentenciado Artículo 20, Apartado B, Fracción III. Con la finalidad de

---

[3] Constitución Política de los Estados Unidos Mexicanos. Consultado el 1 de marzo de 2023 en https://www.diputados.gob.mx/LeyesBiblio/pdf/CPEUM.pdf

tener claridad en la temática que se aborda, es necesario abordar la primera cuestión sobre lo que incluye cada uno de los términos y se hará su mención a continuación a fin de tener una breve descripción conceptual de cada uno.

En el caso de inculpado, se puede afirmar que esta categoría se refiere a una persona acusada de haber cometido un delito pero que no ha recibido sentencia por el juez. Según el Diccionario de la Real Academia Española (en adelante DRAE), "imputado" se refiere a un adjetivo como "Dicho de una persona: Contra quien se dirige un proceso penal"[4] y también tiene el concepto de "inculpado" como otro adjetivo explicando "Dicho de una persona: Que es objeto de la acusación en un procedimiento penal o sancionador". De aquí la cuestión pareciera tratarse de términos sinónimos por cuanto se refieren a un adjetivo que refiere a la condición jurídica al momento por cuestión de un proceso o procedimiento penal sin existir una sentencia dada aún por un juez y en el cual no se ha dado la conclusión de todo el desarrollo del proceso penal por el delito establecido y configurado en el tipo penal.

Ahora en lo tocante al término "procesado", parece indicar a aquella persona sujeta a un proceso por la autoridad judicial. Es conveniente determinar un concepto partiendo por la establecido por la DRAE al exponer dicho adjetivo como "Dicho de una persona: Que ha sido objeto de procesamiento", cuyo uso también puede ser como sustantivo. Esto implica que esta persona ha pasado por el proceso legal correspondiente y se le ha establecido la pena del código de la materia.

Finalmente, el capítulo III cuyo título es "Imputado" en el artículo 112 del Código Nacional de Procedimientos Penales (en adelante CNPP) establece el término como un genérico así:

---

4 Diccionario de la Real Academia Española. Portal electrónico https://dle.rae.es/imputado

> Artículo 112. Denominación
> Se denominará genéricamente imputado a quien sea señalado por el Ministerio Público como posible autor o partícipe de un hecho que la ley señale como delito.
> Además, se denominará acusado a la persona contra quien se ha formulado acusación y sentenciado a aquel sobre quien ha recaído una sentencia, aunque no haya sido declarada firme.[5]

Con la descripción proporcionada por el CNPP queda claro que los términos "imputado" es el término genérico de la condición jurídica de una persona en un proceso penal, y "acusado" y "sentenciado" son términos que refieren al curso en que se encuentra la condición legal en un procedimiento penal. Por lo tanto, los imputados indígenas son personas pertenecientes a los pueblos originarios de México y que son señalados por el Ministerio Público como posible autor o partícipe de un hecho que la ley señale como delito (Artículo 112 CNPP).

Entonces las personas indígenas imputadas de un delito tienen los derechos humanos del imputado establecidos en el Artículo 20 constitucional, Apartado B, los cuales son retomados en el artículo 113 del CNPP:[6]

> Artículo 113. Derechos del Imputado
> El imputado tendrá los siguientes derechos:
> **I.** A ser considerado y tratado como inocente hasta que se demuestre su responsabilidad;
> **II.** A comunicarse con un familiar y con su Defensor cuando sea detenido, debiendo brindarle el Ministerio Público todas las facilidades para lograrlo;
> **III.** A declarar o a guardar silencio, en el entendido que su silencio no podrá ser utilizado en su perjuicio;
> **IV.** A estar asistido de su Defensor al momento de rendir su declaración, así como en cualquier otra actuación y a entrevistarse en privado previamente con él;
> **V.** A que se le informe, tanto en el momento de su detención como en su comparecencia ante el Ministerio Público o el Juez de control, los he-

---

5 Código Nacional de Procedimientos Penales. Consultado el 13 de marzo de 2023 en https://www.diputados.gob.mx/LeyesBiblio/pdf/CNPP.pdf

6 Código Nacional de Procedimientos Penales. Consultado el 13 de marzo de 2023 en https://www.diputados.gob.mx/LeyesBiblio/pdf/CNPP.pdf

chos que se le imputan y los derechos que le asisten, así como, en su caso, el motivo de la privación de su libertad y el servidor público que la ordenó, exhibiéndosele, según corresponda, la orden emitida en su contra;

VI. A no ser sometido en ningún momento del procedimiento a técnicas ni métodos que atenten contra su dignidad, induzcan o alteren su libre voluntad;

VII. A solicitar ante la autoridad judicial la modificación de la medida cautelar que se le haya impuesto, en los casos en que se encuentre en prisión preventiva, en los supuestos señalados por este Código;

VIII. A tener acceso él y su defensa, salvo las excepciones previstas en la ley, a los registros de la investigación, así como a obtener copia gratuita, registro fotográfico o electrónico de los mismos, en términos de los artículos 218 y 219 de este Código.

IX. A que se le reciban los medios pertinentes de prueba que ofrezca, concediéndosele el tiempo necesario para tal efecto y auxiliándosele para obtener la comparecencia de las personas cuyo testimonio solicite y que no pueda presentar directamente, en términos de lo establecido por este Código;

X. A ser juzgado en audiencia por un Tribunal de enjuiciamiento, antes de cuatro meses si se tratare de delitos cuya pena máxima no exceda de dos años de prisión, y antes de un año si la pena excediere de ese tiempo, salvo que solicite mayor plazo para su defensa;

XI. A tener una defensa adecuada por parte de un licenciado en derecho o abogado titulado, con cédula profesional, al cual elegirá libremente incluso desde el momento de su detención y, a falta de éste, por el Defensor público que le corresponda, así como a reunirse o entrevistarse con él en estricta confidencialidad;

XII. A ser asistido gratuitamente por un traductor o intérprete en el caso de que no comprenda o hable el idioma español; cuando el imputado perteneciere a un pueblo o comunidad indígena, el Defensor deberá tener conocimiento de su lengua y cultura y, en caso de que no fuere posible, deberá actuar asistido de un intérprete de la cultura y lengua de que se trate;

XIII. A ser presentado ante el Ministerio Público o ante el Juez de control, según el caso, inmediatamente después de ser detenido o aprehendido;

XIV. A no ser expuesto a los medios de comunicación;

XV. A no ser presentado ante la comunidad como culpable;

XVI. A solicitar desde el momento de su detención, asistencia social para los menores de edad o personas con discapacidad cuyo cuidado personal tenga a su cargo;

XVII. A obtener su libertad en el caso de que haya sido detenido, cuando no se ordene la prisión preventiva, u otra medida cautelar restrictiva de su libertad;

XVIII. A que se informe a la embajada o consulado que corresponda cuando sea detenido, y se le proporcione asistencia migratoria cuando tenga nacionalidad extranjera, y

XIX. Los demás que establezca este Código y otras disposiciones aplicables.

De manera breve, se pueden retomar algunos principios procesales tanto estipulados en la Constitución Política de los Estados Unidos Mexicanos y retomados y ampliados en el Código Nacional de Procedimientos Penales aplicables a las personas indígenas imputadas en México como:

a. La presunción de inocencia es un derecho humano reconocido por la Declaración Universal de los Derechos Humanos de la Organización de las Naciones Unidas, por la Constitución Federal, y por el mismo Código Nacional de Procedimientos Penales. Es el primer derecho para un debido proceso antes de ser declarado culpable de un delito.

b. La comunicación inmediata al exterior y al interior, es decir, al exterior con su familia y con su abogado defensor, y al interior por el informe del delito que se le imputa, y también, si procede, el motivo de la privación de su libertad con la orden de aprehensión emitida en su contra.

c. Dentro de la comunicación, también se le concede al imputado y a su defensa solicitar la modificación de la medida cautelar impuesta cuando exista prisión preventiva, y también el acceso a los registros de la investigación, salvo las excepciones que la ley contemple.

d. El ser juzgado ante un tribunal de enjuiciamiento y contar con una defensa adecuada por un licenciado en derecho o abogado titulado. El abogado debe conocer la lengua y cultura del imputado indígena. También se contempla la asistencia gratuita de un traductor o intérprete cuando no comprenda o hable el idioma español.

Los principios procesales aplicados a las personas indígenas imputadas de un delito en México son de especial atención por tratarse de uno de los grupos vulnerables de la población mexicana. Sobre este tema, la Convención Americana sobre Derechos Humanos[7] también establece los principios de los derechos hu-

---

7 Convención Americana sobre Derechos Humanos. Consultada el 15 de marzo de 2023 en https://www.cndh.org.mx/sites/default/files/doc/Programas/TrataPersonas/MarcoNormativoTrata/InsInternacionales/Regionales/Convencion_ADH.pdf

manos relativos y en su artículo 7 el derecho a la libertad personal con los mismos criterios retomados en la Constitución Federal de México y en el artículo 8 las garantías judiciales. En relación con estos derechos humanos de garantías judiciales, el último ordenamiento contempla en su apartado 2, como principio de igualdad entre las partes, lo siguiente:

> a) derecho del inculpado de ser asistido gratuitamente por el traductor o intérprete, si no comprende o no habla el idioma del juzgado o tribunal;

Entonces, en el caso de los imputados indígenas, rige el derecho humano de igualdad entre las partes mediante la asistencia de un traductor o intérprete. Y la Constitución Federal incluye dicho derecho y, dentro de su progresividad de los derechos humanos, amplía a establecer a la autoridad jurisdiccional la obligación de proporcionar intérprete y defensor que conozcan su lengua y su cultura, es decir, tener pleno conocimiento de estos dos elementos para hacer un proceso judicial con fundamento en la igualdad de las partes.

La igualdad entre las partes, como lo dispone la fracción V del Apartado A del Artículo 20 de la Constitución Política de los Estados Unidos Mexicanos, es uno de los principios generales del proceso penal acusatorio, que a la letra establece:

> "...Las partes tendrán igualdad procesal para sostener la acusación o la defensa, respectivamente;..."[8]

Según Malváez, este principio consiste en que las partes, entendidas estas como el imputado y su defensor, así como el Ministerio Público, y la víctima, "tengan igualdad para sostener el derecho que les asista".[9] Esta igualdad se manifiesta en "contar con las mismas oportunidades para ofrecer, materializar y desahogar

---

8 Constitución Política de los Estados Unidos Mexicanos. Consultado el 1 de marzo de 2023 en https://www.diputados.gob.mx/LeyesBiblio/pdf/CPEUM.pdf

9 Malváez Contreras, Jorge, Derecho procesal penal, 2a. ed., México, Porrúa, 2006, p. 105

las pruebas”[10] dentro de un procedimiento penal. Entonces, atendiendo el mandato de este principio procesal en materia penal, se busca que las partes puedan ofrecer los recursos pertinentes para guardar el ejercicio de la prerrogativa jurídica correspondiente a su personalidad dentro del proceso dando la pauta al órgano jurisdiccional de hacer vivo este principio también como parte de la protección de los derechos humanos.

III. CRITERIOS DE LA SUPREMA CORTE DE JUSTICIA DE LA NACIÓN EN LA APLICACIÓN DE LOS DERECHOS HUMANOS DE LAS PERSONAS INDÍGENAS IMPUTADAS DE UN DELITO

El presente estudio sobre los derechos humanos de las personas indígenas imputadas de un delito en México analiza algunos de los criterios emitidos por el máximo tribunal constitucional de México. Se presenta el estudio de sentencias relevantes de la Suprema Corte de Justicia de la Nación[11] sobre la materia de derechos humanos: personas, pueblos y comunidades indígenas en materia de imputados.

El análisis de dichas sentencias de amparos en revisión se vierte sobre dos temáticas principales, en los cuales la Suprema Corte de Justicia de la Nación establece criterios:

---

10 Santacruz Lima, Rafael, “El principio de igualdad entre las partes en el proceso penal en México”, *Ciencia Jurídica,* Guanajuato, año 6, núm. 11, enero-junio 2017, pp. 137-146 ISSN 2007-6142. Disponible en: <http://www.cienciajuridica.ugto.mx/index.php/CJ/article/view/226/208>. Fecha de acceso: 23 abr. 2023 doi:https://doi.org/10.15174/cj.v6i1.226.

11 Suprema Corte de Justicia de la Nación. “Sentencias relevantes en materia de Derechos Humanos: Personas, pueblos y comunidades indígenas | Suprema Corte de Justicia de la Nación”. Consultado el 3 de abril de 2023. https://www.scjn.gob.mx/derechos-humanos/buscadores-juridicos/sentencias-relevantes-en-materia-de-derechos-humanos/1299. Todas estas sentencias pueden ser consultadas íntegramente mediante el hipervínculo que antecede del sitio de la Unidad General de Conocimiento Científico y Derechos Humanos de la Suprema Corte de Justicia de la Nación.

a. El acceso pleno a una justicia penal desde una perspectiva intercultural y

b. una defensa adecuada, siendo el último con más casos de sentencias emitidas.

Los criterios emitidos por el Máximo Órgano jurisdiccional se enmarcan en la protección especial de los derechos humanos de los imputados indígenas mediante la guarda del principio de igualdad del proceso penal.

Caso 1
Datos de la sentencia:
Amparo Directo en Revisión 4189/2020[12]

En este amparo, la Primera Sala de la Suprema Corte de Justicia de la Nación estableció que, para garantizar el pleno acceso a la justicia de un imputado indígena, los órganos jurisdiccionales tienen la obligación de analizar la autoadscripción de las personas como parte de una comunidad indígena para conocer de fondo las costumbres y tradiciones en materia de tenencia de la tierra, de lo contrario se advierte una violación procesal. La Sala fundó su procedencia del Amparo Directo en Revisión por tratarse de una cuestión de constitucionalidad con un criterio de importancia y trascendencia que dé lugar a un pronunciamiento novedoso o de relevancia. De ahí que su pronunciamiento fue que el Tribunal Colegiado omitió la autoadscripción del agraviado como miembro de una comunidad indígena.

El estudio de fondo se basó en los siguientes puntos medulares:

a) Concepto de autoadscripción,

b) Momento procesal oportuno para realizar la manifestación de autoadscripción, y c) Contenido y alcance de las protecciones

---

12 Suprema Corte de Justicia de la Nación, "Sentencias relevantes en materia de Derechos Humanos: Personas, pueblos y comunidades indígenas", Suprema Corte de Justicia de la Nación". Recuperado de: https://www.scjn.gob.mx/derechos-humanos/buscadores-juridicos/sentencias-relevantes-en-materia-de-derechos-humanos/1299 03/04/23

constitucionales contenidas en el artículo 2°, apartado A, fracción VIII, de la Constitución Federal.

En cuanto al concepto de autoadscripción, primero se interpreta que la intención del Constituyente Permanente fue el incorporar los derechos de los pueblos indígenas con el fin de acabar con la discriminación sistemática e histórica que han sufrido sustentado en el artículo 2°, apartado A, fracción VIII de la Constitución como reconocimiento y garantía del derecho a la autonomía para su acceso pleno a la jurisdicción del Estado con el mandato específico de tomar en cuenta sus costumbres y cultura respetando los mandatos constitucionales.

La Sala primero refiere a considerar el criterio sobre quién es una *persona indígena* así: "se consideraría indígena o integrante de los pueblos o comunidades indígenas a aquella persona que se autoadscriba y autoreconozca como indígena, que asuma como propios los rasgos sociales y las pautas culturales que caracterizan a los miembros de los pueblos indígenas. La autoadscripción es entonces la manifestación por parte de los propios indígenas de su pertenencia cultura", y define la *autoadscripción* como "el acto voluntario de personas o comunidades que, teniendo un vínculo cultural, histórico, político, lingüístico o de otro tipo, deciden identificarse como miembros de un pueblo indígena reconocido por el Estado nacional".[13]

Sobre el concepto de autoadscripción, el Diccionario panhispánico del español jurídico de la Real Academia Española describe al "Derecho con el que cuentan las personas, pueblos o comunidades indígenas para autodenominarse indígenas, ya sea porque guardan una cercanía con el pasado histórico que se relaciona con alguna de las culturas prehispánicas o porque conocen su cultura, formas de organización política o lengua indígena"..[14] De

---

13 Protocolo de actuación para quienes imparten justicia en casos que involucren derechos de personas, comunidades y pueblos indígenas. México, 2014, SCJN. p. 35.

14 Real Academia Española, *Diccionario pahnispánico del español jurídico*, Recuperado en https://dpej.rae.es/lema/autoadscripci%C3%B3n 23/04/23

aquí se desprende que la autoadscripción es un derecho ejercido tanto por personas como las comunidades en el procedimiento penal de que sean parte.

También establece la calidad de indígena surge de su propia manifestación y no de la determinación del Estado, lo cual le permite poder gozar de la protección de sus derechos humanos del artículo 2° constitucional.

En relación con el momento procesal oportuno para realizar la manifestación de autoadscripción, la Primera Sala señala que para hacer eficaz la autoadscripción y activar las protecciones constitucionales deben "realizarse en las primeras etapas del proceso penal" como en el procedimiento de averiguación previa y la preinstrucción de la causa, pero también debe haber la asistencia de intérprete y defensa lingüística y culturalmente adecuada.

En otro apartado la Sala determina que por el hecho de que una persona se autodetermine indígena ante una autoridad jurisdiccional o solicite defensor e intérprete, la autoridad tiene la obligación de atender la petición y valorar su condición de persona indígena, "sin que importe el momento procesal en que ocurra esta autoadscripción". Entonces, esto significa que el criterio previo sea absoluto, sino que la Sala adopta un criterio de progresividad de los derechos humanos, según el cual los derechos deben alcanzar su eficacia hasta lograr su mejora continua.[15]

Del criterio general sobre el momento procesal oportuno para realizar la autoadscripción por parte del imputado, al afirmar que "el criterio general de esta Primera Sala es que los derechos contenidos en el artículo 2° de la Constitución Política del país *tienen vigencia durante todo el proceso penal, sin que importe el momento en el que se realice la autoadscripción* (énfasis añadido), y sin que sea admisible fijar a priori las consecuencias jurídicas de esa manifes-

---

15 Carbonell Sánchez, Miguel, "Los derechos fundamentales y su interpretación", en García Peña, José Heriberto y Godínez Méndez, Wendy Aide (coords.), *Temas actuales del derecho. El derecho ante la globalización, 40 años de vida académica Jorge Witker,* Instituto de Investigaciones Jurídicas - UNAM, México, D.F., 2014, p. 40

tación". Esto significa que el derecho humano de acceso pleno a la justicia en un procedimiento penal por las personas indígenas imputadas puede realizarse en cualquier parte del citado procedimiento, y por lo tanto, se hace efectiva su garantía en la búsqueda de la igualdad procesal de las partes como uno de los principios del proceso penal acusatorio como lo establece el artículo 20 en su apartado A, fracción V de la Constitución Federal.

Finalmente, el contenido y alcance de las protecciones constitucionales contenidas en el artículo 2º, apartado A, fracción VIII, de la Constitución Federal, en este punto la Primera Sala refiere la multiculturalidad de México, y también el pluralismo jurídico por la existencia y vigencia de sistemas normativos nacionales e internacionales y el de los pueblos y comunidades indígenas con su sistema de usos y costumbres, y reconoce la expresión de esta pluralidad normativa para determinar el derecho aplicable y la determinación de la interpretación pertinente.

Este posicionamiento de la Corte con una visión pluralista del sistema jurídico mexicano se busca la inclusión mediante un derecho que responda a la realidad social dada por diferentes comunidades locales, estatales, nacionales e internacionales las cuales se deben respetar y reconocer al igual que los demás sistemas o culturas mayoritarias dentro de un mismo país.[16]

Finalmente, la Sala revocó la sentencia del Tribunal Colegiado y ordenó la devolución de los autos para que el Tribunal Colegiado emita una nueva sentencia considerando la autoadscripción indígena del imputado y en base a ello se actualicen sus derechos humanos y protección constitucional.

---

[16] Laguna Delgado, Harold Esteban; Mendez Cabrita, Carmen Marina; Puetate Paucar, Jairo Mauricio y Alvarez Tapia, Milena Elizabeth. Origen y evolución del pluralismo jurídico en América Latina, como una visión crítica desde la perspectiva del derecho comparado. *Universidad y Socieda*d [online]. 2020, vol. 12, núm, 5, pp. 381-388. Disponible en: http://scielo.sld.cu/scielo.php?script=sci_arttext&pid=S2218-36202020000500381&lng=es&nrm=iso. 24/05/2023

Caso 2
Datos de la sentencia:
Amparo Directo en Revisión 4395/2017[17]

Se trata de un caso en el que un miembro de una comunidad indígena fue declarado culpable penalmente del delito de robo con modificativa, y el imputado amplió su demanda autoadscribiéndose como indígena e indicó deficiencia en su defensa porque en todo el proceso no se hizo valer su beneficio de ser persona indígena Mazahua. En la resolución del amparo en revisión, la Primera Sala analiza la constitucionalidad de la sentencia emitida por un Tribunal Colegiado, y en particular versa en el estudio de una deficiente defensa por el derecho de los indígenas a recibir la asistencia de un defensor y un intérprete en un juicio penal, el concepto de adscripción, la eficacia del derecho de contar con un intérprete y traductor.

Acerca del derecho de los indígenas a ser asistidos por un defensor y un intérprete cuando sean parte de un juicio o procedimiento, la Sala explica el propósito del legislador de terminar con la discriminación sufrida por los pueblos indígenas que los ha colocado en una condición vulnerable de manera histórica. También cita sus resoluciones en amparos directos[18] pronunciándose en que el propósito del legislador en incorporar la fracción VIII, del artículo 2° de la Constitución Federal fue "atender a las diferencias lingüísticas y culturales de las personas indígenas vinculadas a un proceso penal".[19] Esto lo justifica por el uso del español

---

17 Suprema Corte de Justicia de la Nación, "Sentencias relevantes en materia de Derechos Humanos: Personas, pueblos y comunidades indígenas", Suprema Corte de Justicia de la Nación". Recuperado de: https://www.scjn.gob.mx/derechos-humanos/buscadores-juridicos/sentencias-relevantes-en-materia-de-derechos-humanos/1299 03/04/23

18 Los citados amparos directos contenidos en la sentencia son: como el 47/2011, 54/2011, 1/2012, 51/2012, 77/2012, 50/2012 y 59/2011 y amparo en revisión 450/2012 y amparos directos en revisión 4034/2013 y 2434/2013

19 Suprema Corte de Justicia de la Nación, "Sentencias relevantes en materia de Derechos Humanos: Personas, pueblos y comunidades indígenas", Supre-

como la lengua en la que se desarrolla el proceso penal, y las personas indígenas, por el desconocimiento del español, "no podían si quiera conocer las razones por las cuales se les acusaba de un delito, y esto afectaba su defensa adecuada violando sus derechos como inculpados previstos en el artículo 20 constitucional". Y este mandato del uso del español en el proceso penal lo establece el Código Nacional de Procedimientos Penales así:

> Artículo 45. Idioma
> Los actos procesales deberán realizarse en idioma español.

Sin embargo, guardando el principio de pleno acceso a la jurisdicción del Estado, el mismo Código Nacional de Procedimientos Penales en su párrafo 5° del mismo artículo 45 establece:

> En el caso de los miembros de pueblos o comunidades indígenas, se les nombrará intérprete que tenga conocimiento de su lengua y cultura, aun cuando hablen el español, si así lo solicitan.

Relativo al concepto de "autoadscripción", la Sala señala que la Constitución mexicana no exige expresamente una determinada declaración o comunicación externa de la conciencia de la identidad indígena, y que la misma Sala, previo a la sentencia del primer amparo en revisión del presente análisis, estableció como indígena a "aquella persona que se autoadscriba y autoreconozca como indígena, que asuma como propios los rasgos sociales y las pautas culturales que caracterizan a los miembros de los pueblos indígenas".[20] Entonces, queda como un acto voluntario de la persona indígena imputada el manifestar su pertenencia a una comunidad o pueblo indígena sin necesidad, por ejemplo, de un documento escrito u otro medio obligatorio para la persona a fin

---

ma Corte de Justicia de la Nación". Recuperado de: https://www2.scjn.gob.mx/ConsultaTematica/PaginasPub/DetallePub.aspx?AsuntoID=170949 el 03/04/23

20 Protocolo de actuación para quienes imparten justicia en casos que involucren derechos de personas, comunidades y pueblos indígenas. México, 2014, SCJN. p. 35.

de que le sean garantizada la protección especial constitucional de su derecho al pleno acceso a la jurisdicción del Estado.

Otros dos criterios señalados en esta sentencia son:

a. Que la calidad de persona indígena surge en el momento que el imputado indígena hace dicha manifestación de autoadscripción y no de la decisión del Estado, y

b. La protección especial de las personas indígenas, y por ende de quienes tienen la calidad de imputados, surge desde la manifestación voluntaria hecha por la persona de su adscripción a una comunidad indígena o del análisis de oficio hecho por el ministerio público o el juzgador dada la sospecha que se tenga del inculpado de pertenecer a una comunidad indígena.

En el análisis de la eficacia del derecho las personas indígenas de contar con un intérprete y traductor, la Sala hace un análisis del precedente de la jurisprudencia 1ª./J. 58/2013, en la cual establece el criterio que para hacer eficaz los derechos fundamentales establecidos en la Constitución Federal a favor de una persona indígena, la autoadscripción debe llevarse a cabo durante la averiguación previa o la preinstrucción de la causa, es decir, en las primeras etapas del proceso penal, sin embargo, aclara que este criterio "no supone en ningún modo que la "autoadscripción" posterior a estas etapas conlleve la pérdida de los derechos previstos en el artículo 2º de la Constitución Federal".[21] Otro de los criterios citados por la Sala es que la manifestación "tardía" de la autoadscripción no amerita a establecer una regla a priori porque deberá estar relacionado con "el grado de afectación real al derecho de defensa adecuada de la persona indígena durante un proceso específico". Y finalmente, la Sala establece el criterio general en esta sentencia de que "los derechos contenidos en el

---

21 Suprema Corte de Justicia de la Nación, "Sentencias relevantes en materia de Derechos Humanos: Personas, pueblos y comunidades indígenas", Suprema Corte de Justicia de la Nación". Recuperado de: https://www.scjn.gob.mx/derechos-humanos/buscadores-juridicos/sentencias-relevantes-en-materia-de-derechos-humanos/1299 03/04/23

artículo 2° de la Constitución Federal tienen vigencia durante todo el proceso penal".[22]

En sus resolutivos de la sentencia, se mandata al Tribunal Colegiado para que se ajuste a los criterios establecidos por dicha Sala para valorar la autoadscripción de indígena del imputado y determine si ha lugar a la reposición del procedimiento penal en virtud de la valoración de la vulneración a los derechos indígenas.

Caso 3
Datos de la sentencia:
Amparo Directo en Revisión 4393/2014[23]

El amparo en revisión fue promovido por indígenas chinantecos sentenciados en la primera etapa como responsables penalmente del delito de fraude. En la segunda instancia se les modificó la sentencia de primera instancia respecto a la pena impuesta y se les condenó a los sentenciados a la reparación del daño.

En tercera instancia los sentenciados (quejosos) solicitaron el amparo invocando la violación a los derechos fundamentales contenidos en los artículos 2, apartado A, fracción VIII, 14, 16 y 17. También se les negó el amparo y de ahí los quejosos interpusieron el recurso de revisión que fue remitido a la Primera Sala de la Suprema Corte de Justicia de la Nación.

Los criterios establecidos en esta sentencia por la Suprema Corte de Justicia de la Nación a través de la Primera-Sala sobre la determinación si la "autoadscripción" de indígena se puede hacer

---

22 Suprema Corte de Justicia de la Nación, "Sentencias relevantes en materia de Derechos Humanos: Personas, pueblos y comunidades indígenas", Suprema Corte de Justicia de la Nación". Recuperado de: https://www.scjn.gob.mx/derechos-humanos/buscadores-juridicos/sentencias-relevantes-en-materia-de-derechos-humanos/1299 03/04/23

23 Suprema Corte de Justicia de la Nación, "Sentencias relevantes en materia de Derechos Humanos: Personas, pueblos y comunidades indígenas", Suprema Corte de Justicia de la Nación". Recuperado de: https://www.scjn.gob.mx/derechos-humanos/buscadores-juridicos/sentencias-relevantes-en-materia-de-derechos-humanos/1299 03/04/23

valer en cualquier momento procesal están encuadrados en el estudio de los siguientes elementos:

a. El derecho de los indígenas a ser asistidos por un defensor y un intérprete cuando sean parte de un juicio o procedimiento,

b. El concepto de "autoadscripción", y

c. La eficacia del derecho de contar con un intérprete y traductor.

Primero, sobre el derecho de los indígenas a ser asistidos por un defensor y un intérprete cuando sean parte de un juicio o procedimiento, la Sala hace un soporte sobre este punto con los criterios establecidos en amparos directos (47/2011, 54/2011, 1/2012, 51/2012, 77/2012, 50/2012 y 59/2011) y amparos directos en revisión (4034/2013 y 2434/2013) afirmando desde aquí que el propósito de la fracción VIII del aparatado A del artículo 2° constitucional "fue atender a las diferencias lingüísticas y culturales de las personas indígenas vinculadas a un proceso penal".[24] La Sala explica que el español es la lengua usada en el desarrollo del proceso penal, y por el desconocimiento de la lengua, las personas indígenas no podían conocer las razones del delito que se les imputaba, lo cual afectaba su derecho fundamental de defensa. Este obstáculo del idioma, según la Sala, es abordado mediante la reforma al artículo 2° de la Constitución Federal para que las personas indígenas fueran asistidas "en todo tiempo, por intérpretes y defensores que tuvieran conocimiento de su lengua y cultura".[25] Entonces, el mandato y hecho de que los procedimientos penales sean llevados en español sitúa a las personas imputadas indígenas en un plano de desigualdad en razón del idioma, y por lo tanto, en desventaja frente a la otra parte.

En relación a la igualdad jurídica, González (2018) explica la necesidad de los principios para la interpretación de la realidad

---

24 Suprema Corte de Justicia de la Nación, "Sentencias relevantes en materia de Derechos Humanos: Personas, pueblos y comunidades indígenas".

25 Suprema Corte de Justicia de la Nación, "Sentencias relevantes en materia de Derechos Humanos: Personas, pueblos y comunidades indígenas".

de la problemática indígena. Dentro de estos se encuentra el principio de igualdad jurídica, el cual busca básicamente la aplicación de las leyes por igual para todas las personas, pero con la reforma al artículo 2° de la Constitución Federal se aplica el principio de igualdad jurídica a los indígenas a través del "respeto a sus sistemas normativos, aplicación de dichas normas consuetudinarias en todas las instancias jurisdiccionales y designación de un defensor de oficio bilingüe o un intérprete.[26] Esto significa un gran avance en la puesta en práctica del principio de igualdad aún con limitaciones en la realidad debido a los contextos diferentes y específicos de los pueblos indígenas.

De nueva cuenta, se puede constatar en la sentencia en estudio un análisis sobre el concepto de "autoadscripción". En este respecto, la Sala explica que la Constitución Federal expone el concepto de conciencia de la identidad indígena en el cual no exige la existencia de una declaración o comunicación externa sobre este elemento. Además, sentando el precedente, agrega que indígena es "aquella persona que se autoadscriba y autoreconozca como indígena, que asuma como propios los rasgos sociales y las pautas culturales que caracterizan a los miembros de los pueblos indígenas".[27]

También retoma del protocolo de actuación para quienes imparten justicia en casos que involucren derechos de personas, comunidades y pueblos indígenas la "autoadscripción" como "el acto voluntario de personas o comunidades que, teniendo un vínculo cultural, histórico, político, lingüístico o de otro tipo, deciden identificarse como miembros de un pueblo indígena recono-

---

26 González Galván, Jorge Alberto. *Derechos de los indígenas.* Ciudad de México, Universidad Nacional Autónoma de México, 2018, pp. 8-9 Consultado el 26 de abril de 2023 en https://biblio.juridicas.unam.mx/bjv/detalle-libro/5517-derechos-de-los-indigenas-coleccion-nuestros-derechos-unam-inehrm

27 Suprema Corte de Justicia de la Nación, "Sentencias relevantes en materia de Derechos Humanos: Personas, pueblos y comunidades indígenas".

cido por el Estado nacional".[28] Por lo anterior, la Sala establece que el criterio para determinar si una persona es indígena tiene su origen en la manifestación personal hecha por el sujeto y no del Estado. Pero la Sala también considera que este último criterio no es absoluto pues, si existe sospecha tanto en el ministerio público como en el juzgador de que la persona es indígena, se debe hacer, de oficio, "una evaluación de la cuestión, adoptando una postura activa pro-derechos".[29]

Finalmente, en relación con la eficacia del derecho de contar con un intérprete y traductor, la Sala reincorpora el criterio de que la autoadscripción a fin de ser eficaz y activar en su favor la serie de prerrogativas fundamentales, deberá realizarse en las primeras etapas del proceso penal lo cual tendrá "la fuerza suficiente a fin de ordenar la reposición del procedimiento penal en curso". Y la Sala sostiene que puede presentarse la "autoadscripción" posterior a las primeras etapas sin que ello signifique la pérdida de los derechos previstos en el artículo 2° constitucional. Por tanto, la Sala estima que "el derecho a ser asistido por intérpretes y defensores que conozcan su lengua y cultura no se encuentran restringidas a un determinado momento procesal".[30] Luego, la Sala estima que las consecuencias jurídicas por la manifestación de autoadscripción "tardía" no establece una regla *a priori,* sino que debe vincularse con "el grado de afectación real al derecho de defensa adecuada de la persona indígena durante un proceso específico". Finalmente, el criterio general de la Sala es que la vigencia de los derechos del artículo 2° constitucional son durante todo el proceso penal.

En resumen, la Sala revocó la sentencia del Tribunal Colegiado, el cual debe ajustarse a la interpretación del criterio de la Sala

---

28 Suprema Corte de Justicia de la Nación, "Sentencias relevantes en materia de Derechos Humanos: Personas, pueblos y comunidades indígenas".

29 Suprema Corte de Justicia de la Nación, "Sentencias relevantes en materia de Derechos Humanos: Personas, pueblos y comunidades indígenas".

30 Suprema Corte de Justicia de la Nación, "Sentencias relevantes en materia de Derechos Humanos: Personas, pueblos y comunidades indígenas".

de que la "autoadscripción" está vigente durante todo el proceso penal y no a un determinado momento procesal.

Caso 4

Datos de la sentencia:

Amparo Directo en Revisión 5760/2014[31]

La sentencia se dictó en un amparo directo en revisión de parte del imputado indígena por delito de homicidio (ahora quejoso) en virtud de no haber recibido el amparo en su favor y adujo que no se le asignó traductor en su declaración ministerial y tampoco le preguntaron sobre su lengua materna dando como resultado un estado de indefensión al imputado indígena.

La Sala explica la directriz constitucional *pro homine*, y establece que la defensa adecuada debe interpretarse en el contexto de las reformas constitucionales de 2008 en materia de derechos humanos para brindar la protección más amplia al imputado como ser humano. Por lo tanto, la Sala sostiene que la defensa adecuada debe ser con la asistencia del imputado por un Licenciado en Derecho titulado, sea particular o de oficio debido a que "cuenta con la capacidad técnica para asesorar y apreciar lo que jurídicamente le es conveniente al inculpado".[32]

De la sentencia en comento se establece el criterio de que el imputado indígena cuente tanto con intérprete conocedor de su lengua y cultura, así como del defensor como parte del derecho fundamental de defensa adecuada cuyo sustento está en la fracción VIII, apartado A, del artículo 2° de la Constitución Federal.

---

[31] Suprema Corte de Justicia de la Nación, "Sentencias relevantes en materia de Derechos Humanos: Personas, pueblos y comunidades indígenas", Suprema Corte de Justicia de la Nación". Recuperado de: https://www.scjn.gob.mx/derechos-humanos/buscadores-juridicos/sentencias-relevantes-en-materia-de-derechos-humanos/1299 03/04/23

[32] Suprema Corte de Justicia de la Nación, "Sentencias relevantes en materia de Derechos Humanos: Personas, pueblos y comunidades indígenas".

En atención al criterio anterior, la Sala establece que el derecho humano a la defensa adecuada en materia penal se debe interpretar a la luz de las reformas del dos mil dieciocho, por lo tanto, la defensa adecuada deberá realizarse por un abogado profesional en Derecho, un Licenciado en Derecho titulado para permitir la "participación efectiva del imputado en el procedimiento".[33]

Y la Sala fundamenta estos criterios en la defensa adecuada prescritos por instrumentos y tratados internacionales como la Convención Americana sobre Derechos Humanos, el Pacto Internacional de Derechos Civiles y Políticos, los criterios sostenidos por la Corte Interamericana de Derechos Humanos al interpretar el sentido del artículo 8.2 de la Convención Americana sobre Derechos Humanos.

Finalmente, por el hecho de no haber contado el imputado con la asistencia por defensor de un Licenciado en Derecho titulado sino por un pasante, declara la nulidad de la declaración ministerial del quejoso. Y con ello revoca la sentencia recurrida del Tribunal Colegiado y se devuelve para un nuevo estudio de la legalidad de la sentencia de la apelación conforme a los criterios establecidos por la Sala.

Caso 5[34]
Datos de la sentencia:
Amparo Directo en Revisión 2434/2013

Se trata de un amparo promovido por una persona indígena sentenciada y condenada por delito de homicidio calificado. La Sala tuvo por procedente el recurso de revisión porque el quejoso solicitó la interpretación del artículo 2°, apartado A, fracción VIII, en relación con el artículo 20, apartado A, fracción IX de la Cons-

---

33 Suprema Corte de Justicia de la Nación, "Sentencias relevantes en materia de Derechos Humanos: Personas, pueblos y comunidades indígenas".

34 "Sentencias relevantes en materia de Derechos Humanos: Personas, pueblos y comunidades indígenas | Suprema Corte de Justicia de la Nación". Suprema Corte de Justicia de la Nación.

titución Federal argumentando la vulneración de su derecho fundamental al debido proceso en virtud de la falta de asistencia de intérprete/traductor en su lengua indígena durante el proceso penal que lo colocó en un estado de indefensión.

El análisis de la Sala se centra en el razonamiento utilizado por el Tribunal Colegiado al no considerar motivo suficiente la acreditación del amparista como miembro de una comunidad indígena (mazateca) para que hubiera contado con un intérprete conocedor de su lengua y cultura durante el desarrollo del proceso debido a que el quejoso hablaba y entendía el castellano, lo cual quedó asentado en autos.

El análisis de la Sala versa sobre los siguientes puntos: Desarrollo del concepto "indígena" previsto en la Constitución Federal, Análisis del Derecho Fundamental de Acceso a la Justicia previsto en la Carta Magna, Análisis del concepto de Acceso a la Justicia para Personas Indígenas, ¿Qué importancia tiene, para el Derecho Penal que el artículo 2° Constitucional reconozca que las personas indígenas tienen derecho a regir su vida de acuerdo con sus usos y costumbres?, y ¿Su cosmovisión ha de ser ponderada y tomada en cuenta para efectos de fincar (o no) responsabilidades penales?

1. Desarrollo del concepto "indígena" previsto en la Constitución Federal

La Sala señala el propósito del artículo 2° Constitucional por parte del Estado en responder con la norma a los pueblos indígenas como "uno de los sectores más desprotegidos y olvidados de nuestro país", los cuales considera como determinantes de nuestra historia e identidad como sociedad.

La Sala reitera el criterio imperativo de la autoconciencia o la autoadscripción para determinar cuándo una persona es indígena. Y de ahí, tomando en cuenta la ausencia de especificaciones sobre la manifestación de esta conciencia, define como indígena a "aquella persona que se autoadscriba y autoreconozca como indígena, que asuma como propios los rasgos sociales y las pautas culturales que caracterizan a los miembros de los pueblos indígenas". También señala que esta conceptualización no corresponde hacerla al Estado sino a las mismas personas indígenas.

Prosigue la Sala en afirmar que después del reconocimiento de la condición de indígena, la autoridad jurisdiccional debe proceder a "indagar cuáles son las costumbres y especificidades de la comunidad a la que se vincula que han podido influir en el desarrollo de los hechos enjuiciados, la materialización de los elementos objetivos o subjetivos del tipo, los aspectos de los que depende la culpabilidad del acusado, etcétera".[35] Por tanto debe tomar en cuenta las diferentes normas estatales aplicables como las "específicas que puedan existir en la comunidad cultural del procesado con relevancia en el caso (Amparo directo en revisión 1624/2008). También la Sala, agrega la consideración (Amparo directo en revisión 1624/2008) de la persona indígena como un sujeto bilingüe o multilingüe dentro de una comunidad política más amplia y no limitarlo a ser monolingüe el sujeto cuyos derechos fundamentales especiales son tutelados por la Constitución, y, por tanto, la protección no se limita a "las personas que hablan una lengua indígena y además no entienden ni hablan español".[36]

La Sala establece que la autoadscripción surge a partir de la manifestación del imputado, y a la vez, nace la obligación estatal de protección de las garantías a que tiene derecho.

Se establece el criterio de obligación del Ministerio Público o del juzgador, de oficio, para evaluar la condición de indígena del imputado cuando exista sospecha fundada por cualquiera de las autoridades estatales de que la persona imputada pertenece a una comunidad indígena. Todo este análisis debe partir de la ponderación de elementos como: "1). Constancias de la autoridad

---

35 "Sentencias relevantes en materia de Derechos Humanos: Personas, pueblos y comunidades indígenas | Suprema Corte de Justicia de la Nación". Suprema Corte de Justicia de la Nación.

36 "Sentencias relevantes en materia de Derechos Humanos: Personas, pueblos y comunidades indígenas | Suprema Corte de Justicia de la Nación". Suprema Corte de Justicia de la Nación.

comunitaria; 2). Una prueba pericial antropológica; 3). Testimonios; 4). Criterios etnolinguísticos y/o, 5). Cualquier otro medio que permita acreditar la pertenencia, arraigo, identidad y/o asentamiento físico a la comunidad indígena".[37]

La Sala establece el criterio de que la autoadscripción debe realizarse en las primeras etapas del proceso penal durante el procedimiento de la averiguación previa o durante la fase de preinstrucción de la causa, "referido a aquellos sistemas procesales en donde aún no se haya establecido la vigencia del modelo acusatorio constitucionalmente previsto".[38]

2. *Análisis del Derecho Fundamental de Acceso a la Justicia previsto en la Carta Magna*

La Sala define este derecho fundamental como "la posibilidad de que cualquier persona, independientemente de su condición, esté en posibilidad material y jurídica de acudir a los sistemas de justicia de forma efectiva".

La Sala refiere a la jurisprudencia del Pleno de la Suprema Corte de Justicia de la Nación P./J. 47/95 que establece los siguientes aspectos mínimos de las formalidades esenciales de cualquier procedimiento de índole judicial:

"1) Que la parte afectada sea llamada ante la autoridad a fin de que pueda defenderse correctamente; 2) La oportunidad de ofrecer y desahogar las pruebas; 3) La oportunidad de ofrecer alegatos y que esos alegatos sean tomados en cuenta por la autoridad; y, 4) La obligación del órgano público de dictar una resolución que dirima las cuestiones efectivamente planteadas por las partes". De aquí, la Sala emite criterios sobre el derecho a una Defen-

---

37 "Sentencias relevantes en materia de Derechos Humanos: Personas, pueblos y comunidades indígenas | Suprema Corte de Justicia de la Nación". Suprema Corte de Justicia de la Nación.

38 "Sentencias relevantes en materia de Derechos Humanos: Personas, pueblos y comunidades indígenas | Suprema Corte de Justicia de la Nación". Suprema Corte de Justicia de la Nación.

sa Adecuada que "implica que la persona a quien se le imputa la comisión de un delito tenga acceso a los medios necesarios, tanto materiales (entendido como la posibilidad e investigar y aportar pruebas) como técnicos (el cual debe consistir en la asistencia de un defensor) con el fin de definir e implementar una estrategia de defensa" todo esto lo refiere a los tratados internacionales como el Pacto Internacional de Derechos Civiles y Políticos en su artículo 14, y la Convención Americana sobre Derechos Humanos en su artículo 8, y por tratarse de las personas indígenas, el artículo 12 del Convenio 169 de la Organización Internacional del Trabajo.

El pleno acceso a la justicia constituye un elemento vital dentro de los derechos fundamentales relativo a la igualdad de las personas indígenas. Valiente (2012) define este derecho humano como "la facultad que tiene toda persona a acudir a los tribunales, para resolver sus conflictos y de esta manera proteger sus derechos y libertades, a fin de garantizar el pleno ejercicio de los mismo".[39] Visto este derecho humano en el caso de los indígenas imputadas, se cumple cuando estas personas también ejercen esta facultad ante los tribunales como parte de un procedimiento penal buscan la protección de sus prerrogativas constitucionales contando, como cualquier otra persona, con un abogado y también con un traductor como lo establece la Constitución de manera especial.

3. Análisis del concepto de Acceso a la Justicia para Personas Indígenas

La Primera Sala se sitúa en el artículo 2°, apartado A, fracción VIII de la Constitución Federal con el derecho humano de "Acceso Pleno a la Jurisdicción del Estado", y que "los indígenas tienen

---

[39] Valiente López, Aresio. Acceso a la Justicia de los Pueblos Indígenas. En Martínez, Juan Carlos, Steiner, Christian, y Uribe, Patricia, *Elementos y técnicas del pluralismo jurídico.* México, D.F., KONRAD-ADENAUER-STIFTUNG e V., 2012, p. 63. Consultado el 28 de abril de 2023 en https://archivos.juridicas.unam.mx/www/bjv/libros/9/4499/9.pdf

en todo tiempo el derecho a ser asistidos por intérpretes y defensores que tengan conocimiento de su lengua y cultura".

Reitera el Derecho a la Jurisdicción con una modalidad especial del derecho a la Defensa Adecuada para las personas indígenas imputadas de un delito para tener acceso "a los medios materiales (posibilidad de investigar y aportar pruebas) como técnicos (asistencia de un intérprete o un defensor), con el fin de definir e implementar una estrategia de defensa".[40]

También la Sala establece que el mandato constitucional a que un imputado indígena sea asistido por "un intérprete y defensor que tengan conocimiento de su lengua y cultura", no debe interpretarse en su sentido literal copulativo sino que la defensa de un imputado indígena se debe llevar a cabo por un intérprete y un defensor porque ambos participan en la defensa de la misma persona, y el único obligado a conocer la lengua y cultura de la persona indígena es el intérprete, lo cual es confrontado por el artículo 20, apartado A, fracción IX, "que permite a cualquier inculpado hacer uso de la prerrogativa de elección del defensor y sólo exclusivamente a él..."[41]

4. *El concepto de Intérprete en el Contexto Constitucional*

La Sala, desprendido de lo establecido en el artículo 2°, apartado A, fracción VIII de la Constitución Federal, describe dos conceptos importantes en la comprensión de un idioma a otro, y estos son el intérprete y el traductor, y partiendo de los conceptos de interpretar y traducir señala que "tanto el intérprete como el traductor trasladan significados de una lengua a otra. El intérprete lo hace de viva voz, el traductor, por escrito". También la Sala

---

40 "Sentencias relevantes en materia de Derechos Humanos: Personas, pueblos y comunidades indígenas | Suprema Corte de Justicia de la Nación". Suprema Corte de Justicia de la Nación.

41 "Sentencias relevantes en materia de Derechos Humanos: Personas, pueblos y comunidades indígenas | Suprema Corte de Justicia de la Nación". Suprema Corte de Justicia de la Nación.

señala que tanto el intérprete como el traductor, por igual, deben poseer conocimientos "amplios y profundos" de la lengua y la cultura tanto de origen como de destino"..[42]

Otro de los criterios importantes es que el intérprete tiene como función dentro del proceso penal el "poner en un contexto jurídico a la persona indígena imputada de un delito, para que esté debidamente informada y entienda que se está ventilando un proceso en su contra, y a su vez pueda preparar una defensa...".[43] Se justifica este último punto porque es importante para la defensa adecuada porque permitirá al imputado indígena comprender los alcances del reclamo en su contra y le permitirá la búsqueda de estrategias para defender su actuar. De ahí que en cuanto tanto el intérprete, establece la Sala, al tener conocimientos sobre su cosmovisión, además de su lengua y cultura del imputado indígena, sus sistemas normativos, usos y costumbres ayudará a establecer un apropiado medio de defensa que justifique la actuación del inculpado.

La Sala indica que, en todo juicio y procedimiento relacionado con un indígena, se debe nombrar, "de inmediato", intérprete que conozca su lengua y cultura, y defensor. También agrega que, si existe sospecha sobre la calidad de indígena de la persona imputada, "se debe ordenar el desahogo de cada medio de prueba que permita acreditar esa calidad", y estos medios probatorios pueden ser: "a) Constancia de arraigo de la autoridad comunitaria, reconocida por la autoridad; b) Criterios etnolingüísticos o prueba pericial antropológica; c) Cualquier otro medio que permita acreditar la pertenencia, arraigo, identidad y/o asentamiento físico a la comunidad indígena".[44]

---

42 "Sentencias relevantes en materia de Derechos Humanos: Personas, pueblos y comunidades indígenas | Suprema Corte de Justicia de la Nación". Suprema Corte de Justicia de la Nación.

43 "Sentencias relevantes en materia de Derechos Humanos: Personas, pueblos y comunidades indígenas | Suprema Corte de Justicia de la Nación". Suprema Corte de Justicia de la Nación.

44 "Sentencias relevantes en materia de Derechos Humanos: Personas, pueblos y comunidades indígenas | Suprema Corte de Justicia de la Nación". Suprema Corte de Justicia de la Nación.

5. ¿Qué importancia tiene, para el Derecho Penal que el artículo 2º Constitucional reconozca que las personas indígenas tienen derecho a regir su vida de acuerdo con sus usos y costumbres?

La Sala puntualiza el reconocimiento del pluralismo jurídico, sin embargo, en relación a los sistemas normativos indígenas o derecho indígena para solucionar sus conflictos, señala lo establecido por la fracción II del artículo 2º en cuanto al no ser contrarios a los principios generales de la Constitución, y en contra de la dignidad e integridad de las mujeres. Finalmente, el máximo tribunal sostiene la necesidad de respetar la autonomía de los pueblos indígenas, y propone el desarrollo de medidas especiales para permitir a las colectividades indígenas el acceso a la justicia en condiciones de igualdad real.

La teoría del pluralismo jurídico propone la consideración de una realidad social donde conviven diversas comunidades y culturas las cuales deben tener el mismo respeto y reconocimiento que el derecho estatal en un mismo país frente a todos sus habitantes.[45]

6. ¿Su cosmovisión ha de ser ponderada y tomada en cuenta para efectos de fincar (o no) responsabilidades penales?

Un primer parámetro establecido por la Sala es el respeto de la diversidad cultural para tener una justicia no discriminatoria, y se establece lo siguiente: "La igualdad ante la ley" es violada tanto cuando se trata desigualmente a los iguales, como cuando se

---

[45] Laguna Delgado, Harold Esteban; Mendez Cabrita, Carmen Marina; Puetate Paucar, Jairo Mauricio y Alvarez Tapia, Milena Elizabeth. Origen y evolución del pluralismo jurídico en América Latina, como una visión crítica desde la perspectiva del derecho comparado. *Universidad y Sociedad,* 2020, vol. 12, n. 5, pp. 381-388. Citado el 30 de abril de 2023, Disponible en: http://scielo.sld.cu/scielo.php?script=sci_arttext&pid=S2218-36202020000500381#:~:text=El%20pluralismo%20jur%C3%ADdico%20es%20el,estatal%20sugiere%20para%20sus%20habitantes.

trata igualmente a los desiguales".[46] De esto, se puede inferir la necesidad de una defensa especializada, como lo resume la Sala, para el tratamiento diferenciado a los imputados indígenas por su vulnerabilidad social y cultural, siendo este un principio de la teoría de la igualdad por diferenciación. Según Fernández Ruiz-Gálvez (1994):

> "De acuerdo con la caracterización inicialmente propuesta, puede decirse que el principio de igualdad presenta una doble vertiente: de un lado, como principio de equiparación, de no-discriminación, de trato igual a los iguales, o más exactamente de trato igual de las personas o situaciones entre las que existen diferencias, pero que se consideran como irrelevantes a los efectos de que se trate, y de otro lado como principio de diferenciación, esto es, de trato diferenciado de las personas o situaciones entre las que existen diferencias «relevantes» a los efectos de la regulación jurídica de que se trate".[47]

La igualdad históricamente se ha considerado un principio con influencia clave para el ejercicio de otros derechos humanos por la condición humana de "que todos los hombres nacen iguales en derechos". Y se ha hecho patente en documentos importantes como la Declaración de Derechos del Hombre y el Ciudadano, de 1789, y en precursores de las colonias inglesas de Norteamérica.[48]

---

46 "Sentencias relevantes en materia de Derechos Humanos: Personas, pueblos y comunidades indígenas | Suprema Corte de Justicia de la Nación". Suprema Corte de Justicia de la Nación.

47 Fernández Ruiz-Gálvez, Encarnación. Principio de equiparación y principio de diferenciación. Su articulación práctica. *ANUARIO DE FILOSOFÍA DEL DERECHO,* XI, 1994, pp. 141-157

48 García Ramírez, Sergio. Panorama del Derecho Mexicano Derecho penal. México, D.F., McGraw-Hill Interamericana editores, 1998, p. 28

IV. PROBLEMÁTICA DE LOS DERECHOS HUMANOS DE LAS PERSONAS INDÍGENAS IMPUTADAS DE UN DELITO

Existe el informe 2022 de la Comisión Nacional de los Derechos Humanos,[49] particularmente denominado Análisis Situacional de los Derechos Humanos de las Personas Indígenas en Reclusión. Al respecto se describe la situación de vulneración a sus derechos humanos de los imputados indígenas en reclusión, entre cuyas problemáticas se mencionan las siguientes:

a. No tienen la información acerca de sus derechos humanos como personas imputadas en reclusión.

b. El no contar con apoyo inmediato de intérpretes y/o traductores en su lengua a lo largo de su proceso penal.

c. Carecen de defensores públicos hablantes de su lengua de los imputados y al mismo tiempo que sean conocedores de sus costumbres y especificidades culturales; y

d. Falta de sensibilización de la condición particular de las personas indígenas como grupo vulnerable y de atención prioritaria.

Todas estas problemáticas traen como consecuencia la vulneración de los derechos humanos de las personas indígenas imputadas en México. En el caso del desconocimiento de sus derechos humanos como personas imputadas coloca a estas personas en una situación de desprotección frente al Estado mismo en la búsqueda de aplicar el sistema de justicia de la cultura dominante frente a una población con una cosmovisión diferente.

Sin duda, el respeto a los mínimos derechos humanos de este sector de la población en vulnerabilidad demanda una acción de vigilancia y políticas públicas tomando como base el espíritu de protección especial de la Carta Magna federal. En el caso de la falta de intérpretes y/o traductores lleva a una desigualdad procesal del imputado debido al desconocimiento del español como lengua oficial de los procedimientos penales, en los cuales aún con

---

49 "Personas Indígenas en Reclusión". CNDH - Comisión Nacional de los Derechos Humanos. Consultado el 11 de abril de 2023. https://informe.cndh.org.mx/menu.aspx?id=30097.

poco dominio de la lengua oficial en un proceso jurídico, puede no permitir una comunicación fluida y completa en la comprensión para la persona indígena imputada.

La carencia de defensores públicos hablantes de su lengua de los imputados indígenas impacta en la estrategia de defensa durante el procedimiento penal. Otra vez, la incomprensión de la lengua del inculpando indígena debilita la estrategia de defensa adecuada a un plano de desigualdad, más al hacer uso de la defensoría de oficio por la falta de recursos económicos en la que se puede encontrar el imputado. Esto trae al análisis la necesidad por parte de las políticas estatales de proporcionar una defensa con personal especializado y conocedor del derecho indígena.

Del mismo informe de la Comisión Nacional de los Derechos Humanos se mencionan otras problemáticas más específicas, mediante los escritos de los imputados indígenas, durante las visitas realizadas por personal de ese organismo autónomo a los centros de reinserción social como son:[50] "Desconocimiento de su situación jurídica, necesidad de un defensor público y/o intérprete en su lengua, violaciones al debido proceso, aclaración sobre el cumplimiento de las penas de prisión, información sobre los requisitos para el otorgamiento de beneficios de libertad anticipada, orientación tanto para promover recursos en sus causas penales, como para la defensa pública, y asesoría sobre los trámites para el apoyo de pago de fianza, multa y reparación de daño, impuestas en los procesos penales, de resultar procedente". Estas problemáticas son similares a las mencionadas en el párrafo que antecede del informe en comento de la Comisión Nacional de Derechos Humanos.

50 "Personas Indígenas en Reclusión". CNDH - Comisión Nacional de los Derechos Humanos México.

V. CONCLUSIONES

Finalmente, de los puntos vertidos en el análisis que antecede, se puede advertir sobre la necesidad apremiante de proporcionar plena protección especial al derecho fundamental de defensa adecuada dentro del procedimiento penal de las personas indígenas imputadas en México.

De igual forma, resulta necesario el diálogo entre los diferentes sistemas jurídicos, nacional y de los pueblos originarios, para un pluralismo jurídico armónico real es necesario con el objetivo de lograr la equidad entre las partes y llevando el progreso a quienes están en una situación de marginación como son las personas indígenas y las comunidades que esta población vulnerable conforma.

Nos encontramos que, la falta de defensores especializados y suficientes en derecho sigue teniendo un impacto en la igualdad de las partes dentro del procedimiento penal. Esta carencia ha llevado a la indefensión de los imputados indígenas hasta lograr tener algunos la protección de la justicia federal por parte del máximo tribunal constitucional del país mediante amparos en revisión cuyas sentencias establecen las reposiciones de los procesos penales desde la primera instancia.

Aún hace falta mucho análisis y estudio en materia de derecho indígena para conocer la cosmovisión de las especificidades culturales que cada uno guarda de manera particular, y se pueden encontrar puntos en común para hacer un desarrollo como nación pluricultural que sigan un mismo fin de bienestar de sus habitantes. En este punto valdría la pena considerar la participación de las universidades a través de sus facultades de derecho para incluir materias en las cuales se aborde el estudio del derecho indígena, especialmente en estados con un número significativo de pueblos y comunidades indígenas.

VI. FUENTES DE INVESTIGACIÓN

Carbonell Sánchez, Miguel, "Los derechos fundamentales y su interpretación", en García Peña, José Heriberto y Godínez Méndez, Wendy Aide (coords.), Temas actuales del derecho. El derecho ante la globalización, 40 años de vida académica Jorge Witker, Instituto de Investigaciones Jurídicas - UNAM, México, D.F., 2014

CNDH - Comisión Nacional de los Derechos Humanos. "Personas Indígenas en Reclusión". Consultado el 11 de abril de 2023. https://informe.cndh.org.mx/menu.aspx?id=30097.

Código Nacional de Procedimientos Penales. Consultado el 13 de marzo de 2023 en https://www.diputados.gob.mx/LeyesBiblio/pdf/CNPP.pdf

Constitución Política de los Estados Unidos Mexicanos. Consultado el 1 de marzo de 2023 en https://www.diputados.gob.mx/LeyesBiblio/pdf/CPEUM.pdf

Convención Americana sobre Derechos Humanos. Consultada el 15 de marzo de 2023 en https://www.cndh.org.mx/sites/default/files/doc/Programas/TrataPersonas/MarcoNormativoTrata/InsInternacionales/Regionales/Convencion_ADH.pdf

Diccionario de la Real Academia Española. Portal electrónico. Consultado el 10 de marzo de 2023 en https://dle.rae.es/imputado

Fernández Ruiz-Gálvez, Encarnación. Principio de equiparación y principio de diferenciación. Su articulación práctica. ANUARIO DE FILOSOFÍA DEL DERECHO, XI, 1994

García Ramírez, Sergio. Panorama del Derecho Mexicano Derecho penal. México, D.F., McGraw-Hill Interamericana editores, 1998

González Galván, Jorge Alberto. Derechos de los indígenas. Ciudad de México, Universidad Nacional Autónoma de México, 2018, pp. 8-9 Consultado el 26 de abril de 2023 en https://biblio.juridicas.unam.mx/bjv/detalle-libro/5517-derechos-de-los-indigenas-coleccion-nuestros-derechos-unam-inehrm

Laguna Delgado, Harold Esteban; Mendez Cabrita, Carmen Marina; Puetate Paucar, Jairo Mauricio y Alvarez Tapia, Milena Elizabeth. Origen y evolución del pluralismo jurídico en América Latina, como una visión crítica desde la perspectiva del derecho comparado. Universidad y Sociedad [online]. 2020, vol. 12, núm. 5, pp. 381-388. Disponible en: http://scielo.sld.cu/scielo.php?script=sci_arttext&pid=S2218-36202020000500381&lng=es&nrm=iso. 24/05/2023

Laguna Delgado, Harold Esteban; Mendez Cabrita, Carmen Marina; Puetate Paucar, Jairo Mauricio y Alvarez Tapia, Milena Elizabeth. Origen y evolución del pluralismo jurídico en América Latina, como una visión crítica desde la perspectiva del derecho comparado. Universidad y Sociedad, 2020, vol. 12, n. 5, pp. 381-388. Citado el 30 de abril de 2023, Disponible en: http://scielo.sld.cu/scielo.php?script=sci_arttext&pid=S2218-36202020000500381#:~:text=El%20pluralismo%20jur%C3%ADdico%20es%20el,estatal%20sugiere%20para%20sus%20habitantes.

Malváez Contreras, Jorge, Derecho procesal penal, 2a. ed., México, Porrúa, 2006

Real Academia Española, Diccionario pahnispánico del español jurídico, conslutado el 23 de abril de 2023 en https://dpej.rae.es/lema/autoadscripci%C3%B3n

Santacruz Lima, Rafael, "El principio de igualdad entre las partes en el proceso penal en México", Ciencia Jurídica, Guanajuato, año 6, núm. 11, enero-junio 2017

Sarre, Miguel, Gerardo Manrique, y Juan Morey. ABC del nuevo sistema de justicia de ejecución penal en México. Ciudad de México: Instituto Nacional de Ciencias Penales, 2018.

Suprema Corte de Justicia de la Nación. "Sentencias relevantes en materia de Derechos Humanos: Personas, pueblos y comunidades indígenas". Consultado el 3 de abril de 2023 en https://www.scjn.gob.mx/derechos-humanos/buscadores-juridicos/sentencias-relevantes-en-materia-de-derechos-humanos/1299. Todas estas sentencias pueden ser consultadas íntegramente mediante el hipervínculo que antecede del sitio de la Unidad General de Conocimiento Científico y Derechos Humanos de la Suprema Corte de Justicia de la Nación.

Suprema Corte de Justicia de la Nación. Protocolo de actuación para quienes imparten justicia en casos que involucren derechos de personas, comunidades y pueblos indígenas. México, 2014, SCJN

Valiente López, Aresio. Acceso a la Justicia de los Pueblos Indígenas. En Martínez, Juan Carlos, Steiner, Christian, y Uribe, Patricia, Elementos y técnicas del pluralismo jurídico. México, D.F., KONRAD-ADENAUER-STIFTUNG e V., 2012, p. 63. Consultado el 28 de abril de 2023 en https://archivos.juridicas.unam.mx/www/bjv/libros/9/4499/9.pdf

LA JUSTICIA Y FAMILIA INDÍGENA EN MÉXICO

VERA JUDITH VILLA GUARDIOLA*
ANAYICEL VALENZUELA BARBOZA**

SUMARIO: I. Introducción. II. La justicia indígena en México. III. El derecho humano a la familia en los pueblos indígenas. VI. Evolución histórica de la justicia y familia indígena en México. V. Marco jurídico de la justicia indígena en México. VI. Situación actual y análisis de la justicia indígena en México. VII. Conclusiones. VIII. Fuentes de información.

I. INTRODUCCIÓN

La Constitución política, expedida en 1917, describe a los Estados Unidos Mexicanos como una "nación pluricultural sustentada inicialmente en sus pueblos originarios, que son aquellos descendientes de los pobladores que poseían la región del país al inicio de la colonización y que dirigen sus propias instituciones sociales, financieras, políticas y culturales".[1]

Están reconocidos en la Constitución mexicana y en instrumentos internacionales de derechos humanos, que las comunidades indígenas buscan preservar las tradiciones y la autonomía de sus colectividades en la resolución de sus asuntos internos.

---

* Profesora Investigadora de Tiempo Completo de la Universidad Autónoma de Guerrero (UAGro) de la Licenciatura y el Posgrado en Derecho. Doctora en Derecho y Globalización. Integrante del Sistema Nacional de Investigadores nivel I. Correo electrónico veravilla@uagro.mx ORCID: 0000-0003-3222-3375

** Estudiante del Doctorado en Derecho de la Universidad Autónoma de Guerrero (UAGro), programa inscrito en el PNPC-CONAHCYT. Correo electrónico: 05098813@uagro.mx

1 Constitución de los Estados Unidos Mexicanos, México, 1917, Artículo 2°, P. 1, consultado el 22 de febrero de 2023 en http://www.ordenjuridico.gob.mx/Constitucion/articulos/2.pdf

Los pueblos indígenas son conocidos por su relación única con sus tierras, territorios y recursos naturales. La ley indígena es consuetudinaria, lo que significa que se basa en la costumbre, más que en reglas escritas. En México se reconocen, al menos, 68 pueblos indígenas conforme al criterio etnolingüístico.[2]

Los pueblos y comunidades antes enunciados tienen formas propias de organización política, económica y social, y cuentan con sistemas de justicia que les permiten resolver conflictos, basados en principios, procedimientos y penas distintas al sistema de justicia nacional. Se reconocen así los elementos y facultades jurisdiccionales de las comunidades y pueblos originarios, confiriéndoles en el ámbito jurídico-político y organizativo la competencia y jurisdicción necesarias para resolver los conflictos internos en sus territorios.

Once disposiciones de la Constitución Política de los Estados Unidos Mexicanos (1°, 3°, 11, 15, 18, 29, 33, 89, 97, 102 y 105) fueron revisadas en junio de 2011 para mejorar el marco de reconocimiento y defensa de los derechos humanos en México. De este modo se insertó el tercer párrafo de la Constitución, que hace referencia a la proscripción de todas las formas de discriminación, reforzando los derechos de los pueblos indígenas.

El estricto apego a los derechos humanos reconocidos en los instrumentos internacionales es el límite que establece la Constitución, tanto para la justicia indígena como para la ordinaria. Los pueblos indígenas pueden ahora ejercer su derecho colectivo con mayor vigor gracias al reconocimiento constitucional de la pluralidad jurídica.

La justicia de los indígenas es un aspecto integral de su cultura; no sólo se utiliza en situaciones de conflicto, sino que también pretende mejorar las condiciones de vida como parte de su sistema general de gobierno.

---

2 INALI. Catálogo de las Lenguas Indígenas. Variantes Lingüísticas de México con sus autodenominaciones y referencias geoestadísticas. 2009. Consultado el 24 febrero de 2023 https://www.inali.gob.mx/clin-inali/

Si bien se han gestado avances significativos en materia constitucional, es importante señalar que el ejercicio de este derecho no siempre ha sido sencillo, ya que los sistemas de justicia indígena son frecuentemente cuestionados por el Estado y la sociedad civil por considerarlos arcaicos, bárbaros, atrasados, poco confiables, que no respetan el debido proceso y que sus sanciones violan los derechos humanos. Mucho se ha cuestionado desde la sociedad civil el abolir la justicia indígena, con la propuesta de que sea absorbida por la justicia ordinaria y así terminar con sus practicas primitivas.

Los derechos humanos se encuentran consagrados a manera de derechos fundamentales en México en los primeros 29 artículos y el 123 de su Constitución política nacional, artículos que están agrupados en el Capítulo I, titulado De los derechos humanos y sus garantías y en el Título sexto que trata Del trabajo y de la previsión social.[3] Todas las personas sin distinción alguna y solo por el hecho de serlo, tienen estos derechos.

II. LA JUSTICIA INDÍGENA EN MÉXICO

Los derechos que asisten a las personas son fundamento de sus libertades, mientras que las instituciones tienen competencias y estas implican para el Estado un compromiso de materialización mediante el cumplimiento de una serie de obligaciones; al dejar de cumplirlas se configuran omisiones a sus competencias, lo que hace posible el reclamo de las libertades demarcadas principalmente por medio de la positivización; todos los derechos que en principio se pueden reclamar en un país, se encuentran señalados en su norma suprema, consagrados como principios fundamentales y en las leyes como actos de aplicación.

---

3 UNAM, Museo de las Constituciones, Protección Universal de los Derechos Humanos. Consultado el 15 de marzo del 2023 en https://museodelasconstituciones.unam.mx/proteccion-derechos-humanos/

Como componente de la gobernanza tradicional, los pueblos y comunidades indígenas se esfuerzan por mejorar las condiciones de vida de sus ciudadanos mediante la práctica de la justicia indígena.

Las reformas que se han implementado para reconocer la justicia indígena y en general derechos indígenas, se han desarrollado dentro de la concepción de un pluralismo jurídico aditivo que no ofrece alternativas reales para la práctica de una justicia indígena plena que permita el ejercicio de derechos de jurisdicción.[4]

Pero, ¿en qué consiste la justicia indígena? Es considerada un sistema jurídico propio de las comunidades indígenas, reconocido por la Constitución política y las leyes nacionales. Se basa en los principios, normas y valores tradicionales de las culturas indígenas, y tiene como objetivo principal resolver los conflictos y delitos que surjan o se produzcan dentro de la comunidad, de manera justa y equitativa. La justicia indígena pretende mantener la identidad cultural de los pueblos indígenas y profundizar en ella, así como fomentar el respeto de sus derechos humanos y la independencia de sus instituciones políticas; valora la participación de los miembros de la comunidad en la toma de decisiones y la resolución de conflictos y reconoce la importancia de la comunidad en su conjunto.

Resulta importante la perspectiva o consideración intrínseca sociocultural del grupo vulnerable en estudio frente a la justicia como fenómeno y sus condiciones de acceso, lo que implica que "Para los pueblos indígenas, la idea de acceso a la justicia tiene dos partes. La primera es la capacidad de resolver los conflictos sociales de acuerdo con el debido proceso, el derecho a la defensa

---

4 Para profundizar sobre este tema véase Sierra, María Teresa, Derecho indígena y acceso a la justicia en México: Perspectivas desde la Interlegalidad. México: Colegio de Michoacán, 1999. Consultado el 15 de marzo del 2023 en https://www.corteidh.or.cr/tablas/r08062-11.pdf

y el derecho a acceder a la justicia utilizando sus propios sistemas jurídicos tradicionales o jurisdicciones indígenas".[5]

El derecho indígena comprende la costumbre, sus usos y tradiciones; los que gobiernan son los comisarios (comisario municipal, ejidal, comunal), y consideran dos formas básicas de tenencia de tierras de carácter social: la comunidad y el ejido. La comunidad es ancestral, siendo los verdaderos pueblos originarios los que tienen propiedad comunal; antes de la llegada de los españoles las tierras fueron heredadas, pasando de generación en generación en cada familia, lo que implica que la propiedad fue antes del abuelo y su núcleo, y así, del bisabuelo, del tatarabuelo y obtuvieron su reconocimiento en los títulos virreinales.

Por otro lado, se aclara al lector que en los Estados Unidos Mexicanos se reconocen como indígenas a quienes hablan, entienden, escriben y se visten como tal y además están asentados en tierras que son comunales, teniendo como fuente de derecho la libre determinación y autonomía, que implican la posibilidad de crear sus ordenamientos y normas de aplicación, de elegir sus propias autoridades, en despliegue y protección de su derecho humano.

Mediante el artículo segundo constitucional, en México se garantiza el derecho de los pueblos indígenas a la libre determinación y a la autonomía para elegir a sus propios representantes en los ayuntamientos de los municipios con población indígena, pero también se reconoce en el mismo precepto:

> El reconocimiento de la multiculturalidad que caracteriza a la Nación Mexicana y, por tanto, de la existencia y vigencia de distintos sistemas normativos dentro del territorio nacional: un sistema normativo conformado por las disposiciones jurídicas nacionales e internacionales del Estado central, y otro conformado por los usos y costumbres de los distintos pueblos y comunidades que habitan nuestro país, los cuales incluso podrían estimarse simultáneamente aplicables para el caso de las personas, pue-

---

[5] Valiente López, Aresio, Biblioteca Jurídica Virtual del Instituto de Investigaciones Jurídicas de la UNAM, Acceso a la justicia de los Pueblos Indígenas, pág. 63, consultado el 15 de marzo del 2023 en *https://archivos.juridicas.unam.mx/www/bjv/libros/9/4499/9.pdf*

blos y comunidades indígenas, de acuerdo con su especificidad cultural y particular pertenencia étnica.[6]

Con base en lo antes señalado, respetar la idea de que los pueblos indígenas deben tener acceso sin discriminación a la justicia, requiere tres consideraciones básicas en el ámbito jurídico:[7]

- Tener la libertad de utilizar o someterse al propio marco normativo,
- El derecho a utilizar un traductor o intérprete, así como el derecho a hablar en su lengua materna en los tribunales estatales, y
- Que se tengan debidamente en cuenta sus preferencias y características culturales en los juicios en los que participen.

El dogma de la ideología jurídica positivista influencia la impartición de justicia de jueces y ministerios públicos, pues consideran que, para la exigencia de un derecho, este debe estar positivizado en las leyes, para salvaguardar el principio de seguridad jurídica. El constitucionalismo, se dice, "positiviza" no sólo "el ser," sino también "el deber ser" del derecho.[8]

De lo dispuesto en la Constitución se despliegan las siguientes leyes, que sirven de base fundamental para el reconocimiento de los derechos de los pueblos indígenas:

- Ley General de Derechos Lingüísticos de los Pueblos Indígenas,[9]

---

6 Tribunal Superior Agrario, Tesis: 1ª, CCXCVI/2018 (10a.), Semanario Judicial de la Federación, Decima época, diciembre 2018. Consultado el 16 de marzo de 2023 en https://www.tribunalesagrarios.gob.mx/ta/?p=4531

7 Ibidem.

8 Laporta, Francisco, "Sobre Luigi Ferrajoli y el Constitucionalismo", Universidad Autónoma de Madrid, pág. 172, consultado el 18 de marzo de 2023 en https://rua.ua.es/dspace/bitstream/10045/32770/1/Doxa_34_11.pdf

9 Ley General de los Derechos Humanos Lingüísticos de los Pueblos Indígenas, Cámara de diputados del H. Congreso de la Unión, secretaria general, consultado el 17 de marzo de 2023 en https://www.diputados.gob.mx/LeyesBiblio/pdf/LGDLPI.pdf

- Ley del Instituto Nacional de los Pueblos Indígenas,[10]
- Ley de Asistencia Social,[11] y la
- Ley Federal para Prevenir y Eliminar la Discriminación.[12]

Con el crecimiento del pluralismo jurídico y el multiculturalismo, se desarrolló una visión que deja claro el significado y la dimensión de la protección de los derechos colectivos, que se constituyen en piedra angular y soporte de los derechos humanos de los pueblos indígenas y son necesarios para el ejercicio efectivo de los derechos individuales.[13]

III. EL DERECHO HUMANO A LA FAMILIA EN LOS PUEBLOS INDÍGENAS

El derecho a la familia es un derecho humano fundamental, base de la sociedad. La lucha por el reconocimiento de sus derechos ha sido un camino muy largo. La Suprema Corte de Justicia de la Nación menciona al respecto: "la familia como base de la sociedad, es reconocida por el Estado como una institución de orden público y como tal, debe protegerla".

---

10 Ley del Instituto Nacional de los Pueblos Indígenas, Cámara de Diputados del H. Congreso de la Unión, secretaria general, secretaria de Servicios Parlamentarios, Consultado el 18 de marzo de 2023 en https://www.diputados.gob.mx/LeyesBiblio/pdf/LINPI.pdf

11 Ley de Asistencia Social, Cámara de Diputados del H. Congreso de la Unión, secretaria General, secretaria de Servicios Parlamentarios, Consultado el 18 de marzo de 2023 en https://www.diputados.gob.mx/LeyesBiblio/pdf/LASoc.pdf

12 Ley Federal para Prevenir y Eliminar la Discriminación, Cámara de Diputados del H. Congreso de la Unión, secretaria General, secretaria de Servicios Parlamentarios, Consultado el 18 de marzo de 2023 en https://www.diputados.gob.mx/LeyesBiblio/pdf/LFPED.pdf

13 CNDH, Informe de Actividades 2022, Pueblos y comunidades indígenas, "Análisis Situacional de los Derechos Humanos de los Pueblos y Comunidades Indígenas", Consultado el 19 de marzo 2023 en http://informe.cndh.org.mx/menu.aspx?id=30067

En consonancia, la Comisión Interamericana de Derechos Humanos establece:

"Artículo XI. Relaciones y vínculos de familia

1. La familia es la unidad básica natural de las sociedades y debe ser respetada y protegida por el Estado. En consecuencia, el Estado reconocerá y respetará las distintas formas indígenas de familia, matrimonio, nombre familiar y de filiación.

2. Para la calificación de los mejores intereses del niño en materias relacionadas con la adopción de niños miembros de los pueblos indígenas, y en materias de ruptura de vínculo y otras circunstancias similares, los tribunales y otras instituciones pertinentes considerarán los puntos de vista de los pueblos, incluyendo las posiciones individuales, de la familia y de la comunidad".[14]

Por su parte, la Constitución política mexicana, en su artículo cuarto sostiene que:

"La mujer y el hombre son iguales ante la ley. Esta protegerá la organización y el desarrollo de la familia" ... Sus formas únicas de estructura social, así como sus lenguas, culturas, usos y costumbres, deben ser protegidos por la ley. Toda persona tiene libertad para elegir el número y el espaciamiento de sus hijos de forma libre, responsable e informada.

En México, después de muchos años de lucha revolucionaria, la figura pública de la mujer se confinó al ámbito privado del hogar. En este sentido, la familia se configuró con la estructura tradicional conocida: madre, padre e hijos; en la cual, la figura masculina tomó el papel de proveedor de los insumos económicos y materiales, mientras la femenina se ocupó de los quehaceres de la casa, así como de la crianza de los hijos, imaginario o paradigma

---

[14] Comisión Interamericana de Derechos humanos, Organización de los Estados Americanos, Consultado el 20 de marzo del 2023 en https://www.cidh.oas.org/indigenas/indigenas.sp.01/articulo.XI.htm

social que aún pervive y que, inclusive, es retomado como signo de estabilidad social.[15]

Dentro de los hogares de las comunidades indígenas se mantiene el concepto de familia tradicional como un rasgo cultural aunado a sus tradiciones religiosas, la palabra de Dios transcrita en la biblia, prescribe lo correcto, por ello, conservan y respetan lo que ahí se establece, incluyendo qué es y para qué sirve la familia, dejando de lado otros conceptos que marcan la jurisprudencia nacional o bien los nuevos conceptos de la doctrina jurídica contemporánea.

Las familias indígenas normalmente tienen una estructura familiar "ampliada o extensa" conformada por varios miembros familiares y parientes e incluso por varias generaciones.[16]

Entre las características más sobresalientes que destacan a la familia indígena se observa que se dividen el trabajo, cooperan entre sí económicamente, dependen de todos los integrantes para el desarrollo de su vida cotidiana, comparten sus creencias religiosas; es la célula familiar lo que mantiene y conserva su existencia, ancestralidad espiritual, su territorio y su cultura.

VI. EVOLUCIÓN HISTÓRICA DE LA JUSTICIA Y FAMILIA INDÍGENA EN MÉXICO

Para conocer este aspecto histórico es preciso que el estudio en cuestión se remonte a épocas antiguas, en las que:

> El gobierno indígena respondía a su "calpulli" o barrio. Dado que cada comunidad tenía su propia administración, todas eran esencialmente independientes entre sí. Eran los ancianos de cada barrio, reunidos en

15 Villanueva Lomelí, Jorge. Derechos Fundamentales a Debate/Comisión Estatal de derechos Humanos Jalisco, "El derecho humano familiar". P. 155, consultado el 20 de marzo del 2023 en http://historico.cedhj.org.mx/revista%20DF%20Debate/articulos/revista_No12/ADEBATE-12-art9.pdf

16 Martínez, Luciano, "Familia Indígena: Cambios Sociodemográficos y económicos, consultada el 20 de marzo del 2023 en https://biblio.flacsoandes.edu.ec/libros/digital/57515.pdf

> consejo, los encargados de nombrar a los funcionarios responsables de llevar a cabo sus instrucciones en la comunidad. Este consejo elegía al "tlatoani" (el que habla), que era propiamente el gobernador del grupo indígena. Elegía también al "tlacatecuhtli" (el jefe de los hombres), que era el encargado de los menesteres militares. La autoridad suprema, a pesar de la fuerza de estos cargos, nunca dejaba de estar en manos del consejo de ancianos.[17]

El antiguo sistema de gobierno indígena en México fue casi destruido por la llegada de los españoles en el siglo XVI.

> En ese momento se debatió acerca de la justeza de la conquista de nuevos territorios americanos: si los indios debían ser tratados como bárbaros, infieles, si tenían alma, si debían respetar su propiedad; en el territorio novohispano que más tarde sería México, personajes como Fray Bartolomé de las Casas y Vascos de Quiroga, abogaron para que los nativos accedieran a la justicia y a la dignidad que algunas autoridades les habían negado desde el inicio de la conquista. Vasco Vázquez de Quiroga y Alonso de la Cárcel, conocido como Vasco de Quiroga o Tata Vasco, al llegar a la colonia americana en 1513, conoció la manera en que se forzaba a los indios a trabajar en minas y señalaba que estas labores los llevaba a la muerte, no dudaba de la racionalidad del indígena y criticaban a aquellos que utilizaban el argumento de la negación de humanidad mira de los nativos americanos y su ausencia a poseer las tierras que poblaban.[18]

Así las cosas, los historiadores sostienen que "los indígenas buscaban a Fray Bartolomé para pedirle fuese su representante y protector".[19]

---

17 Tello Díaz, Carlos, INE, "Formas de gobierno en las comunidades Indígenas de México", Consultado el 16 de marzo del 2023 en https://portalanterior.ine.mx/documentos/DECEYEC/vgn_ivestigacion/formas_de_gobierno_comunidades.htm

18 Cienfuegos Salgado, David, "Una historia de los derechos humanos en México. Reconocimiento constitucional y jurisdiccional". Primera edición, México, 2017, Pp. 17 y 18.

19 León Portilla, Miguel, "La antigua y la nueva palabra de los pueblos indígenas", Cultura y derechos de los pueblos indígenas de México, México, Archivo General de la Nación Fondo de Cultura Económica, 1996, Pp. 21 y 22.

El sometimiento y consecuente avasallamiento fue tal, que los españoles se apoderaron tanto de su territorio como de la población.

> Fray Antón de Montesinos el 21 de diciembre de 1511 en Santo Domingo, en la Isla Española da un discurso llamado el sermón de la denuncia, donde acusaba las malas prácticas de los conquistadores. La amonestación que se hizo a los conquistadores trae consigo el cambio en la política indiana hacia los pueblos originarios americanos. Uno de dichos cambios fue la composición y uso del requerimiento donde se leía a los indígenas antes de comenzar la batalla, conminándolos a someterse pacíficamente a la autoridad real española, y señalando que en caso de no hacerlo serían culpables de lo que resultará.[20]

Conectivamente, se observa con el estudio de la evolución de las relaciones de indígenas y españoles que, para regularles,

> Nacen las Leyes de Indias, las cuales procuraron una mayor protección a los derechos indígenas, pues se establecía que se debía cristianizar de forma pacífica, estableciendo en sus disposiciones que sólo podían ser sometidos los negros indios caribes y aquellos que fueron rebeldes a la dominación española. Por un lado, había leyes escritas, pero su realidad era otra, nace la figura de la encomienda, que terminaría por convertirse en otro sistema de esclavitud. Que fue abolida posteriormente.[21]

Tres siglos, de 1521 a 1821, comprendieron la época colonial en la historia de México.

> Pasan los años, las injusticias continúan, son despojados de todo, surgen los latifundios constituidos por grandes extensiones de tierra de un mismo dueño y se llega a la lucha de independencia. La situación de los indios se había deteriorado, los salarios disminuyeron a la par que aumentaron los precios, especialmente los del maíz, su alimento básico. Periódicas crisis alimenticias asolaban a la región y el hambre hacía estragos entre la población. En 1785 y 1786, murieron muchas personas, al igual que en 1810 y 1811, a causa de intensas sequías, surgió entonces una nueva crisis agrícola que afectó principalmente a las masas campesinas.[22]

---

20 Ibid., Pp. 18, 19,

21 Ibid., P. 27

22 Von Wobeser, Gisela. (2011). Los indígenas y el movimiento de Independencia. Estudios de cultura náhuatl, 42, 299-312. Recuperado en 21

Una de las razones de mayor peso para buscar la ruptura de aquella dependencia con el imperio español ciertamente impuesta por la fuerza fue la enorme estratificación social que había proliferado en la época de la Colonia y bajo la cual se habían exacerbado dinámicas injustas y racistas: dependiendo del origen de los progenitores, del color de piel y del lugar de nacimiento, un habitante de este territorio contaba con mayores, menores o casi nulos derechos y, en términos prácticos, tenía mayor o menor grado de dignidad humana.[23]

De acuerdo con el lingüista Luis Fernando Lara, durante la época de la Colonia, en el territorio mexicano, nueve de cada diez personas hablaban al menos una lengua indígena. Incluso diversas órdenes de misioneros realizaban sus labores de evangelización y formación académica utilizando sólo lenguas autóctonas. En cambio, en el periodo posterior a la independencia y el imperio, presionado el nuevo gobierno por conseguir la ansiada unidad e igualdad nacional, impuso el uso del español como lengua franca, desestimando por completo no sólo las otras lenguas, sino las manifestaciones y la participación de los pueblos originarios en la vida del país.[24]

El ejido, como propiedad de la nación, nace después de la revolución; en consecuencia, se ordena la repartición de la tierra en 1916, primer ejido en México.[25] En 1931 surge la primera ley de la reforma agraria,[26] donde se estableció la división de la propie-

---

de marzo de 2023, de http://www.scielo.org.mx/scielo.php?script=sci_arttext&pid=S0071-16752011000100016&lng=es&tlng=es.

23 Avelar González, Francisco Javier, Universidad Autónoma de Aguas Calientes, "Las comunidades indígenas y la independencia", Consultado el 19 de marzo de 2023 en https://www.uaa.mx/portal/las-comunidades-indigenas-y-la-independencia/

24 Ibid.

25 Centro de Estudios Sociales y de Opinión Publica, Cámara de Diputados, LXIV legislatura, "La relevancia de los ejidos y las comunidades rurales en la estructura social de México, consultado el 19 de marzo de 2023 en https://www.ccmss.org.mx/wp-content/uploads/Relevancia-Ejidos-CESOP.pdf

26 Tapia, Regina y Andrews, Catherine, SCJN, Centro de estudios Constitucionales, "La reforma agraria desde los estados," Ensayo en conmemoración

dad, se acabaron los latifundios y se crearon los ejidos. De 1931 a 1945 se empezaron a repartir; los títulos de la propiedad ejidal datan de esa época,[27] alcanzando su máximo punto en 1940, con el gobierno de Lázaro Cárdenas, pues al final de su sexenio se entregaron la mayor parte de los títulos ejidales. En 1990 Salinas termina la repartición de tierras, de esa fecha a la actualidad ya no hay ejidos.

V. MARCO JURÍDICO DE LA JUSTICIA INDÍGENA EN MÉXICO

Para el concreto estudio normativo en comento, es importante observar la perspectiva internacional y nacional, considerando que, al ratificar el Convenio de la OIT, "un Estado miembro se compromete a modificar la legislación nacional y desarrollar las actividades pertinentes, de acuerdo con los principios contenidos en el Convenio 169 de la OIT sobre Pueblos Indígenas y Tribales".[28]

Por lo anterior, a noviembre de 2014, el Convenio #169 "ha sido ratificado por 22 países, la mayoría de nuestra región: Argentina, Bolivia, Brasil, Chile, Colombia, Costa Rica, Dominica, Ecuador, Guatemala, Honduras, México".[29]

Paralelamente, el artículo 4º de la Declaración de las Naciones Unidas sobre los Derechos de los Pueblos Indígenas estableció que:

---

del centenario de la Ley Agraria del 6 de enero de 1915. Consultado el 19 de marzo de 2023 en https://www.sitios.scjn.gob.mx/cec/sites/default/files/publication/documents/2019-05/LIBRO%20LA%20REFORMA%20AGRARIA-INTERNET.pdf

27 Ibid.

28 OIT, Convenio Núm. 169 de la OIT sobre Pueblos Indígenas y Tribales, Organización Internacional del Trabajo, Oficina Regional para América Latina y el Caribe, pág. 9, consultado el 16 de marzo del 2023 en https://www.ilo.org/wcmsp5/groups/public/—americas/—ro-lima/documents/publication/wcms_345065.pdf

29 Ibid.

> Los pueblos indígenas, en ejercicio de su derecho a la libre determinación, tienen derecho a la autonomía o al autogobierno en las cuestiones relacionadas con sus asuntos internos y locales, así como a disponer de medios para financiar sus funciones autónomas.[30]

De otro lado, el artículo XXI de la Declaración Americana sobre los Derechos de los Pueblos Indígenas referente al Derecho a la autonomía o al autogobierno sostuvo lo siguiente:

> 3. Los pueblos indígenas, en ejercicio de su derecho a la libre determinación, tienen derecho a la autonomía o al autogobierno en las cuestiones relacionadas con sus asuntos internos y locales, así como a disponer de medios para financiar sus funciones autónomas.
>
> 4. Los pueblos indígenas tienen derecho a mantener y desarrollar sus propias instituciones indígenas de decisión. También tienen el derecho de participar en la adopción de decisiones en las cuestiones que afecten sus derechos; Pueden hacerlo directamente o a través de sus representantes, de acuerdo con sus propias normas, procedimientos y tradiciones. Asimismo, tienen el derecho a la igualdad de oportunidades para acceder y participar plena y efectivamente como pueblos en todas las instituciones y foros nacionales, incluyendo los cuerpos deliberantes.[31]

En los tratados enunciados se establecen los derechos que deben tener las etnias y las formas tribales, de ahí se desprende y positiviza en el artículo 2° constitucional el derecho humano que tienen los grupos indígenas, que se regula en los textos de las constituciones locales y en las leyes municipales.

Once artículos de la Constitución Política de los Estados Unidos Mexicanos (1°, 3°, 11, 15, 18, 29, 33, 89, 97, 102 y 105) fueron modificados como parte de la reforma de junio de 2011 para mejorar el sistema de reconocimiento y defensa de los derechos humanos en México. Al adicionar un tercer párrafo al artículo 1 de la Constitución, que se refiere a la prohibición de toda forma

---

30 Naciones Unidas, Declaración de las naciones unidas sobre los derechos de los pueblos indígenas, pág. 5, consultado el 16 de marzo de2023 en https://www.un.org/esa/socdev/unpfii/documents/DRIPS_es.pdf

31 Declaración americana sobre los derechos de los pueblos indígenas, Consultado el 16 de marzo del 2023 en https://www.oas.org/es/sadye/documentos/res-2888-16-es.pdf

de discriminación, se fortalecieron los derechos de los pueblos indígenas; así:

> Queda prohibida toda discriminación motivada por origen étnico o nacional, el género, la edad, las discapacidades, la condición social, las condiciones de salud, la religión, las opiniones, las preferencias sexuales, el estado civil o cualquier otra que atente contra la dignidad humana y tenga por objeto anular o menoscabar los derechos y libertades de las personas.[32]

En México existe un orden jurídico nacional que prima las costumbres jurídicas de las personas indígenas; en el artículo 2° se encuentra la génesis y fuente del derecho indígena a su libre determinación y autonomía de sus pueblos y comunidades. En el artículo 3° se establecen los principios rectores de la educación en México con perspectiva y orientación integral de las lenguas indígenas, pues establece una educación plurilingüe e intercultural.[33]

El artículo 27 establece la protección constitucional de la integridad de las tierras de los grupos indígenas y el artículo 115 permite que las comunidades indígenas se coordinen y asocien con las autoridades municipales para fortalecer la administración pública local.[34]

Cuando se hace alusión al derecho de aplicación de los sistemas normativos indígenas, no solo se trata de tomar en cuenta los usos, costumbres y tradiciones en los procedimientos jurisdiccionales, ello implica el reconocimiento de la presencia de sistemas propios de los pueblos y comunidades indígenas, como lo marca la Constitución Política de los Estados Unidos Mexicanos en su

---

32 Constitución de los Estados Unidos Mexicanos, México, 1917, Artículo 1°, P. 1, consultado el 26 de febrero de 2023 en https://www.diputados.gob.mx/LeyesBiblio/pdf_mov/Constitucion_Politica.pdf

33 El museo, La Constitución Interactiva, CPEUM, Derechos de los pueblos y las comunidades indígenas y afromexicanas, consultado el 16 de marzo de 2023 en https://museodelasconstituciones.unam.mx/derechos-indigenas-afrodescendientes/

34 Ídem

Artículo 2°, inciso A, fracción II,[35], dándole adecuado valor jurídico; ello implica además:

"Aplicar sus propios sistemas normativos en la regulación y solución de sus conflictos internos, sujetándose a los principios generales de esta Constitución, respetando las garantías individuales, los derechos humanos y, de manera relevante, la dignidad e integridad de las mujeres. La ley establecerá los casos y procedimientos de validación por los jueces o tribunales correspondientes".[36]

Paralelamente, se considera que "El sistema normativo indígena cuenta con una estructura organizada, con una serie de normas no escritas, que sin embargo son de pleno reconocimiento y validez comunitaria, incluso con sanciones que del mismo modo pueden no estar escritas, Todas las decisiones son validadas por sus asambleas, consideradas la máxima autoridad en las comunidades".[37]

La asamblea general comunitaria o el órgano equivalente en cualquier pueblo o comunidad indígena así reconocido, es su máxima autoridad, a través de ella se determina la validez y vigencia de sus propias normas y procedimientos; se eligen a las autoridades o representantes para el ejercicio de sus formas propias de gobierno interno, y se regulan y solucionan, en general, las

---

35 Aplicar sus propios sistemas normativos en la regulación y solución de sus conflictos internos, sujetándose a los principios generales de esta Constitución, respetando las garantías individuales, los derechos humanos y, de manera relevante, la dignidad e integridad de las mujeres. La ley establecerá los casos y procedimientos de validación por los jueces o tribunales correspondientes. Constitución política de los Estados Unidos Mexicanos, artículo 2°. Consultado el 26 de febrero de 2023 en: http://www.ordenjuridico.gob.mx/Constitucion/articulos/2.pdf

36 Constitución política de los estados unidos mexicanos, Cámara de diputados del H. congreso de la unión, secretaria general, pág. 2, consultado el 17 de marzo del 2023 en https://www.diputados.gob.mx/LeyesBiblio/pdf/CPEUM.pdf

37 CNDH, Aspectos básicos sobre derechos humanos de los pueblos y comunidades indígenas, México, Primera edición, 2021, pág. 18, Consultado el 25 de febrero de 2023 en: http://appweb.cndh.org.mx/biblioteca/archivos/pdfs/Aspectos_Basicos_DDHH_comuni_indigenas.pdf

actividades de beneficio común.[38] Son una manifestación directa del derecho a su autonomía y libre determinación, constituyendo el máximo órgano, donde se toman las decisiones, un ápice de suma importancia para la comunidad.

El ejercicio del derecho en estudio no es absoluto, este debe aplicarse en armonía con los derechos humanos que deben interpretarse bajo la perspectiva intercultural a fin de que sea válido.

La base del reconocimiento popular que tienen las autoridades indígenas es una cuestión de legitimidad más que de legalidad, sin que los derechos individuales puedan imponerse respecto a quién debe ejercer la representación comunitaria. Los sistemas normativos internos son más que usos y costumbres, son normas vivas, sujetas a constantes cambios y deliberación, que permiten a las comunidades adaptarse a las circunstancias políticas, sociales y culturales que enfrenten.[39] De la compleja e integral manera enunciada, deben ser interpretadas sus costumbres, decisiones y sistema jurídico en general.

VI. SITUACIÓN ACTUAL Y ANÁLISIS DE LA JUSTICIA INDÍGENA EN MÉXICO

Haciendo alusión a las condiciones posmodernas de la justicia indígena, en México existen etnias "ubicadas en más de 34 mil localidades y superando los 11 millones de habitantes en territorio nacional".[40] De acuerdo con datos de la Encuesta Intercensal "2015, 25.7 millones de personas en México se auto reconocen (auto adscriben) como indígenas, lo que representa el 21.5% de

---

38 Asamblea general comunitaria, Máximo órgano de representación de las comunidades indígenas, consultado el 17 de marzo de 2023 en https://www.te.gob.mx/sala_toluca/media/pdf/58cd1cfa0126021.pdf

39 De la Mata Piña, Felipe, Tribunal Electoral del Poder Judicial de la Federación, consultado el 17 de marzo del 2023 en https://www.te.gob.mx/blog/delamata/front/articles/article/293

40 Instituto Nacional de los Pueblos Indígenas, Gobierno de México, Consultado el 17 de marzo del 2023 en https://www.gob.mx/inpi

la población total. Por su parte el Consejo Nacional de Evaluación de la Política de Desarrollo Social (CONEVAL), en su informe de 2014, afirma que el 73.2% de la población indígena se encuentra en situación de pobreza en relación con el 43.2% de la población no indígena, y el 31.8% de la población indígena se encuentra en pobreza extrema en relación con 7.1% de la población no indígena".[41]

Frente a las condiciones existentes hay mucho por hacer en diferentes aspectos que influyen en las condiciones que rodean a la justicia indígena, y que van desde la educación, la salud, el acceso a la justicia, una vida libre de violencias, de discriminación, el bienestar social, pues tampoco cuentan con servicios básicos como agua entubada, drenaje, viviendas dignas, etc. Se tiene una deuda histórica que avanza poco a poco, pero que sigue permeando crudamente la realidad, pues la falta de interés político y económico han marcado más esas desigualdades.

Afortunadamente hay esperanzas de remisión, porque el derecho es sinérgico: crece, se actualiza, se reforma y nunca permanecerá completamente estático, en desarrollo de dos principios fundamentales reconocidos doctrinalmente, y que se describen a continuación:

- Estática Jurídica: Hace alusión a la seguridad jurídica, el derecho no puede ser cambiado, para que cada vez que se aplique la ley se obtenga un mismo resultado
- Dinámica jurídica: Le imprime en yuxtaposición un carácter mutable: si la sociedad cambia, el derecho va a cambiar, pues para poder aplicarse debe positivizarse. El derecho a la seguridad jurídica se va actualizando y modificando debido a la influencia de la sociología establecida por la dinámica jurídica, pero debe haber iniciativas de ley, para que puedan ser discutidas y se puedan llevar a cabo las actualizaciones.

---

41 CNDH, Informe de Actividades 2022, Pueblos y comunidades indígenas, "Análisis Situacional de los Derechos Humanos de los Pueblos y Comunidades Indígenas", Consultado el 19 de marzo 2023 en http://informe.cndh.org.mx/menu.aspx?id=30067

Para ello debe intervenir el órgano facultado para hacer lo que marca la ley, conforme a lo preceptuado por el artículo 135 constitucional.

En el sistema rígido de reforma se establece un procedimiento de cómo se debe actualizar la Constitución: una mayoría calificada, una vez que sea aprobada, debe mandar la iniciativa a las entidades federativas y debe ser aprobada por mayoría simple para que sea una reforma constitucional, y así positivizar las leyes para establecer la seguridad jurídica; mucho se habla de la globalización del derecho, que ha favorecido el ampliar y fortalecer los sistemas normativos, nacionales y estatales, pero que el circular de arriba hacia abajo ha dificultado en gran medida su aplicación.

En la contemporaneidad, se alude a un pluralismo jurídico donde existen tanto la justicia ordinaria como la justicia indígena, ambos se consideran sistemas opuestos y excluyentes.

"El colonialismo y la globalización han incidido en la conformación del derecho indígena y en las mismas políticas de acceso a la justicia, por lo que no es posible pensar en sistemas jurídicos indígenas como sobrevivencias de un pasado indígena, o reproductores solamente de "usos y costumbres".[42]

Se han dado reformas en la materia, para legitimar la justicia indígena ante el Estado y sus instituciones, dichos cambios son producto de la globalización del derecho, así como del multiculturalismo jurídico.

VII. CONCLUSIONES

A manera de corolario, se reconoce que los pueblos y comunidades indígenas no conocen las leyes de sus estados, mucho menos sobre los procedimientos legales para tener un pleno acceso a la justicia.

---

42 Sierra, María Teresa, CNDH, Derecho indígena y acceso a la justicia en México: Perspectivas desde la Inter legalidad, consultado el 19 de marzo de 2023 en https://www.corteidh.or.cr/tablas/r08062-11.pdf

En materia familiar persisten muchos elementos sociológicos en los que se denota la desigualdad social en México; en aspectos determinantes como los derechos familiares, la educación, el ámbito político, el laboral o económico en general, se les sigue limitando o denostando a las personas por su condición u origen indígena y con ello entorpeciendo la efectividad y garantía de sus derechos, lo que redunda en el ámbito socio-familiar, político y jurídico, principalmente en el ejercicio del derecho a la libre determinación y autonomía.

Se concluye que la condición tradicional y verbal hace dudar de la existencia, formalidad y contundencia normativa del derecho indígena, pues este no está legislado o positivizado; las autoras sugieren, a manera de recomendación, la mayor difusión y educación sobre sus derechos, lo que posibilitaría el rescate de costumbres ancestrales en peligro de extinción; adicionalmente, se considera importante la creación de un respaldo escrito, a manera de ordenamiento, que nazca de las comunidades y pueblos indígenas, es decir, un consensado y formal ordenamiento jurídico que brinde soporte a su administración y sistema de justicia.

Posteriormente a la creación enunciada, se propone que el instrumento sea conducido y publicado por los medios advertidos por el Poder Legislativo, previa evaluación de su constitucionalidad, para que sea divulgado y reconocido como ley, al tiempo que se llegue a crear un reglamento de aplicación, lo que permitiría que haya un verdadero reconocimiento del derecho indígena.

En la posmodernidad, resulta importante la realización de estudios socioeducativos que vislumbren las necesidades familiares, formativas, didácticas y/o pedagógicas del contexto indígena y revelen o evalúen sus prácticas, a fin de proyectar cambios necesarios y promover la existencia de una diversidad de conocimientos, con el reconocimiento de sus múltiples características, sus particularidades y formas de transmisión, así como del uso de su idioma para la divulgación de sus saberes.

De la misma manera, se precisa la ejecución de estudios científicos sobre la regulación y administración indígena de justicia, que transparenten el surgimiento y desarrollo de las relaciones sociales, económicas y políticas para modificar prácticas que no sean beneficiosas, en aras de conservar sus lenguas y cultura, y de convertir sus usos y costumbres en reglas jurídicas articuladas o sistémicas, de tal manera que se reconozcan como tal en los pueblos y comunidades Indígenas y en el marco del sistema jurídico nacional e internacional; pues se considera por las autoras que la positivización del derecho indígena lograría que éste adquiera el carácter formal de ley y, con ello, se robustezca como fuente de derecho.

Por todo lo anterior, se concluye que la positivización de las leyes indígenas es paso y criterio transcendental para ampliar y homologar su perspectiva de aplicación, a fin de mejorar su protección y de producir mayores avances garantistas y sociales desde la esfera científica, facilitando el acceso universal a su conocimiento.

Los derechos de las personas indígenas deben ser protegidos de manera coyuntural e igualitaria, porque negar el acceso a ellos contribuye a preservar las jerarquías sociales y los sistemas de discriminación en los que los pueblos y comunidades indígenas ocupan posiciones de desventaja desde hace ya mucho tiempo.

Con la incorporación de los pueblos indígenas en la agenda pública de México, se pretende cristalizar la interculturalidad como eje esencial del país, que gira en torno a un derecho humano que propugna por una Constitución política de apertura e inspiración intercultural, respondiendo al neoconstitucionalismo, donde se prioriza esa cultura de derechos y libertades.

VIII. FUENTES DE INFORMACIÓN

Asamblea general comunitaria, Máximo órgano de representación de las comunidades indígenas, consultado el 17 de marzo de 2023 en https://www.te.gob.mx/sala_toluca/media/pdf/58cd1cfa0126021.pdf

Avelar González, Francisco Javier, Universidad Autónoma de Aguas Calientes, "Las comunidades indígenas y la independencia", Consultado el 19 de marzo de 2023 en https://www.uaa.mx/portal/las-comunidades-indigenas-y-la-independencia/

Centro de Estudios Sociales y de Opinión Publica, Cámara de Diputados, LXIV legislatura, "La relevancia de los ejidos y las comunidades rurales en la estructura social de México, consultado el 19 de marzo de 2023 en https://www.ccmss.org.mx/wp-content/uploads/Relevancia-Ejidos-CESOP.pdf

Cienfuegos Salgado, David, "Una historia de los derechos humanos en México. Reconocimiento constitucional y jurisdiccional". Primera edición, México, 2017.

CNDH, Informe de Actividades 2022, Pueblos y comunidades indígenas, "Análisis Situacional de los Derechos Humanos de los Pueblos y Comunidades Indígenas", Consultado el 19 de marzo 2023 en http://informe.cndh.org.mx/menu.aspx?id=30067

Comisión Nacional de Derechos Humanos CNDH, Aspectos básicos sobre derechos humanos de los pueblos y comunidades indígenas, México, Primera edición, 2021, pág. 18, Consultado el 25 de febrero de 2023 en: http://appweb.cndh.org.mx/biblioteca/archivos/pdfs/Aspectos_Basicos_DDHH_comuni_indigenas.pdf

De la Mata Piña, Felipe, Tribunal Electoral del Poder judicial de la Federación, consultado el 17 de marzo del 2023 en https://www.te.gob.mx/blog/delamata/front/articles/article/293

El museo, La Constitución Interactiva, CPEUM, Derechos de los pueblos y las comunidades indígenas y afromexicanas, consultado el 16 de marzo de 2023 en https://museodelasconstituciones.unam.mx/derechos-indigenas-afrodescendientes/

García Castillo, Tonatiuh. (2015). La reforma constitucional mexicana de 2011 en materia de derechos humanos: Una lectura desde el derecho internacional. Boletín mexicano de derecho comparado, 48(143), 645-696. Recuperado en 24 de febrero de 2023, de http://www.scielo.org.mx/scielo.php?script=sci_arttext&pid=S0041-86332015000200005&lng=es&tlng=es

Instituto Nacional de Lenguas Indígenas INALI. Catálogo de las Lenguas Indígenas. Variantes Lingüísticas de México con sus autodenominaciones y referencias geoestadísticas. 2009. Consultado el 24 febrero de 2023 https://www.inali.gob.mx/clin-inali/

Instituto Nacional de los Pueblos Indígenas, Gobierno de México, Consultado el 17 de marzo del 2023 en https://www.gob.mx/inpi

León Portilla, Miguel, "La antigua y la nueva palabra de los pueblos indígenas", Cultura y derechos de los pueblos indígenas de México, México, Archivo General de la Nación Fondo de Cultura Económica, 1996, Pp. 21 y 22.

Martínez, Luciano, "Familia Indígena: Cambios Sociodemográficos y económicos". Consultada el 20 de marzo del 2023 en https://biblio.flacsoandes.edu.ec/libros/digital/57515.pdf

Tapia, Regina y Andrews, Catherine, SCJN, Centro de estudios Constitucionales, "La reforma agraria desde los estados," Ensayo en conmemoración del centenario de la Ley Agraria del 6 de enero de 1915. Consultado el 19 de marzo de 2023 en https://www.sitios.scjn.gob.mx/cec/sites/default/files/publication/documents/2019-05/LIBRO%20LA%20REFORMA%20AGRARIA-INTERNET.pdf

Tello Díaz, Carlos, INE, Formas de gobierno en las comunidades Indígenas de México, Consultado el 16 de marzo del 2023 en https://portalanterior.ine.mx/documentos/DECEYEC/vgn_ivestigacion/formas_de_gobierno_comunidades.htm

Tribunal Superior Agrario, Tesis: 1ª, CCXCVI/2018 (10a.), Semanario Judicial de la Federación, Decima época, diciembre 2018. Consultado el 16 de marzo de 2023 en https://www.tribunalesagrarios.gob.mx/ta/?p=4531

Sierra, María Teresa, CNDH, Derecho indígena y acceso a la justicia en México: Perspectivas desde la Inter legalidad, consultado el 19 de marzo de 2023 en https://www.corteidh.or.cr/tablas/r08062-11.pdf

Universidad Nacional Autónoma de México UNAM, Museo de las Constituciones, Protección Universal de los Derechos Humanos, Consultado el 19 de marzo de 2023 en https://museodelasconstituciones.unam.mx/todos-nuestros-derechos/

Valiente López, Aresio, Biblioteca Jurídica Virtual del Instituto de Investigaciones Jurídicas de la UNAM, Acceso a la justicia de los Pueblos Indígenas, consultado el 15 de marzo del 2023 en https://archivos.juridicas.unam.mx/www/bjv/libros/9/4499/9.pdf

Von Wobeser, Gisela. (2011). Los indígenas y el movimiento de Independencia. Estudios de cultura náhuatl, 42, 299-312. Recuperado en 21 de marzo de 2023, de http://www.scielo.org.mx/scielo.php?script=sci_arttext&pid=S0071-16752011000100016&lng=es&tlng=es

Legislación

Constitución de los Estados Unidos Mexicanos, México, 1917, consultado el 22 de febrero de 2023 en http://www.ordenjuridico.gob.mx/Constitucion/articulos/2.pdf

Declaración americana sobre los derechos de los pueblos indígenas, Consultado el 16 de marzo del 2023 en https://www.oas.org/es/sadye/documentos/res-2888-16-es.pdf

Ley de Asistencia Social, Cámara de Diputados del H. Congreso de la Unión, secretaria General, secretaria de Servicios Parlamentarios, Consultado el 18 de marzo de 2023 en https://www.diputados.gob.mx/LeyesBiblio/pdf/LASoc.pdf

Ley del Instituto Nacional de los Pueblos Indígenas, Cámara de Diputados del H. Congreso de la Unión, secretaria general, secretaria de Servicios Parlamentarios, Consultado el 18 de marzo de 2023 en https://www.diputados.gob.mx/LeyesBiblio/pdf/LINPI.pdf

Ley Federal para Prevenir y Eliminar la Discriminación, Cámara de Diputados del H. Congreso de la Unión, secretaria General, secretaria de Servicios Parlamentarios, Consultado el 18 de marzo de 2023 en https://www.diputados.gob.mx/LeyesBiblio/pdf/LFPED.pdf

Ley General de los Derechos Humanos Lingüísticos de los Pueblos Indígenas, Cámara de diputados del H. Congreso de la Unión, secretaria general, consultado el 17 de marzo de 2023 en https://www.diputados.gob.mx/LeyesBiblio/pdf/LGDLPI.pdf

Naciones Unidas, Declaración sobre los derechos de los pueblos indígenas, consultado el 16 de marzo de 2023 en https://www.un.org/esa/socdev/unpfii/documents/DRIPS_es.pdf

Organización Internacional del Trabajo OIT, Convenio Núm. 169 de la OIT sobre Pueblos Indígenas y Tribales, Organización Internacional del Trabajo, Oficina Regional para América Latina y el Caribe, consultado el 16 de marzo del 2023 en https://www.ilo.org/wcmsp5/groups/public/--americas/—ro-lima/documents/publication/wcms_345065.pdf

ACCESO A LA JUSTICIA A TRAVÉS DE LA MEDIACIÓN INDÍGENA

Omar David Jiménez Ojeda*
María José Oseguera Narváez**

SUMARIO: I. Introducción. II. El derecho de acceso a la justicia desde la normatividad nacional e internacional. III. La mediación como forma de garantizar el derecho humano de acceso a la justicia. IV. Mediación y el acceso a la justicia de los pueblos indígenas. V. Conclusión. VI. Fuentes de investigación.

I. INTRODUCCIÓN

El acceso a la justicia es un principio básico del estado de derecho, sin acceso a la justicia las personas no pueden hacer oír su voz, ejercer sus derechos, hacer frente a la discriminación o conocer del rendimiento de cuentas de los órganos encargados de la administración de justicia.

Sin duda alguna, México es un Estado que se ha caracterizado por retomar aspectos de la normatividad internacional e incluirlos en las normas nacionales, con el fin de que exista coherencia entre ambas y sobre todo de contar con un marco normativo de respeto y garantía de los derechos humanos. Sin embargo, de la

---

* Profesor Investigador de Tiempo Completo de la Universidad Autónoma de Chiapas (UNACH) de la Licenciatura y el Doctorado en Derecho, programa inscrito en el PNPC-CONAHCYT. Integrante del Sistema Nacional de Investigadores nivel I, CONAHCYT México. Doctor en Derecho, correo electrónico: omar.jimenez@unach.mx, orcid 0000-0002-0944-9555

** Estudiante del Doctorado en Derecho de la Universidad Autónoma de Chiapas (UNACH), programa inscrito en el PNPC-CONAHCYT. Profesora de la Licenciatura en Derecho del Instituto de Investigaciones Jurídicas de la UNACH. Correo electrónico: maria.oseguera@unach.mx

norma a la práctica es donde se presentan los reales desafíos para el Estado.

Garantizar en la práctica el acceso a la justicia implica una serie de cambios normativos, gubernamentales e institucionales que permitan contar con un sistema de justicia cercano a la sociedad, lo cual, resulta en la obligación por parte del estado de diseñar herramientas que permitan a las instituciones cumplir con dar un servicio de justicia de calidad, garantista de derechos, con procesos prontos y expeditos.

A lo anterior se suma el hecho de que México cuenta con un total de 68 pueblos indígenas lo cual, implica no solamente garantizar el acceso a la justicia, sino que dicho acceso tenga perspectiva étnica y cuente con factores de reconocimiento de los pueblos indígenas y respeto a sus usos y costumbres.

Por lo anterior, en el presente estudio se analiza el concepto de acceso a la justicia como derecho humano desde los marcos normativos nacional e internacional, así como sus características y formas de ser garantizado dentro de los Estados. Además, se analizará conjuntamente a los mecanismos alternativos de solución de controversias con el acceso a la justicia a partir del texto constitucional y criterios jurisprudenciales.

Por último, nos enfocaremos en analizar a la mediación como mecanismo de solución de controversias y como una forma de acceso a la justicia cercano a la población, además de estudiarla desde la óptica de interseccionalidad con el fin de comprender los beneficios de reconocer en la norma la mediación indígena para solución de conflictos garantizando el acceso a un proceso donde se identifican y respetan sus usos y costumbres además de garantizar traductores preservando así sus derechos lingüísticos.

II. EL DERECHO DE ACCESO A LA JUSTICIA DESDE LA NORMATIVIDAD NACIONAL E INTERNACIONAL

El acceso a la justicia es un concepto que dentro de los derechos humanos ha sufrido diversas modificaciones, una de las grandes transformaciones ha sido el transitar de la idea de que el acceso a la justicia representa únicamente la posibilidad de acceder a un medio de defensa como sujeto individual dentro de un sistema, a la concepción actual en la que se establece como una obligación del Estado de facilitar mecanismos de protección y defensa de los derechos humanos tanto de sujetos individuales como colectivos.

Hablar del acceso a la justicia, es referimos a un derecho fundamental que permite a los seres humanos hacer valer sus derechos de forma justa y equitativa ante la ley sin prejuicio de discriminación por sexo, raza, edad o religión.[1]

La Declaración Universal de los Derechos Humanos, reconoce el acceso a la justicia en primer momento estableciendo que, "toda persona tiene derecho a un recurso efectivo ante los tribunales nacionales competentes, que la ampare contra actos que violen sus derechos fundamentales reconocidos por la constitución o por la ley".[2] lo cual, se complementa con el artículo 10, mismo que señala que:

Toda persona tiene derecho, en condiciones de plena igualdad, a ser oída públicamente y con justicia por un tribunal independiente e imparcial, para la determinación de sus derechos y obligaciones o para el examen de cualquier acusación contra ella en materia penal.[3]

La Convención Americana sobre Derechos Humanos, señala como garantías mínimas del acceso a la justicia las que a continuación se reproducen:[4]

---

1 Censo Nacional de Población 2020, Instituto Nacional de Estadística y Geografía, comunicado de prensa núm. 430/22, 8 de agosto de 2022. Maldonado M., Teresa, "Acceso a la justicia", Comisión Económica para América Latina, p. 1. https://www.cepal.org/sites/default/files/events/files/10_tmaldonado.pdf

2 Declaración Universal de los Derechos Humanos, art. 8. https://www.un.org/es/about-us/universal-declaration-of-human-rights

3 Ibidem, art. 10

4 Convención Americana sobre Derechos Humanos, Comisión Nacional de Derechos Humanos, art. 8. https://www.cndh.org.mx/sites/default/files/

a) derecho del inculpado de ser asistido gratuitamente por el traductor o intérprete, si no comprende o no habla el idioma del juzgado o tribunal;
b) comunicación previa y detallada al inculpado de la acusación formulada;
c) concesión al inculpado del tiempo y de los medios adecuados para la preparación de su defensa;
d) derecho del inculpado de defenderse personalmente o de ser asistido por un defensor de su elección y de comunicarse libre y privadamente con su defensor;
e) derecho irrenunciable de ser asistido por un defensor proporcionado por el Estado, remunerado o no según la legislación interna, si el inculpado no se defendiere por sí mismo ni nombrare defensor dentro del plazo establecido por la ley;
f) derecho de la defensa de interrogar a los testigos presentes en el tribunal y de obtener la comparecencia, como testigos o peritos, de otras personas que puedan arrojar luz sobre los hechos;
g) derecho a no ser obligado a declarar contra sí mismo ni a declararse culpable, y
h) derecho de recurrir del fallo ante juez o tribunal superior.

Basados en las prerrogativas anteriores, cuando se habla del acceso a la justicia dentro de un sistema jurídico y más aún dentro de un proceso judicial, el Estado está encargado de poner a disposición de los interesados las instancias e instrumentos necesarios para garantizar que ese acercamiento a la justicia sea óptimo y en total apego a los derechos humanos, por ello, en lo que respecta a la *protección judicial*, la normativa internacional señala como compromisos de los Estados frente al uso de recursos judiciales los que a continuación se enlistan:[5]

---

doc/Programas/TrataPersonas/MarcoNormativoTrata/InsInternacionales/Regionales/Convencion_ADH.pdf

5 *Ibidem*, art. 25

a) A garantizar que la autoridad competente prevista por el sistema legal del Estado decidirá sobre los derechos de toda persona que interponga tal recurso;
b) A desarrollar las posibilidades de recurso judicial, y
c) A garantizar el cumplimiento, por las autoridades competentes, de toda decisión en que se haya estimado procedente el recurso.

Entonces, considerando estos preceptos internacionales, los Estados tendrán responsabilidad sobre dos aspectos esenciales, el primero de ellos es el de *respetar*, es decir, que toda acción realizada dentro del sistema de justicia deberá realizarse con total apego a los derechos humanos, dado que cualquier violación realizada por las autoridades que intervienen en los procesos judiciales, se adjudicará al Estado; por otra parte, el segundo aspecto es el de *garantizar*, lo cual, implica que el Estado está obligado a desarrollar las acciones necesarias para que toda persona sujeta a un proceso judicial pueda gozar de todos sus derechos, lo que implica que debe existir una estructura gubernamental e institucional encargada del funcionamiento del aparato de justicia. En el tenor de que los Estados deberán respetar y garantizar el acceso a la justicia, es menester de estos eliminar todos aquellos obstáculos que limitan o impiden acceder a un proceso y tutela efectiva por parte de los órganos judiciales, parte de estas acciones es instalar los preceptos internacionales en la normatividad nacional, las garantías de protección y acceso a la justicia reconocidas constitucionalmente son las que a continuación se plantean:[6]

---

6 Constitución Política de los Estados Unidos Mexicanos, Diario Oficial de la Federación 18 de noviembre de 2022. https://www.diputados.gob.mx/LeyesBiblio/pdf/CPEUM.pdf

Garantías de seguridad en la Constitución Política de los Estados Unidos Mexicanos	
Artículo	**Garantía**
Art. 14	Establece la prohibición de la aplicación retroactiva de las leyes, el derecho o garantía de audiencia y la estricta aplicación de la ley a las disposiciones judiciales.
Art. 16	Establece como garantía que todo acto judicial debe fundarse y motivarse, así como aquellos requisitos que deben cumplirse.
Art. 17	Establece la prohibición de autotutela, la independencia judicial y el derecho de acceso a la justicia.
Art. 19	Establece la regulación para la vinculación a proceso, la aplicación excepcional de la prisión preventiva y la prohibición de maltrato o arbitrariedades durante la detención.
Art. 20	Establece la oralidad de los procesos judiciales, además de contener los derechos de las personas imputadas y de las víctimas.
Art. 19	Regula el monopolio de la acción penal del Ministerio Público
Art. 22	Prohíbe la pena de muerte y los tratos crueles o penas degradantes.
Art. 23	Establece el principio *non bis in ídem,* es decir, que nadie puede ser juzgado dos veces por el mismo delito.

Fuente: Elaboración propia a partir de la Constitución Política de los Estados Unidos Mexicanos.

Es de observarse que el art. 17 constitucional, es aquel que contiene en esencia el derecho de acceso a la justicia y se complementa con el resto de los preceptos enunciados en la tabla anterior, en su párrafo primero señala las características con que debe cumplir la correcta administración de justicia:

Toda persona tiene derecho a que se le administre justicia por tribunales que estarán expeditos para impartirla en los plazos y términos que fijen las leyes, emitiendo sus resoluciones de manera pronta, completa e imparcial. Su servicio será gratuito, quedando, en consecuencia, prohibidas las costas judiciales.[7]

Por otra parte, establece que las autoridades deben privilegiar la solución de conflictos por encima de los formalismos proce-

[7] Constitución política…*op. cit.,* art. 17

sales, lo que da pauta a que en su párrafo cuarto se enuncie lo siguientes:

> Las leyes preverán mecanismos alternativos de solución de controversias. En la materia penal regularán su aplicación, asegurarán la reparación del daño y establecerán los casos en los que se requerirá supervisión judicial.[8]

La previsión de mecanismos alternativos para solución de controversias es uno de los claros ejemplos donde el Estado pone a disposición de la sociedad estrategias y medidas que permitan tener un acceso a la justicia, además de garantizar un servicio de justicia gratuito y pronto, con lo que se privilegia la solución antes que el proceso. Dentro de estos mecanismos previstos en la normatividad nacional, se encuentra la mediación, el cual, es un proceso de carácter autocompositivo, es decir, en el que la solución está a cargo de los sujetos directamente involucrados en el conflicto, por lo tanto, no existe un tercero que emita un fallo sobre el caso tal como se hace en un juicio, proceso que es de carácter heterocompositivo.

La integración de los Mecanismos alternos al texto constitucional de acuerdo con la exposición de motivos de la reforma en materia de seguridad y administración de justicia del año 2008 se da en razón de que:

> Los mecanismos alternativos de solución de controversias son una garantía de la población para el acceso a una justicia pronta y expedita. Estos mecanismos alternos a los procesos jurisdiccionales para la solución de controversias, entre otros la mediación, conciliación y arbitraje, permitirán [...]propiciarán una participación más activa de la población para encontrar otras formas de relacionarse entre sí [...].

Es entonces a partir de esta modificación a la norma, que el acceso a la justicia retoma una connotación más amplia y se le reconoce como un derecho fundamental que debe ser observado por todas las autoridades que estén relacionadas con la impartición

---

8 *Ídem*

de justicia y propiciarse a través de todas aquellas herramientas o medios de los que disponga el Estado.

III. LA MEDIACIÓN COMO FORMA DE GARANTIZAR EL DERECHO HUMANO DE ACCESO A LA JUSTICIA

A partir del texto del artículo 17 constitucional, queda en evidencia el respaldo para garantizar el derecho al acceso a la justicia, ya que en sí mismo contiene dos formas de solución de controversias, por un lado, las que se dan a través de tribunales establecidos y que tienen la facultad de determinar el fin de una situación jurídica y de los involucrados y por otra el acceso a la solución de controversias por medio de un mecanismo alterno donde se visibiliza y privilegia la comunicación y la aceptación de responsabilidad personal de los intervinientes en la controversia y también en la solución a través de acuerdos y reparación.

La mediación como forma de solución de controversias contenida en el texto constitucional a la par del acceso a la justicia, significa que éstos se consideran una vía de garantizar este derecho humano al igual que los procesos judiciales tal como se establece en el siguiente criterio jurisprudencial:[9]

> ACCESO A LOS MECANISMOS ALTERNATIVOS DE SOLUCIÓN DE CONTROVERSIAS, COMO DERECHO HUMANO. GOZA DE LA MISMA DIGNIDAD QUE EL ACCESO A LA JURISDICCIÓN DEL ESTADO. Los artículos 17, segundo párrafo, de la Constitución Política de los Estados Unidos Mexicanos, 8 de la Convención Americana sobre Derechos Humanos y 14 del Pacto Internacional de Derechos Civiles y Políticos, reconocen a favor de los gobernados el acceso efectivo a la jurisdicción del Estado, que será encomendada a tribunales que estarán expeditos para impartir justicia, emitiendo sus resoluciones de manera pronta, completa e imparcial; en ese sentido, la Constitución Federal en el citado artículo 17, cuarto párrafo, va más allá y además de garantizar el acceso a los tribunales previamente establecidos, reconoce, como derecho humano, la posibilidad de que los conflictos también se puedan resolver mediante los

---

9 Tesis: III.2o. C.6 K /2013(10a.), Semanario Judicial de la Federación y su gaceta, Décima Época, Libro 25, octubre de 2013, Tomo III, página 1723.

> mecanismos alternativos de solución de controversias, siempre y cuando estén previstos por la ley. Ahora bien, en cuanto a los mecanismos alternativos de solución de controversias, se rescata la idea de que son las partes las dueñas de su propio problema (litigio) y, por tanto, ellas son quienes deben decidir la forma de resolverlo, por lo que pueden optar por un catálogo amplio de posibilidades, en las que el proceso es una más. Los medios alternativos consisten en diversos procedimientos mediante los cuales las personas puedan resolver sus controversias, sin necesidad de una intervención jurisdiccional, y consisten en la negociación (autocomposición), mediación, conciliación y el arbitraje (heterocomposición). En ese sentido, entre las consideraciones expresadas en la exposición de motivos de la reforma constitucional al mencionado artículo 17, de dieciocho de junio de dos mil ocho, se estableció que los mecanismos alternativos de solución de controversias "son una garantía de la población para el acceso a una justicia pronta y expedita..., permitirán, en primer lugar, cambiar al paradigma de la justicia restaurativa, propiciarán una participación más activa de la población para encontrar otras formas de relacionarse entre sí, donde se privilegie la responsabilidad personal, el respeto al otro y la utilización de la negociación y la comunicación para el desarrollo colectivo"; ante tal contexto normativo, debe concluirse que tanto la tutela judicial como los mecanismos alternos de solución de controversias, se establecen en un mismo plano constitucional y con la misma dignidad y tienen como objeto, idéntica finalidad, que es, resolver los diferendos entre los sujetos que se encuentren bajo el imperio de la ley en el Estado Mexicano.

Un aspecto a rescatar del criterio anterior es el señalamiento de que tantos los mecanismos como los litigios son formas dignas de solución de controversias y ambos tienen como finalidad, además, garantizar el derecho de acceso a la justicia en los términos en los que cada uno esté contemplado en su normatividad especial. La posibilidad de que esto sea así va en función al bloque de convencionalidad y al bloque de constitucionalidad que en México se observa precisamente para hacer asequible los derechos humanos y sus garantías.

Para materializar el acceso a la justicia, el Estado requiere tomar una serie de acciones concretas que pongan a disposición los servicios judiciales de la población en general, insertar en la norma constitucional la creación de los mecanismos alternativos de solución como forma de dirimir controversias judiciales trajo consigo la promulgación de leyes a nivel federal y local, ejemplo de ello es que en 2009 se promulgó la Ley de Justicia Alternativa del estado de Chiapas y en 2014 La Ley Nacional de Mecanismos Alternos de Solución de Controversias en materia penal.

Para efectos del presente documento, nos enfocaremos en uno solo de los mecanismos, la mediación; lo cual nos dará pauta a su análisis en primer momento como forma de garantizar el acceso a la justicia y en segundo como garantía de que dicho acceso se dará libre de discriminación para los pueblos indígenas y con una perspectiva que permita comprender la raíz de sus conflictos y su cosmovisión. Debe tomarse en cuenta que "la convivencia diaria en distintos espacios entre los seres humanos da lugar, a la existencia de conflictos, lo cual, nos dirige hacia la búsqueda de formas para afrontar esas controversias y darles solución a las mismas, entre esas formas encontramos a la mediación".[10]

La Ley de Justicia Alternativa de Chiapas, define a la mediación como un:

> Procedimiento no jurisdiccional, por el cual las personas involucradas en un conflicto, buscan y construyen voluntariamente y de común acuerdo una solución satisfactoria a su controversia, con la asistencia de un tercero imparcial llamado mediador, quien a partir de aislar cuestiones en disputa, y sin formular propuestas de solución, propicia y facilita la comunicación entre las partes durante todo el procedimiento, hasta que éstas lleguen por sí mismas a los acuerdos que pongan fin a la controversia.[11]

Por otra parte, la Ley Nacional de Mecanismos Alternos de Solución de Controversias en materia penal, señala que la mediación es:

> Un mecanismo voluntario mediante el cual los Intervinientes, en libre ejercicio de su autonomía, buscan, construyen y proponen opciones de solución a la controversia, con el fin de alcanzar la solución de ésta. El

---

10 Oseguera N. María J., "Mediación Penitenciaria, estudio comparador México- Argentina", *Revista Criminalia*, Vol. 88, Número 2, agosto 2021, p. 318. *https://www.criminalia.com.mx/index.php/nueva-epoca/article/view/177*

11 Ley de Justicia Alternativa del estado de Chiapas, Diario oficial de la federación 18 de marzo de 2009, art. 2. https://www.sspc.chiapas.gob.mx/leyes/estatal/LEY_DE_JUSTICIA_ALTERNATIVA_DEL_ESTADO_DE_CHIAPAS.pdf

> Facilitador durante la mediación propicia la comunicación y el entendimiento mutuo entre los Intervinientes.[12]

De los conceptos normativos de la mediación puede rescatarse que tiene como base de sus principios la voluntariedad, es decir, que solamente los sujetos directamente involucrados en el conflicto podrán solicitar en los casos que sea procedente dejar el proceso jurisdiccional para dirimir la controversia en una mediación. La aplicación de la mediación puede darse en cualquier ámbito judicial, ya sea familiar, mercantil, civil e incluso penal; cabe señalar que en el ámbito penal la mediación sólo será procedente en delitos culposos, delitos que se persigan por querella o admitan el perdón de la víctima y en delitos patrimoniales cometidos sin violencia, tal como lo establece el Código Nacional de Procedimientos Penales.[13]

Partiendo de la idea anterior es importante señalar, que la mediación no es opuesta a los tribunales, es decir, que no busca desde su esencia resolutiva y pacificadora excluir los procesos judiciales, sino que busca coadyuvar, por una parte a garantizar un acceso a la justicia más pronto y cercano a la sociedad a la vez de descongestionar a los tribunales de aquellas controversias que por su propia naturaleza puedan ser solucionadas a través del diálogo en una mediación y esta es la razón de que ambas formas de solución de controversias coexistan en el mismo texto constitucional con igual relevancia.

---

12 Ley Nacional de Mecanismos Alternos de Solución de controversias en materia penal, Diario oficial de la federación 29 de diciembre de 2014, art. 21. https://www.diputados.gob.mx/LeyesBiblio/pdf/LNMASCMP_200521.pdf

13 Código Nacional de Procedimientos Penal, Diario oficial de la federación 5 de marzo de 2014, art. 187. https://www.diputados.gob.mx/LeyesBiblio/pdf/CNPP.pdf

IV. MEDIACIÓN Y EL ACCESO A LA JUSTICIA DE LOS PUEBLOS INDÍGENAS

Para entender el surgimiento y fines de la mediación indígena es preciso comprender que las personas que se encuentran inmersas en un conflicto no están ajenas a otros factores de su propia existencia, tales como los factores económicos, de edad, de género, de raza, de cultura, entre otros; es decir, que cada uno de estos elementos determinan la posición de la persona frente al conflicto. Es importante entonces, comprender el término interseccionalidad, el cual, de acuerdo con Instituto Nacional de las Mujeres, se define como:

Una categoría de análisis para referir los componentes que confluyen en un mismo caso, multiplicando las desventajas y discriminaciones. Este enfoque permite contemplar los problemas desde una perspectiva integral, evitando simplificar las conclusiones y, por lo tanto, el abordaje de dicha realidad.[14]

Haciendo un análisis de los conflictos desde la óptica de la interseccionalidad, además de los elementos que ya coexisten como la confrontación de necesidades, intereses y posiciones de los intervinientes, sumar uno de los factores anteriormente enunciados puede colocar a la persona en una situación de desventaja, en el caso de las personas pertenecientes a un pueblo indígena pueden ser sujetos de discriminación o incluso violentados en su derecho de acceso a la justicia por factores como sus costumbres, cosmovisión o lengua. De acuerdo con la Convención Internacional sobre la Eliminación de todas las Formas de Discriminación Racial, se entenderá por este término:

> Toda distinción, exclusión, restricción o preferencia basada en motivos de raza, color, linaje u origen nacional o étnico que tenga por objeto o por resultado anular o menoscabar el reconocimiento, goce o ejercicio, en condiciones de igualdad, de los derechos humanos y libertades funda-

---

14 Instituto Nacional de las Mujeres, "interseccionalidad", Glosario por la igualdad. https://campusgenero.inmujeres.gob.mx/glosario/terminos/interseccionalidad

mentales en las esferas política, económica, social, cultural o en cualquier otra esfera de la vida pública.[15]

A la luz de la normatividad internacional, el texto constitucional reconoce a los pueblos indígenas como a continuación se enuncia:

La Nación tiene una composición pluricultural sustentada originalmente en sus pueblos indígenas que son aquellos que descienden de poblaciones que habitaban en el territorio actual del país al iniciarse la colonización y que conservan sus propias instituciones sociales, económicas, culturales y políticas, o parte de ellas.[16]

En términos del artículo 17 constitucional, la procedencia étnica no debe ser un factor de discriminación o desigualdad al garantizar el acceso a la justicia, sin embargo, existen situaciones en las cuales este acceso se ve limitado, por ejemplo, en la disponibilidad de traductores que permitan a las personas pertenecientes a un pueblo indígena comparecer en procesos judiciales o en este caso mecanismos alternativos con la participación de una persona que comprenda su lengua, sus costumbres y formas de vida dentro de su comunidad.

De acuerdo con el Censo Poblacional 2020 del Instituto Nacional de Estadística y Geografía en México existen un total de 68 pueblos indígenas, lo que representa un total de 23.2 millones de personas de tres años y más que se autoidentifican como indígenas, de este total de personas, los hablantes de una lengua son un total de a 7 364 645 millones,[17] lo anterior permite visibilizar que en México gran parte de la población se encuentra identificada y auto adscrita a un pueblo indígena, por lo tanto, la observancia del acceso a la justicia desde la óptica de la interseccionalidad

---

15 Convención Internacional sobre la Eliminación de todas las Formas de Discriminación Racial, 4 de enero de 1969, art. 1. https://www.ohchr.org/es/instruments-mechanisms/instruments/international-convention-elimination-all-forms-racial

16 Constitución política...*op.cit.*, art. 2

17 Censo Nacional de Población 2020...*op.cit.*

resulta relevante y necesaria en cumplimiento de dar garantía de acceso a este derecho humano.

Ahora bien, para comprender a la mediación indígena, debe diferenciarse esta de la mediación comunitaria y de la mediación intercultural, la primera de ellas se define de la siguiente forma:

> La mediación comunitaria es el procedimiento voluntario mediante el cual un tercero ofrece un espacio de diálogo, en el que utilizando técnicas y habilidades en la resolución de conflictos benefician a la comunidad, fomentando la solidaridad, reciprocidad, responsabilidad y el sentido de pertenencia de los miembros de la comunidad, bajo las reglas que determinan la moral y el orden público, con la finalidad de alcanzar la justicia social.[18]

La mediación comunitaria entonces, es una forma de solucionar conflictos entre miembros de una comunidad con la finalidad de mejorar sus relaciones como integrantes de esta, dentro de este tipo de mediación no puede decirse que exista algún tipo de interés litigioso o judicial, ya que va dirigido a la justicia social, es decir, en la mejora como grupo con necesidades e intereses en común.

Por otra parte, en lo que respecta a la mediación intercultural, esta puede definirse como aquella forma de resolución de conflictos que tiene de acuerdo con Rossi los siguientes objetivos:[19]

a. Alinear situaciones en las cuales hay un desequilibrio de poder.
b. Construir un diálogo que pueda ser entre pares, y donde las partes puedan hacer valer su subjetividad, intereses y necesidades y así sus derechos.

---

[18] Gorjón G., Gabriel y Sauceda V., Brenda, Mediación Comunitaria. Tipología de conflictos por convivencia vecinal, p. 34. http://eprints.uanl.mx/18507/1/LIBRO%20MEDIACI%C3%93N%20COMUNITARIA.pdf

[19] Rossi, Valentina, Mediación Intercultural, Traducción entre culturas: una herramienta para una educación intercultural como proceso y proyecto, Universidad de Bologna, Italia, p. 6

c. Promocionar el reconocimiento del otro como interlocutor válido favoreciendo la comprensión y comunicación recíproca.
d. Superar barreras (lingüísticas y culturales) que impidan la relación.
e. Promocionar la convivencia.
f. Reducir y eliminar la discriminación, la creación de estereotipos y prejuicios.
g. Hacer efectivo el enriquecimiento mutuo entre diferentes culturas.
h. Promocionar el conocimiento intercultural.
i. Ganar eficacias en el acceso y uso de los servicios.
j. Facilitar la cooperación.
k. Prevenir, regular y/o resolver conflictos.

Partiendo de la idea anterior, la mediación intercultural busca salvar aquellas brechas que se forman entre personas debido a sus diferencias de origen como lengua o costumbres y al igual que la mediación comunitaria no tiene objetivos judiciales, ya que se resuelven conflictos de personas que comparten un mismo espacio o territorio sin que esto tenga una implicación jurídica.

Una vez comprendidos los dos conceptos anteriores, la mediación indígena por el contrario si tiene efectos jurídicos, ya que puede tratarse de un conflicto de carácter civil, familiar o penal que debe ser resuelto desde una óptica especial. En México de acuerdo con el *World Justice Project*, La mediación indígena es un modelo que inició en Hidalgo en 2007 y se define como:

> Una vía para resolver un conflicto, distinta a la que se ofrece en las agencias ministeriales y en los juzgados y, también, distinta a las formas internas comunitarias de resolución de conflictos. Las personas que acuden a los centros de mediación indígena (formalmente llamados centros de justicia alternativa) pertenecen a alguna comunidad indígena.[20]

---

[20] World Justice Project, Mediación Indígena: acercando la justicia, noviembre 2021, p. 5. https://worldjusticeproject.mx/wp-content/uploads/2021/11/Reporte-Mediacio%CC%81n-Indi%CC%81gena.pdf

En un inicio el programa de mediación indígena no contaba con un reconocimiento normativo, ya que hasta 2008 el estado contó con una ley en materia de mecanismos alternativos de solución de controversias y en el año 2013 se añadió a ésta la mediación indígena basándose en los resultados obtenidos durante cinco años de aplicación previamente a la publicación de esta última ley.

La Ley de Mecanismos Alternativos de Solución de Controversias del Estado de Hidalgo señala sobre la mediación indígena que constituye un "método de solución alternativa de controversias, a través del cual se pueden realizar procesos de negociación, conciliación y justicia restaurativa, de conformidad con lo dispuesto en esta Ley y los usos y costumbres de la comunidad a la que pertenezcan los interesados".[21] Además de lo anterior dicha norma establece que:

> La mediación Indígena será regulada por los lineamientos y principios establecidos en esta Ley, aplicando, en lo que no se le contraponga, los sistemas normativos, prácticas tradicionales y formas específicas de organización social de las comunidades y pueblos indígenas, conservando en todo momento la dignidad e integridad de las mujeres, niños y grupos en estado de vulnerabilidad.[22]

Un aspecto interesante que prevé la ley es que la mediación indígena puede llevarse a cabo en el Centro del Poder Judicial y sus sedes regionales o bien mediante organizaciones sociales de la comunidad indígena, previo acuerdo del Consejo de la Judicatura.[23] Esta apertura a las organizaciones sociales puede considerarse como un mecanismo de garantía del acceso a la justicia, ya que permite entonces en prima facie a los propios integrantes

---

21 Ley de Mecanismos Alternativos de Solución de Controversias para el estado de Hidalgo, publicado en el periódico oficial el 2 de septiembre de 2013, art. 60. http://www.congreso-hidalgo.gob.mx/biblioteca_legislativa/leyes_cintillo/Ley%20de%20Mecanismos%20Alternativos%20de%20Solucion%20de%20Controversias%20para%20el%20Estado%20de%20Hidalgo.pdf

22 Ídem.

23 Ley de Mecanismos Hidalgo... *op.cit.,*. art. 61.

del pueblo o comunidad indígena ser facilitadores de procesos de mediación, lo que por supuesto fortalece el conocimiento del facilitador de aspectos como usos y costumbres, lengua, creencias, entre otros aspectos que influyen tanto en el surgimiento del conflicto como en la búsqueda de solución del mismo.

Los pueblos indígenas poseen el derecho de tener acceso a la jurisdicción del Estado, y al ser éste el obligado a generar condiciones de respeto y garantía de derechos como el acceso a la justicia, contemplar a la mediación pero aún más, contemplarla desde la óptica de la interseccionalidad fortalece no solamente el reconocimiento de los pueblos indígenas, sino la garantía de acceder a un sistema de justicia que resulte comprensivo de su idiosincrasia, dotándoles de herramientas como los intérpretes y la posibilidad de resolver conflictos entre los mismos integrantes de la comunidad que tendrán efectos jurídicos al estar reconocidos dentro de la norma.

V. CONCLUSIÓN

El acceso a la justicia es un derecho humano esencial para la existencia de un estado social de derecho, por lo cual, su respeto y garantía representa para el Estado una serie de obligaciones, garantizar este acceso a los pueblos indígenas implica tomar en consideración otros factores propios de esta población por lo cual, debe tomarse en consideración lo siguiente:

- El acceso a la justicia implica para el Estado una obligación de respeto y a la vez de garantía
- Garantizar el acceso a la justicia requiere de acciones normativas, gubernamentales e institucionales
- El acceso a la justicia de los pueblos indígenas debe darse en total respeto y reconocimiento de sus usos y costumbres
- Los mecanismos alternativos de solución de controversias representan una herramienta de garantía de acceso a la justicia de igual relevancia que los procesos jurisdiccionales

- La aplicación de los mecanismos alternativos de solución de controversias como medio de acceso a la justicia requieren una óptica interseccional que permita ser un proceso cercano y garante de derechos humanos
- La mediación indígena debe ser una forma de resolución de controversias que observe y respete los usos y costumbres, así como los derechos lingüísticos de los pueblos indígenas.

Es inaplazable contribuir a poner en contexto los diversos aspectos jurídicos que inciden en la protección y garantía de los derechos humanos de las personas indígenas, para que las inercias que aun provocan discriminación y afectan profundamente su dignidad sean superadas, una buena práctica es poner en marcha la mediación en contextos indígenas, como una forma de acceder a la justicia.

VI. FUENTES DE INVESTIGACIÓN

Censo Nacional de Población 2020, Instituto Nacional de Estadística y Geografía, comunicado de prensa núm. 430/22, 8 de agosto de 2022.

Gorjón G., Gabriel y Sauceda V., Brenda, Mediación Comunitaria. Tipología de conflictos por convivencia vecinal. http://eprints.uanl.mx/18507/1/LIBRO%20MEDIACI%C3%93N%20COMUNITARIA.pdf

Instituto Nacional de las Mujeres, "interseccionalidad", Glosario por la igualdad. https://campusgenero.inmujeres.gob.mx/glosario/terminos/interseccionalidad

Maldonado M., Teresa, "Acceso a la justicia", Comisión Económica para América Latina. https://www.cepal.org/sites/default/files/events/files/10_tmaldonado.pdf

Oseguera N., María J., Mediación Penitenciaria, estudio comparador México-Argentina, Revista Criminalia, Vol. 88, Número 2, agosto 202.

Rossi, Valentina, Mediación Intercultural, Traducción entre culturas: una herramienta para una educación intercultural como proceso y proyecto, Universidad de Bologna, Italia, p. 6.

World Justice Project, Mediación Indígena: acercando la justicia, noviembre 2021, p. 5. https://worldjusticeproject.mx/wp-content/uploads/2021/11/Reporte-Mediacio%CC%81n-Indi%CC%81gena.pdf

Semanario Judicial de la Federación

Tesis: III.2o. C.6 K /2013(10a.), Semanario Judicial de la Federación y su gaceta, Décima Época, Libro 25, octubre de 2013, Tomo III, página 1723.

Legislación

Código Nacional de Procedimientos Penal, Diario oficial de la federación 5 de marzo de 2014. https://www.diputados.gob.mx/LeyesBiblio/pdf/CNPP.pdf

Constitución Política de los Estados Unidos Mexicanos, Diario Oficial de la Federación 18 de noviembre de 2022. https://www.diputados.gob.mx/LeyesBiblio/pdf/CPEUM.pdf

Convención Americana sobre Derechos Humanos, Comisión Nacional de Derechos Humanos. https://www.cndh.org.mx/sites/default/files/doc/Programas/TrataPersonas/MarcoNormativoTrata/InsInternacionales/Regionales/Convencion_ADH.pdf

Convención Internacional sobre la Eliminación de todas las formas de Discriminación racial, 4 de enero de 1969. https://www.ohchr.org/es/instruments-mechanisms/instruments/international-convention-elimination-all-forms-racial

Declaración Universal de los Derechos Humanos. https://www.un.org/es/about-us/universal-declaration-of-human-rights

Ley de Justicia Alternativa del estado de Chiapas, Diario oficial de la federación 18 de marzo de 2009. https://www.sspc.chiapas.gob.mx/leyes/estatal/LEY_DE_JUSTICIA_ALTERNATIVA_DEL_ESTADO_DE_CHIAPAS.pdf

Ley Nacional de Mecanismos Alternos de Solución de controversias en materia penal, Diario oficial de la federación 29 de diciembre de 2014. https://www.diputados.gob.mx/LeyesBiblio/pdf/LNMASCMP_200521.pdf

Ley de Mecanismos Alternativos de Solución de Controversias para el estado de Hidalgo, publicado en el periódico oficial el 2 de septiembre de 2013. http://www.congresohidalgo.gob.mx/biblioteca_legislativa/leyes_cintillo/Ley%20de%20Mecanismos%20Alternativos%20de%20Solucion%20de%20Controversias%20para%20el%20Estado%20de%20Hidalgo.pdf

LOS DERECHOS HUMANOS Y EL ACCESO A LA JUSTICIA DE LAS PERSONAS INDÍGENAS EN MÉXICO

Víctor Manuel Arcos Vélez*
Martin Eduardo Salmerón García**
Abundio González Reyes***

SUMARIO: I. Introducción. II. Los derechos humanos, su inserción en nuestra legislación. III. Análisis y contrastación de la legislación y las formas de justicia tradicional. IV. Conclusiones. V. Fuentes de investigación.

I. INTRODUCCIÓN

En el escenario jurídico, la discusión de la fundamentación del derecho, como un atributo inherente a la persona, o como una facultad de la autoridad competente para establecer el parámetro de lo legal, ha evolucionado, desde su concepción de los naturalistas (Todos los juristas, necesariamente serían naturalistas, hasta la aparición del positivismo) que tras el enfrentamiento se llegó a un feliz acuerdo, los derechos naturales o derechos humanos, solo son concebibles en su validez cuando se insertan como medio de garantía en una legislación, esto es cuando se positivada en la ley,

* Profesor Investigador de Tiempo Completo de la Universidad Autónoma de Guerrero (UAGro), de la Licenciatura y el Posgrado en Derecho, programa inscrito en el SNP-SEG, Integrante del Sistema Nacional de Investigadores, como Candidato a Investigador Nacional CONAHCYT México, Doctor en Derecho, Correo electrónico 09442@uagro.mx Orcid: 0000-0002-1642-6570.

** Estudiante del Posgrado en Derecho de la Universidad Autónoma de Guerrero (UAGro) inscrito en el programa de Doctorado en Derecho.

*** Estudiante del Posgrado en Derecho de la Universidad Autónoma de Guerrero (UAGro) inscrito en el programa de Doctorado en Derecho.

preferentemente a nivel constitucional aun cuando se extiende a todo tipo de legislación, acto o función de autoridad, por medio de la armonización legislativa de las Constituciones de las entidades federativas con la Constitución Federal y normas supremas que de ella se desprenden.

Es entonces que el derecho natural ha encontrado su ubicación perfecta como derecho fundamental reconocido e incluido en la legislación internacional, como resultado de los acuerdos, convenciones y tratados que son convenidos y firmados por los estados soberanos, y de ahí su extensión hacia las legislaciones nacionales en donde son armonizadas e incluidas en todas las expresiones legislativas permitiendo la universalización de los principios que de forma preferente y superior resultan aplicables al ser humano sin distinción, por el solo hecho de ser un ente humano.

En nuestro país, como consecuencia de una sentencia emitida en el sistema iberoamericano de derechos humanos, fue necesario hacer compatible el criterio de ese órgano y reformar a nuestra Constitución en artículo primero el 6 de junio de 2011, es así que se constitucionalizo el derecho de todas las personas al acceso a los Derechos Humanos, como eje central de toda actividad del Estado Mexicano y transversalmente la obligación de salvaguardar los mecanismos de garantía para su vigencia, promoción, respeto, protección indivisible y progresiva.

Estos derechos fundamentales están enfocados a la protección de las personas que se encuentren en mayor riesgo de vulnerabilidad, entre ellos las personas pertenecientes a los pueblos originarios en México, cuyo fundamento constitucional el artículo 2° fue positivado en 14 de agosto del año dos mil uno, mediante el cual identifica a aquellos que se identifiquen a sí mismo como indígenas por hablar una lengua originaria, tener identidad social, cultural y tradiciones o bien que se auto adscriban por una acción afirmativa, aun cuando vivan en comunidades alejadas de las originarias catalogadas como indígena, poblaciones que por cierto y por muchas generaciones se han ubicado en las regiones más rezagadas, principalmente en los estados de Chiapas, Oaxaca, Guerrero y Puebla, aún cuando de manera considerable tienen presencia mediana en Michoacán, Colima, Nayarit, Tlaxcala e Hidalgo, descendiendo el porcentaje de su población en el resto de la nación mexicana, aun cuando es perfectamente posible aseverar que encontramos nuestras raíces originarias en todas y cada una de las entidades federativas del territorio de la República Mexicana.

Para poder lograr nuestros objetivos se realizó un análisis de los registros de población, las actividades que desarrollan, su impacto en la producción de bienes y servicios, su acceso a la justicia y la percepción que de su cultura tienen quienes con ellos comparten las regiones en que habitan, a partir de la interrogante ¿es posible hacer compatible el derecho mexicano con los usos, costumbres y tradiciones de los pueblos indígenas? ¿los usos y costumbres, reúne los requisitos objetivos para poder denominarse derecho? ¿hasta dónde alcanzan las fuentes, la dogmática y la hermenéutica del denominado derecho indígena?

Es por ello que se pone el empeño correspondiente en tratar de hacer un estudio sociológico y etnográfico de alcance nacional, para establecer en donde se encuentran y cuál es la situación actual de su acceso a los medios de garantía de los derechos fundamentales aplicables a los usos, costumbres y practicas jurídicas indígenas.

II. LOS DERECHOS HUMANOS, SU INSERCIÓN EN NUESTRA LEGISLACIÓN

El derecho es una construcción social, que responde a las necesidades económicas, culturales y principios morales, practicadas por una población en un lugar y tiempo determinados, reconociendo tener un poder soberano para auto limitarse y auto determinarse, dotándose de instituciones sólidas, permanentes, justas y equitativas, válidas para el aseguramiento de sus libertades.

La facultad de auto limitarse, corresponde a las autoridades que hacen uso de las instituciones para procurar el bien común, siendo el límite, el respeto a los derechos personalísimos del individuo, su familia, su domicilio, su patrimonio, sus derechos y todos aquellos derechos inherentes a la condición humana, a la que le llamamos ordinariamente, derechos humanos, los cuales deben ser según nuestra Constitución "promovidos, respetados, protegidos y garantizados….de conformidad con los principios de universalidad, interdependencia, indivisibilidad y progresividad…prevenir, investigar sancionar y reparar sus violaciones"[1]

La facultad de auto determinarse, para establecer de forma soberana, la forma de su gobierno, los poderes y las instituciones que le darán vigencia y permanencia en un tiempo y lugar determinado, cuidando de responder a las necesidades de la sociedad que le da sustento y vigencia como estado nacional en el concierto de las naciones independientes.

Entre las instituciones fundamentales está el estado de derecho, mediante el cual se establecen principios básicos como son el reconocimiento de la validez de los derechos fundamentales de los individuos, que también conocemos como derechos humanos.

Haciendo un análisis histórico, encontramos el origen de los denominados "Derechos Humanos" como un derivado del derecho natural, lo analizó Aristóteles (336 a.c.) en su obra "La Política" Libro primero, discursa de la siguiente forma;

> *"La mejor forma de ver las cosas…es verlas en su desarrollo natural… quienes no pueden existir el uno sin el otro, como son el varón y la mujer… ya que el hombre, no menos que los animales…hay un deseo natural….la unión entre los que por naturaleza deben respectivamente mandar y obedecer…por lo cual el amo y el esclavo tienen el mismo interés …la mujer y el esclavo difieren por naturaleza …sin embargo la mujer y el esclavo tienen el mismo rango…esta puesto en la razón que los griegos manden a los barbaros …es lo mismo ser bárbaro que ser esclavo…*[2]

---

1 Constitución Política de los Estados Unidos Mexicanos actualizada, Artículo 1°, versión actual producto de la reforma de 6 de junio de 2011, que obliga a reconocer los derechos humanos, como eje sobre el cual se aplican todas las acciones de garantía para su concreción progresiva, en términos de los principios que contiene dicho dispositivo constitucional.

2 Aristóteles, "La Política" Libro primero, Ed. Porrúa. Reimpresión México 2016.

En este sentido pues es que por medio de la razón se justifican actos y conductas para someter a los individuos a un estado de degradación, que si bien, carecen de derechos civiles, e incluso se les da el carácter de cosas, en el sentido de bienes de apropiación, de la cual se puede dar destino a voluntad de su dueño, pero existía un límite, no se podía maltratar, destruir o menoscabar su estructura, como una forma de respeto a la propia e intrínseca estructura humana, una forma precaria de derecho, pero derecho al fin.

El Derecho Romano, origen de nuestras instituciones fundamentales, en el periodo de la Monarquía, desarrolló el derecho consuetudinario génesis del actual modelo de derecho aplicado en el common law anglosajón actual;

En el periodo de la República el ius civile, ius gentium, ius honorarium, agregando la justificación del sistema de producción a través del sometimiento de los esclavos, que fue justificado en su origen griego, se trasladó el sistema al periodo del Principado, y posteriormente las glosas del dominatio o Imperio de oriente, compilaciones de los Códigos, Las Constituciones, las novelas y la magna obra del Código de Justiniano, fueron heredadas tras la caída del Imperio de Occidente a los derechos Canónico y derecho Bárbaro-Romanorum, en lo que hoy es Alemania y Francia.

Así en la obra "Las Instituciones" de Justiniano, se clasifica al derecho romano, en los preceptos de derecho natural, derecho de gentes y derecho civil,[3] en los cuales se cita que el derecho natural proviene de la voluntad divina y es compatible con la idea de los justo y respeto a la estructura y función natural de las cosas y el orden que en ellos se establece, citan a Ulpiano, afirmando que dice que el derecho natural está integrado por todas las leyes naturales aplicables a los seres animados, como la unión de los sexos; el cuidado y protección a los semovientes y entes (individuos) sometidos al estado de degradación por captura del enemigo, insolvencia por indolencia, pena por delito, pero que podían

---

3 Morineau Martha. e Iglesias R. "Derecho Romano" Ed. Harla, México 1992. Pp. 32

ser redimidos por manumiso, por voluntad de su dueño de forma directa en inscripción en el censo o testamentaria, pero en todo caso no podía ser maltratado, amputado o muerto, porque aun siendo cosa, tiene imagen humana, por ello por mandato de un pretor podía ser obligado su dueño a venderlo o bien entregarlo en colonato o servidumbre, por ello la "*condición de esclavo más parece una institución creada artificialmente que por una ley natural*"[4]

El Aristotelismo naturalista, no encontró otro postulado que lo contradijera, esto llevó a todos los estudiosos del derecho hasta el siglo XVII a ser "naturalistas" porque no existía otra forma de concebir el derecho, con ello la trasmisión de las formas excluyentes, denigrantes, clasificación y cosificación de bienes y personas con justificación de orden natural de las cosas, que se han heredado hasta nuestros días en legislaciones con instituciones civiles, exclusivistas y excluyentes, como lo fueron la declaración de los derechos del hombre y el ciudadano y la justificación del contrato social Roussoniano y la visión de John Look en su ensayo sobre el gobierno civil;[5]

> "El hombre ha nacido libre y sin embargo vive en todas partes entre cadenas...el orden social constituye un derecho sagrado ...sin embargo no es un derecho natural, está fundado en convenciones..."[6] "El hombre, en estado de naturaleza, consigue poder sobre otro, mas no poder arbitrario...al transgredir la ley de la naturaleza ...autoriza a cada uno..a preservar a la humanidad".[7]

---

4 Ulpiano https://lavozdelderecho.com/index.php/actualidad-2/corrup-3/item/2621-viejos-conceptos-actuales-6-ulpiano-el-derecho-la-justicia-y-la-esclavitud, En www.LaVozdelDerecho.com de HERNÁNDEZ G. México 15 de Sept. 2013.

5 Looke John, Ensayo sobre el Gobierno civil, Ed. Porrúa, Colección Sepan cuantos México 2013. Pp. 3 y ss.

6 Rousseau J. El Contrato Social, Estudio Preliminar Moreno D. Ed. Porrúa México 2013 pp. 3 y ss.

7 Looke John. Ibídem.

Cuando surge el positivismo a finales del siglo XIX[8] como corriente alterna para explicar, el origen de los conceptos jurídicos como una facultad de un órgano del estado con competencia para establecerlo y sancionar su inobservancia, como consecuencia dejó de justificarse como derecho subjetivo y empezó a establecerse como concepto objetivo a la ley y el derecho personal como atributo subjetivo individual.

Esta diferencia de enfoque trajo como consecuencia la discusión de si debe prevalecer el derecho natural, por ser inmanente a la criatura humana o el derecho positivo por ser un acto de razonamiento científico y metodológico.

Como consecuencia, quienes investigaban el origen de las leyes, su valor filosófico, su función técnica, su valor moral, su contenido lógico y sistemático y tras de una serie constante de enfrentamientos entre escuelas de derecho y de cuya trascendencia elegimos la teórica explicativa, en palabras de Agatino Cariola.

> La contraposición entre derecho natural y positivo se demostraría desde una perspectiva ulterior, en cuanto que el segundo sería extremadamente relativo e histórico, mientras que el primero constituiría una verdadera y propia categoría lógica, con contenidos constantes y sin límites de orden temporal, en cuanto inscritos, exactamente, en un pretendido orden natural, casi físico, que sin duda podría ser indagado y comprendido por el sujeto, pero que no es elaborado por él. El hombre sólo podría descubrirlo o inventarlo, en el significado latino de encontrarlo, pero jamás formarlo o crearlo… en la eventual contraposición entre valoraciones referentes a la esfera del llamado derecho natural y juicios que derivan, en cambio, de las normas o de las leyes vigentes, son estas últimas las que prevalecen y las que encuentran aplicación…[9]

Es por ello que los derechos humanos después de tanto años de confrontación encontraron una oportunidad de coincidencia en el derecho internacional, cuando las naciones a través de sus

---

8 Botero-Bernal, Andrés, El Positivismo Jurídico en la Historia, Jurídicas UNAM htm-3875 pp. 63-148

9 Cariola Agatino, El Derecho Natural y la Historia, La afirmación de la libertad de conciencia en el Estado democrático. Revista de Estudios Políticos abril-junio 2002. https://www.revistas.unam.mx/index.php/rep/about

delegados plenipotenciarios armonizaron los principios naturales con su positivización en los ordenamientos nacionales, es así que un nuevo derecho ha surgido después de la Segunda Guerra Mundial concluida en 1948, cuyos productos son los tratados, convenios, acuerdos, convocados por las instituciones garantes de la contención y concordia en los estatutos de la Organización de las Naciones Unidas (ONU) Organización Internacional del Trabajo (OIT) Organización de los Estados Americanos (OEA) y Tribunales Internacionales y Regionales, como son el Sistema Iberoamericano de Derechos Humanos, compuesto por la Comisión Iberoamericana y la Corte Iberoamericana de Derechos Humanos, como lo enuncia Silva Fernando (2018)[10] que de las sentencias que emite sobre asuntos que se relacionan con la ineficacia de los estados para impedir afectaciones a los derechos de las personas, aun cuando se justifiquen en causas contenidas en las legislación constitucional y sus ordenamientos derivados de ella, no pueden estar por encima de los derechos de las personas.

Es por ello que los acuerdos, convenios y tratados internacionales, son el recipiendario de los derechos humanos, que sirven de norma orientadora para atender a los grupos en estado de vulnerabilidad entre las más importantes instituciones son sin duda la Organización Mundial del Trabajo, que en acción transversal trata no solo lo relacionado con el derecho humano de las personas al trabajo digno, pero que también incursiona en los asuntos relativos a los derechos de la sociedad indígena y tribal como parte de la extensión pro persona del derecho humano a todas las personas y la garantía de respeto de la persona y su entorno, sus recursos y aprovechamiento y la organización social, el contenido de la convención 169 de la OIT nos dice entonces que:

> Convenio 169 de la OIT del 7 junio 1989, en su septuagésima sexta reunión; Recomendación sobre poblaciones indígenas y tribales, 1957; Parte I. Política General Parte II. Tierras, Parte III. Contratación y Condiciones de Empleo Parte IV. Formación Profesional, Artesanía e Industrias

---

10 Silva García Fernando, Derechos Humanos, efectos de las Sentencias Internacionales, Ed. Porrúa, México 2018, (Presentación).

> Rurales Parte V. Seguridad Social y Salud Parte VI. Educación y Medios de Comunicación, Parte VII. Contactos y Cooperación a Través de las Fronteras Parte VIII. Administración, Parte IX. Disposiciones Generales. Artículo 1 1. El presente Convenio se aplica: a) a los pueblos tribales en países independientes, cuyas condiciones sociales, culturales y económicas les distingan de otros sectores de la colectividad nacional, y que estén regidos total o parcialmente por sus propias costumbres o tradiciones o por una legislación especial; b) a los pueblos en países independientes, considerados indígenas por el hecho de descender de poblaciones que habitaban en el país o en una región geográfica a la que pertenece el país en la época de la conquista o la colonización o del establecimiento de las actuales fronteras estatales y que, cualquiera que sea su situación jurídica, conservan todas sus propias instituciones sociales, económicas, culturales y políticas, o parte de ellas;... Artículo 9 1. En la medida en que ello sea compatible con el sistema jurídico nacional y con los derechos humanos internacionalmente reconocidos, deberán respetarse los métodos a los que los pueblos interesados recurren tradicionalmente para la represión de los delitos cometidos por sus miembros. 2. Las autoridades y los tribunales llamados a pronunciarse sobre cuestiones penales deberán tener en cuenta las costumbres de dichos pueblos en la materia. 1. Cuando se impongan sanciones penales previstas por la legislación general a miembros de dichos pueblos deberán tenerse en cuenta sus características económicas, sociales y culturales. Parte II. Tierras 2. La utilización del término tierras en los artículos 15 y 16 deberá incluir el concepto de territorios, lo que cubre la totalidad del hábitat de las regiones que los pueblos interesados ocupan o utilizan de alguna otra manera. 2. Los gobiernos deberán tomar las medidas que sean necesarias para determinar las tierras que los pueblos interesados ocupan tradicionalmente y garantizar la protección efectiva de sus derechos de propiedad y posesión...[11]

La Nación Mexicana acorde con lo pactado en el Convenio 169 de la OIT en 14 de agosto de 2001, estableció una reforma, insertando el artículo 2°, que en síntesis expone:

> "Artículo 2o. La Nación Mexicana es única e indivisible. La Nación tiene una composición pluricultural sustentada originalmente en sus pueblos indígenas que son aquellos que descienden de poblaciones que habitaban en el territorio actual del país al iniciarse la colonización y que conservan sus propias instituciones sociales, económicas, culturales y políticas...El derecho de los pueblos indígenas **a la libre determinación** se

[11] CONVENIO 169 OIT. *https://www.gob.mx/cms/uploads/attachment/file/30118/Convenio169.pdf* de 07 de junio de 1989.

ejercerá en un marco constitucional de autonomía que asegure la unidad nacional...Esta Constitución reconoce y garantiza el derecho de los pueblos y las comunidades indígenas a la libre determinación y, en consecuencia, **a la autonomía para**.. Elegir de acuerdo con sus normas, procedimientos y prácticas tradicionales, a las autoridades o representantes para el ejercicio **de sus formas** propias de gobierno interno, ... En ningún caso las prácticas comunitarias podrán limitar los derechos político-electorales de los y las ciudadanas en la elección de sus autoridades municipales... Acceder, con respeto a las formas y modalidades de propiedad y tenencia de la tierra establecidas en esta Constitución y a las leyes de la materia, Las constituciones y leyes de las entidades federativas establecerán las características de libre determinación y autonomía...Consultar a los pueblos indígenas en la elaboración del Plan Nacional de Desarrollo y de los planes de las entidades federativas, de los Municipios...Esta Constitución reconoce a los pueblos y comunidades afro mexicanas, cualquiera que sea su auto denominación, como parte de la composición pluricultural de la Nación...[12]"

En un ejercicio de armonización ante esta reforma, la Constitución del Estado Libre y Soberano de Guerrero, estableció en su constitución:

DE LOS DERECHOS DE LOS PUEBLOS INDÍGENAS Y AFROMEXICANOS...El Estado de Guerrero sustenta su identidad multiétnica, plurilingüística y pluricultural en sus pueblos originarios indígenas particularmente los nahuas, mixtecos, tlapanecos y amuzgos, así como en sus comunidades afro mexicanas...Esta Constitución reconoce y garantiza el derecho a la libre determinación y autonomía de los pueblos indígenas y afro mexicanos...Se reconocen como derechos de los pueblos indígenas y afro mexicanos...Decidir sus formas internas de convivencia y de organización social, económica, política y cultural;... Aplicar sus propios sistemas normativos en la regulación y solución de sus conflictos internos, con sujeción a lo dispuesto en el orden constitucional y legal;... *Elegir, de acuerdo con sus normas, procedimientos y prácticas tradicionales, a sus autoridades políticas o representantes, y garantizar la participación de las mujeres*...Acceder plenamente a la jurisdicción del Estado, tomando en consideración sus usos, costumbres y demás especificidades culturales...*La ley establecerá las bases para una adecuada delimitación de competencias en las materias de seguridad pública e impartición de justicia y de los mecanismos legales de vincu-*

12 Constitución Política de los Estados Unidos Mexicanos, Artículo 2° Reforma Constitucional de 14 de agosto de 2001. Ver https://www.diputados.gob.mx/LeyesBiblio/pdf/CPEUM.pdf.

lación y coordinación entre los sistemas normativos indígenas y el sistema jurídico estatal, para que los pueblos indígenas y afroamericanos apliquen sus propios sistemas normativos. *Tratándose de delitos que afecten bienes jurídicos propios de un pueblo o comunidad indígena o afroamericana, o bienes personales de alguno de sus miembros, se estará a lo dispuesto por la legislación nacional aplicable....*[13]

Desprendiéndose de la Constitución local, se formalizó la ley 701 la cual quedó sin vigencia cuando se estableció la nueva constitución antes citada.

Las comunidades indígenas del Estado de Guerrero tendrán personalidad jurídica para ejercer los derechos establecidos en la presente Ley... Esta Ley reconoce y protege a las autoridades tradicionales de las comunidades indígenas, nombradas por sus integrantes de acuerdo a sus propias costumbres...Es indígena la persona que así lo reivindique, aunque por diversas razones no resida en su comunidad de origen...Para el tratamiento de las faltas cometidas por menores indígenas, se atenderá a lo dispuesto por las leyes de la materia y este ordenamiento, debiendo siempre la autoridad preferir las formas alternativas de sanción que no sean privativas de libertad, y que se realicen cerca de la comunidad a la que pertenece el menor infractor...Esta Ley reconoce y garantiza el derecho de los pueblos y las comunidades indígenas del Estado a la libre determinación y, en consecuencia, a la autonomía, para: I. Decidir sus formas internas de convivencia y organización social, económica, política y cultural. II. Aplicar sus sistemas normativos internos en la regulación y solución de sus conflictos internos, ... *A fin de garantizar a los pueblos y comunidades indígenas el efectivo acceso a la impartición de justicia en los procesos penales, civiles, administrativos o de cualquier otra naturaleza, que se desarrolle en forma de juicio* y en el que, con cualquier carácter, intervenga uno o más integrantes de algún pueblo o comunidad indígena que ignoren el idioma español, éste o éstos deberán contar con un traductor bilingüe...Cuando en los procedimientos intervengan personas colectivas o individuales indígenas, las autoridades administrativas, jueces y agentes del Ministerio Público, aplicarán las leyes estatales vigentes, tomando en cuenta las normas internas de cada pueblo y comunidad, que no se opongan a las primeras...El Estado de Guerrero reconoce la existencia y la validez de sistemas normativos internos de los pueblos y comunidades indígenas con características propias y específicas en cada uno, basados

---

13 Constitución Política del Estado Libre y Soberano de Guerrero, Reforma Integral de 29 de abril de 2014, Artículos 8 a 14 ver en: *https://congresogro.gob.mx/legislacion/CONSTITUCION-GUERRERO-15-06-2022.pdf*

> en sus usos, costumbres y tradiciones ancestrales...En el Estado, dichos sistemas se consideran actualmente vigentes y en uso y tienen como objeto, además de las ya mencionadas, abatir la delincuencia, erradicar la impunidad y rehabilitar y reintegrar social de los trasgresores, en el marco del respeto a los derechos humanos,... El procedimiento jurisdiccional para la aplicación de la justicia indígena, será el que cada comunidad estime procedente de acuerdo con sus usos, tradiciones y costumbres; con las límites que el estado de derecho vigente impone a la autoridad, a fin de que se garantice a los justiciables el respeto a sus garantías individuales y derechos humanos, en los términos que prevengan las leyes de la materia...Conforme a lo previsto en Ley 281 de Seguridad Pública del Estado de Guerrero y al orden de supletoriedad y objeto de la seguridad pública en ella establecidos, esta Ley confirma el reconocimiento de la Policía Comunitaria, respetando su carácter de cuerpo de seguridad pública auxiliar del Consejo Regional de Autoridades Comunitarias. Consecuentemente, los órganos del poder público y los particulares, respetarán sus actuaciones en el ejercicio de sus funciones como actos de autoridad...El Consejo Regional de Autoridades Comunitarias y la Policía Comunitaria formarán parte del Sistema Estatal de Seguridad Pública. La autoridad competente podrá remitir a la custodia del Consejo, a los indígenas sentenciados por delitos del fuero común para que cumplan su condena y se rehabiliten socialmente conforme a las normas que para tal efecto ha establecido el Consejo y que tutela el Código Penal del Estado....Las decisiones tomadas por las autoridades de los pueblos y comunidades indígenas, con base en sus sistemas normativos internos, dentro de sus ámbitos jurisdiccionales, deberán ser respetadas por las autoridades estatales respectivas... Para determinar la competencia de las autoridades indígenas, se observarán las siguientes reglas: I. Es competente la autoridad indígena del lugar en donde se cometió la infracción; y II. Tratándose de bienes, la del lugar en donde se ubiquen los bienes materia de la controversia...[14]

III. ANÁLISIS Y CONTRASTACIÓN DE LA LEGISLACIÓN Y LAS FORMAS DE JUSTICIA TRADICIONAL

Atento a lo anterior podemos observar que tradicionalmente los pueblos que señala la ley 701, misma que tiene una reforma

---

14 Ley 701 de Reconocimiento de derechos y cultura indígena de 8 de abril de 2011. Ver en: *https://www.iepcgro.mx/PDFs/MarcoLegal/Ley%20701%20PueblosIndigenas.pdf*.

integral no concluida y emplazado el legislativo para revisarla, discutirla y aprobarla, previa consulta a los pueblos indígenas, en cumplimiento a sentencia de la Suprema Corte de Justicia en la que por cierto se encuentran en desacato por incumplimiento, han existido en el territorio guerrerense de forma ancestral, antes de la existencia misma del estado mexicano, que su organización por cierto ha venido cambiando y adaptándose a las exigencias de la modernidad y en aprovechamiento a las corrientes ideológicas protectoras de las minorías étnicas, las cuales reclaman derechos, basados en su auto adscripción como grupo étnico, del cual, existe una serie de conceptos mal aplicados, por el legislador.[15]

Así nos encontramos analizando la sociedad indígena, nos encontramos que reclaman un derecho natural ancestral por encima de la organización positiva del derecho y sus instituciones o cuando menos alterna a ellas, las cuales se enuncian de forma subjetiva de la siguiente forma; Basado en artículo 1.1. inciso b). del convenio 169 reclaman que se les reconozca como etnia que aplique sus usos y costumbres, el artículo 2° de la Constitución Federal se los reconoce de forma general, la Constitución Local en armonización los enuncia y se describen en la ley 701 misma que se encuentra en vacua legis en tanto no se efectúe la reforma integral de la ley, que fue resultado de un acto legislativo previo a la reforma integral de la Constitución local, en todo caso y considerando que estuviese vigente, toda ley necesita de reglamentos y protocolos para su debida aplicación, por consecuencia no podemos hablar de que encuentren garantizados los derechos de los pueblos indígena y afro mexicano ni en México ni en Guerrero, ante la ausencia de leyes reglamentarias.[16]

---

15 Tanto el legislador federal, tomó como base la fracción I del Convenio 169 de la OIT que es aplicable a pueblos tribales y asumió el hecho de la auto determinación, cosa distinta en México en donde debe aplicar solo la fracción II del citado convenio.

16 En la Ley 701, El legislador local, no solo confundió el término autodeterminación, sino también el de tierras por el de territorios, agregando el término autonomía que ni siquiera al municipio le reconoce, a la policía comunitaria no solo le reconoce la función de policía auxiliar del munici-

En la esfera interna de los pueblos indígenas en sus tradiciones ancestrales encontramos que los usos y costumbre no son propiamente indígenas, sino que se han mezclado y están formando nuevas formas socioeconómicas y culturales de la siguiente forma:

1. La Comisaría

Su estructura básica es la Comisaria Municipal. Las cuales están fundadas en el artículo 115 de la Constitución Política de los Estados Unidos Mexicanos, define al municipio como base de su división territorial y de su organización política y administrativa del estado, la Constitución local en su artículo 26 define al municipio como su base de organización política y administrativa y encarga a la Ley Orgánica del Municipio Libre la reglamentación del municipio, ley que en su artículo 196 establece que la Comisaría es un órgano auxiliar del ayuntamiento, como órganos de desconcentración y que serán electos popularmente, pero no tienen la calidad de funcionarios públicos, y en su artículo 211 señala que existe un consejo de bienes comunales y su comisariado y en el artículo 234 que existe un órgano denominado comité de desarrollo indigenista, para esas zonas.

En consecuencia en las comunidades indígenas existen comisarías, pero fundan su funcionamiento en una ley denominada 652 Ley para la elección de comisarías municipales, reglamentaria de los artículos 227 y 287 de la Ley Orgánica del Municipio Libre del estado de Guerrero, que establece un sistema electoral que regula la campaña, la elección y solución de conflictos pos electorales, y que es aplicable a toda la sociedad rural y suburbano del estado pero que es asumida con vehemencia en la zonas indígenas.

---

pio, sino que le reconoce el carácter de instancia de justicia que implica, la investigación, la procuración, el proceso, la administración y ejecución de sentencias en cinco casas de justicia, que no reúnen ninguna de ellas los requisitos mínimos exigidos para la búsqueda de la justicia y la verdad con respeto a la dignidad humana.

Los cargos dentro de la comisaría son honorarios, pero altamente disputados por los beneficios que la representatividad tiene y que generalmente son asociados con los presidentes de los bienes comunales y en algunas otras comunidades por los comités ejidales (principalmente su presidente) para la distribución y asignación de predios y terrenos de pastoreo, bosque y cultivo, en el fondo es una lucha por el poder y el manejo de los recursos naturales de los que disponen.

No obstante existe algo que destacar, la existencia de una democracia directa aunque excluyente que se da a través de la asamblea comunal[17]mediante la cual participan los hombres de la comunidad y excepcionalmente las mujeres cabeza de familia, pero no las mujeres casadas o solteras, tanto en las asambleas en la comisaría municipal como en la comisaría de bienes comunales, en las asambleas ejidales solo los ejidatarios pueden participar, aun cuando en todas ellas se acepta la asistencia de toda la población de la comunidad que quiera asistir, pero no de intervenir en los asuntos a tratar.

Los cargos dentro de la comisaría, aun cuando son por elección directa como lo señala la ley 652 de elección en las comisarías, se agregan otros elementos, como es la legitimación por mérito, esto es que haya sido "topil" (mensajero o servidor) "mayordomo" (encargado del cuidado del santo patrono y de la fiesta religiosa) además de los requisitos que establece la ley como haber nacido en la comunidad, ser hijo de padre o madre nacida en la comunidad, auto adscribirse y ser reconocido como indígena de la comunidad, que si bien estos requisitos pueden ser contrarios al principio de no discriminación, de acuerdo a los usos y costumbres, son necesarios para aspirar a contender por una comisaría, siempre con el auxilio de las autoridades designadas por el ayuntamiento, que es quienes emiten la convocatoria, vigilan el proceso e incluso

---

17 Ver: La Asamblea Comunal, Víctor Arcos Vélez, ricsh. doi. https://doi.org/10.23913/ricsh.v10i19.248

validan la elección entregando el nombramiento respectivo,[18] en adelante la comunidad indígena toma sus propias decisiones y toma los elementos del derecho positivo vigente y los mezcla con sus costumbres locales y se crea un derecho sui generis, así son elegidos el Comisario Municipal (el principal), el segundo comisario, el comandante y el segundo comandante, el fiscal de la iglesia (principal o templo mayor) fiscales de capilla (iglesia menor), los mayordomos (para cada barrio) pues cada barrio tiene su santo patrono y su capilla, y los auxiliares o topiles.

2. *La Policía Comunitaria*

El poder del comisariado se ejerce a través de la convocatoria y legitimación de la población ejerciendo la fuerza de la policía comunitaria si es necesario, la cual queda en manos del comandante y en su ausencia el segundo comandante y los ciudadanos que son designados por la asamblea, previa revisión de sus méritos y antecedentes, la policía comunitaria entonces convive con su par la policía municipal, la cual se encuentra casi siempre solo en la cabecera municipal y custodia los caminos principales, los cuales responden a las órdenes del síndico municipal, aun cuando es usual que ese papel lo asuma el Presidente municipal haciendo valer su jerarquía.

---

[18] Ley 652 para la elección de comisarías en el Estado de Guerrero Artículos 6-12 y ss. "a) La preparación y organización del proceso de elección de Comisarías Municipales, y b) Calificar la elección y formular la declaratoria de su nombramiento. c) Las demás que le otorguen la Ley...Los Ayuntamientos realizarán las acciones correspondientes a efecto de garantizar de manera efectiva el acceso de las mujeres a las comisarías municipales...Para ser comisaria o comisario se requiere: I. Ser originario de la comunidad que lo elija o tener una residencia efectiva en la comunidad de que se trate no menor de dos años inmediatamente anteriores al día de la elección; II. Saber leer y escribir; III. Tener veintiún años de edad cumplidos el día de la elección; IV. No pertenecer, ni haber pertenecido al estado eclesiástico, ni ser ministro de algún culto; V. No pertenecer a las fuerzas armadas o de seguridad pública, tres meses antes de la elección, y VI. No haber sido condenada o condenado por delito intencional...

En las comunidades de los municipios, está la policía comunitaria, que son grupos de ciudadanos electos por la asamblea, de carácter honoraria y no permanente, sino que se reúne y actúa a convocatoria, generalmente armados con calibres de bajo poder y armas propias, en raras ocasiones existen armas en la comisaría para ellos, pero en algunos lugares dichos elementos cuenta con armas de uso exclusivo del ejército y fuerza área y asumen funciones permanentes, en enfrentamiento con grupos de delincuencia local u organizada, establecen controles carreteros y se conforman en verdaderos grupos paramilitares que retan y desalojan a las fuerzas de seguridad pública, a pesar de que la ley de seguridad pública establece que solo los órdenes federal, local y municipal pueden realizar dichas funciones.[19]

Los antecedentes son históricos, siempre han existido en bajo perfil, dentro de las comunidades, pero ante la insistencia de detener ilícitos, principalmente el abigeato, se formó la Coordinadora regional de Autoridades Comunitarias (CRAC), integrada por 23 grupos y alrededor de 700 elementos, en el Gobierno de Ángel Heladio Aguirre Rivero, que les proporcionó de vehículos, armas, dinero y sobre todo poder político, esto generó la escisión de dos grupos CRAC-PC y CRAC-PF es decir la crac pueblos fundadores y la crac policía comunitaria, la primera mencionada es la que se ampara con la ley 701, pero de ahí vinieron escisiones y grupos de autodefensa como la Unión de Pueblos y Organizaciones del Estado de Guerrero (UPOEG) de la que se escindió el (Frente Unido por la Seguridad y el Desarrollo del Estado de Guerrero) FUSDEG y posteriormente grupos de civiles armados en Tixtla al mando de Gonzalo Molina[20] y Apaxtla y Teloloapan para enfrentar al grupo de los Tlacos en la sierra y zona norte, actualmente l mayor parte del territorio del estado está controlado por estos grupos, protegiéndolos corredores Zihuatanejo-Cutzamala- Esta-

19 Ley 281 de Seguridad Pública del Estado de Guerrero. https://www.guerrero.gob.mx/wp-content/uploads/2022/02/L281SPEG.pdf.

20 Cervantes Zacarías en el Sur Diario, 10/03/2023. *https://suracapulco.mx/impreso/tag/division-de-la-crac-pf/.*

do de México, Costa Grande-Sierra-Zona Norte-Estado de México y Costa Chica-Montaña-Morelos-Puebla, que son zonas de trasiego de armas, drogas e ilícitos de alta gama.

3. El Tlayakanki y su grupo de mayordomos de la iglesia

Este es un órgano representativo honorario que mezcla la religión y el poder municipal, baste con decir que a pesar de ser un órgano pro religioso tiene asiento y espacio en las presidencias municipales, en donde tienen una influencia bastante notable, pues mientras el presidente municipal, atiende a la población en sus servicios públicos, el mayordomo mayor atiende a la población y es intermediario para la asignación de obras públicas e ingresos municipales para su representación, es un poder que se ejerce por barrios y poblaciones, pues se encargan de las fiestas patronales acorde a cada celebración del santo patrono del lugar.

En toda la historia, ha tenido influencia la Iglesia Católica y Apostólica Romana, en el caso todavía en este sistema las comunidades expulsan a los creyentes de otra religión, impiden la construcción de templos de religiones distintas, obligan a convertirse a quienes se han declarado no creyentes y al trabajo y "tequio" a favor de la Iglesia, incluso la asamblea comunitaria, tiene su origen en la organización por parroquias para cuestiones electorales y decisiones comunales.

4. La justicia indígena

Puede darse de dos modos, toda vez que vimos que en el artículo 2° de la Constitución se establece un régimen protector más o menos similar al tratamiento para adolescentes, para ello están las instancias de justicia como son: los sistemas jurídicos positivos para acreditar y transmitir la posesión, la propiedad y los contratos que se deriven, principalmente en protección de los recursos naturales, sobre los cuales existe un clima beligerante de proteger como parte de su territorio, como si se ejerciera un poder independiente y soberano de ese espacio geográfico, pero cuando vemos la forma legal de su tenencia es; bien ejidal o comunal, entonces todo su fundamento legal es la ley Agraria[21] y las instituciones agrarias como son la Procuraduría agraria, el registro agrario, los tribunales agrarios, la liga de comunidades agrarias y los consejos de bienes comunales, sus conflictos se ventilan en esas instancias y no en el interior de las asambleas comunales.

En materia penal existen 5 casas de justicia: San Luis Acatlán, Espino blanco (Malinaltepec), Ziltlatepetl (Metlatonoc), El Paraíso (Ayutla), Caxitepec (Acatepec). Las cuales cuentan con instalaciones precarias y tradicionales, en ella radican los asuntos llevados a su conocimiento; como son el abandono de la mujer al marido, el incumplimiento de obligaciones alimentarias a los hijos, daños a siembras, abigeato, invasión de propiedad contigua, compra venta de niñas bajo el concepto de matrimonio arregla do, pero, también se llevan asuntos graves como son violación, despojo, asaltos carreteros a vehículos y personas, robo en todos sus formas, lesiones, homicidio, extorsión, siembra, cultivo y venta de enervantes, tráfico de armas, delincuencia organizada.

Estos delitos son cometidos por personas indígenas en contra de indígenas, pero también de personas indígenas a no indígenas, es la policía ministerial quien por denuncia o señalamiento aprehenden a las personas y las retienen sin un debido proceso, no se permite la intervención de abogados, se les retiene encadenados, en lugares insalubres en pisos de tierra, sin sanitario, sin agua y a la vista del público, son juzgados en asamblea pública, y si acaso se les permite su declaración en defensa, por lo que casi siempre son encontrados culpables, las penas son trascendentes a sus familiares cercanos, que incluyen desposesión, confiscación y expulsión de las comunidades, pero también trabajo a favor de la comunidad, trabajo a favor de la víctima, a impedir su salida de la comunidad, a ser insultado por la comunidad, en trabajos casi serviles y contrarios a lo que se entiende como derechos humanos

---

21 Congreso de la Unión, Ley Agraria de 26/02/1992. Que establece las formas de organización, propiedad, instituciones y juicio agrario. Ver: *https://www.diputados.gob.mx/LeyesBiblio/pdf/LAgra.pdf*

de las personas sujetos a proceso y a condena por la comisión de delito.

La justicia local y federal del derecho positivo ha tenido intervención en algunos asuntos y se ha dicho por los tribunales que la justicia indígena no puede detener de forma total los procedimientos que se ventilan frente a la justicia ordinaria, pero que las expresiones de los usos y costumbres, pero sobre todo las garantías como son dotar de traductor que y hable y entienda el lenguaje del indígena a juzgar si pueden tener un impacto en los procedimientos ordinarios.[22] Por lo tanto, en los juicios de Amparo se han modificado las sentencias recurridas y conceder el amparo al solicitante para establecer si le corresponde un juicio indígena o solo continuar el proceso penal con las particularidades a fin de brindar a las personas indígenas la posibilidad de utilizar la atenuación o incluso la exclusión de la pena por ausencia de conciencia de que el acto estaba prohibido por la ley positiva.

La tesis 1a. CCXCIX/2018 (10a.),[23] de rubro:

> **INTERPRETACIÓN INTERCULTURAL. ALCANCE DE LAS PROTECCIONES DE LA FRACCIÓN VIII DEL ARTÍCULO 2o. CONSTITUCIONAL.** El artículo 2o., apartado A, fracción VIII, de la Constitución Política de los Estados Unidos Mexicanos respecto de la valoración de los hechos en la jurisdicción del Estado y la aplicación de normas jurídicas desde una perspectiva intercultural, puede entenderse en el sentido de proponer una interpretación culturalmente sensible e incluyente de los hechos y las normas jurídicas, sin que esta interpretación pueda alejarse de las características específicas de la cultura involucrada y del marco de protección de los derechos humanos de las personas, tengan o no la condición de indígenas…

Así también el criterio que establece;

> ***"PERSONAS INDÍGENAS. ACCESO PLENO A LA JURISDICCIÓN DEL ESTADO. EN LOS JUICIOS Y PROCEDIMIENTOS DE QUE SEAN PARTE, LOS ÓRGANOS JURISDICCIONALES DEBEN TOMAR EN***

---

[22] IBARRA PALAFOX Francisco, Multiculturalismos e Instituciones Político Constitucional, ed. Porrúa, México, 2007.

[23] Publicada en la Gaceta del Semanario Judicial de la Federación, Décima Época, Libro 61, diciembre de 2018, Tomo I, p. 337.

> ***CUENTA TANTO LAS NORMAS DE FUENTE ESTATAL APLICABLES COMO SUS COSTUMBRES Y ESPECIFICIDADES CULTURALES.*** *La fracción VIII del apartado A del artículo 2o. de la Constitución Política de los Estados Unidos Mexicanos establece que los pueblos y las comunidades indígenas tienen derecho al pleno acceso a la jurisdicción del Estado y que, para garantizar ese derecho, en todos los juicios y procedimientos de que sean parte, individual o colectivamente, deberán tomarse en cuenta sus costumbres y especificidades culturales, respetando los preceptos de la Constitución. Ello no los excluye del ámbito de cobertura de las normas penales, pues los jueces penales deben determinar si las personas indígenas procesadas merecen ser castigadas por haber incurrido en las conductas típicas y punibles consignadas en la legislación penal aplicable —determinar hasta qué punto pueden imputárseles conductas típicas, en qué modalidad (dolosa o no dolosa), o bajo qué condiciones de exigibilidad, por ejemplo—. Sin embargo, el órgano jurisdiccional deberá aplicar estas normas de modo congruente con lo establecido en el citado artículo 2o. Por ello, cuando quedan satisfechos los requisitos para que al inculpado se le reconozca la condición de persona indígena dentro del procedimiento, el juzgador debe indagar cuáles son las costumbres y especificidades de la comunidad a la que se vincula que han podido influir en el desarrollo de los hechos enjuiciados, la materialización de los elementos objetivos o subjetivos del tipo, los aspectos de los que depende la culpabilidad del acusado,...a garantizar el pleno acceso a la jurisdicción y el pleno disfrute de los derechos y garantías de todos los ciudadanos, incluidos aquellos que, por pertenecer a categorías tradicionalmente desaventajadas, son objeto de especial mención en el texto constitucional". Amparo directo en revisión 1624/2008. 5 de noviembre de 2008. Mayoría de tres votos. Disidentes: José de Jesús Gudiño Pelayo y Sergio A. Valls Hernández. Ponente: José Ramón Cossío Díaz. Secretario: Roberto Lara Chagoyán.*

Como podrá observarse entonces, las formas originarias consuetudinarias, casi todo su andamiaje jurídico es verbalizado, transmitido por opinión subjetiva de los principales que dirigen las sesiones de las asambleas, no existe registro ni expedientes, las penas son inciertas, aun cuando en últimas fechas tienen algunos reglamentos elaborados por ellos mismos y que no han sido sancionados por las autoridades legislativas competentes.

El uso abusivo de su fuerza pública es consecuencia de la ausencia de protocolos, pues actúan a su leal saber y entender, con patrones misóginos, patriarcales y autoritarios, no están sujetos más que a las observaciones de su comunidad y cuando mucho a sanciones como son destitución de su cargo y prohibición de poder detentar otro encargo tradicional.

Es urgente que se atienda el problema, dotarlos de un andamiaje de derecho objetivo, con controles que impidan el abuso y afectación a los derechos humanos de las personas, así como el reconocimiento separatista y opuesto a las ley ordinaria, sino complementario, vigilado y respetuoso de las personas, sus bienes y sus derechos, pues la intención original es la seguridad de sus comunidades, pero no debe mal entenderse como extraterritorialidad excluyente e identificarse como un territorio en donde solo la comunidad indígena prevalece y el estado se encuentra ausente, eso debe de corregirse hasta entender que el derecho indígena es la forma de solucionar la conflictiva local con respeto a la dignidad de sus organizaciones y autoridades locales, pero son parte de México, de Guerrero y del Municipio en donde se encuentran.

IV. CONCLUSIONES

– Los derechos humanos, son inherentes a la persona humana, pero no pueden reclamarse como obligación de hacer u omisión de cumplir por la autoridad si no se encuentran positivados, es por ello que los fundamentos morales de nuestra legislación encuentran en los derechos humanos en los términos del artículo 1° Constitucional y su armonización con los valores de los derechos fundamentales.

– La Realidad colisiona con la legislación, cuando la práctica consuetudinaria de los pueblos indígenas, exige, aun cuando de una forma multicultural el respeto a conservar sus tradiciones, aun cuando estas fueron resultado de la práctica social de las legislaciones, las cuales se convierten en actos independientes en sus comunidades, he ahí el problema de que la justicia ordinaria tiene que moderar su grado de coerción para adaptarse a los usos y tradiciones de los grupos indígenas.

– No obstante, observamos un sistema organizado aun no concretizado que aspira a convertirse en un sistema jurídico paralelo y alterno a la justicia ordinaria, la cual se encuentra garantizada su observancia en la Constitución, pero aún falta un proceso de maduración para cristalizar como un derecho optativo para las sociedades indígenas que reclaman su derecho a ser diferentes y no por ello menos dignos que los demás ciudadanos de este país.

V. FUENTES DE INVESTIGACIÓN

Aristóteles, "La Política" Libro Primero, Colección Sepan Cuantos Núm. 70. Ed. Porrúa, México, 2013

Botero-Bernal, Andrés, El Positivismo Jurídico en la Historia, Jurídicas UNAM 2017.

Cariola Agatino, El Derecho Natural y la Historia, La afirmación de la libertad de conciencia en el Estado democrático. Revista de Estudios Políticos abril-junio 2002.

Ibarra Palafox Francisco, Multiculturalismos e Instituciones Político Constitucional, ed. Porrúa, México, 2007.

Looke John, Ensayo sobre el Gobierno civil, Ed. Porrúa, Colección Sepan cuantos México 2013

Morineau Martha. e IGLESIAS R. "Derecho Romano" Ed. Harla, México 1992.

Rousseau J. El Contrato Social, Estudio Preliminar MORENO D. Ed. Porrúa México 2013

Silva García Fernando, Derechos Humanos, efectos de las Sentencias Internacionales, Ed. Porrúa, México 2018

Legislación

Constitución Política de los Estados Unidos Mexicanos actualizada, Artículo 1°,

Constitución Política del Estado Libre y Soberano de Guerrero, Reforma Integral de 29 de abril de 2014

Gaceta del Semanario Judicial de la Federación, Décima Época, Libro 61, diciembre de 2018, Tomo I

Ley 701 de Reconocimiento de derechos y cultura indígena de 8 de abril de 2011 estado de Guerrero.

Ley 281 de Seguridad Pública del Estado de Guerrero. https://www.guerrero.gob.mx/wp-content/uploads/2022/02/L281SPEG.pdf.

CONVENIO 169 OIT. https://www.gob.mx/cms/uploads/attachment/file/30118/Convenio169.pdf de 07 de junio de 1989.

Website

La Asamblea Comunal, Victor Arcos Velez ricsh doi. https://doi.org/10.23913/ricsh.v10i19.248

CERVANTES Zacarías en el Sur Diario, 10/03/2023. https://suracapulco.mx/impreso/tag/division-de-la-crac-pf/.

ULPIANO.https://lavozdelderecho.com/index.php/actualidad-2/corrup-3/item/2621-viejos-conceptos-actuales-6-ulpiano-el-derecho-la-justicia-y-la-esclavitud, En www.LaVozdelDerecho.com de HERNÁNDEZ G. México 15 de Sept. 20

LA MADRE TIERRA EN LAS COMUNIDADES INDÍGENAS COMO SUJETA DE DERECHOS

Juan Manuel Ortega Maldonado*
Lizeth Juliana García Atra**

SUMARIO: I. Introducción. II. Marco teórico. III. La Madre Tierra. IV. La situación en México. V. Los derechos de la naturaleza en la experiencia ecuatoriana. VI. Un actor inesperado: la suprema corte de justicia de la nación. VII. Conclusiones. VIII. Fuentes de investigación.

I. INTRODUCCIÓN

Tecoltémic es una población del norte del estado de Puebla, que forma parte del municipio de Ixtacamaxtitlán y se encuentra en la región conocida como la Sierra Norte. Esta zona es muy accidentada por su orografía y de difícil acceso; se comunica con la cabecera municipal a través de un camino de terracería de 15 kilómetros. De acuerdo con los resultados del INEGI de 2020 su población total es de 142 habitantes, siendo ellos 68 mujeres y 74 hombres.

---

* Profesor Investigador de Tiempo Completo de la Universidad Autónoma del Estado de Morelos (UAEM) del Posgrado en Derecho y Globalización, programa inscrito en el PNPC-CONAHCYT. Integrante del Sistema Nacional de Investigadores nivel I, CONAHCYT México. Doctor en Derecho, correo electrónico: juan.ortegama@uaem.edu.mx, http://orcid.org/0000-0001-5881-7898

** Estudiante del Doctorado en Derecho y Globalización de la Universidad Autónoma del Estado de Morelos: programa inscrito en el PNPC-CONAHCYT. Correo electrónico: lizeth.garciaa@uaem.edu.mx; ORCID: 0000-0002-2710-3224

En los terrenos ejidales de Tecoltémic, se asientan las concesiones mineras denominadas Cerro Grande y Cerro Grande 2 o Proyecto Ixtaca, otorgados a la empresa Minera Gorrión —filial de la canadiense *Almaden Minerals*— por la Secretaría de Economía en 2003 y 2009 respectivamente, para la explotación de oro y plata, y que juntas sumaban 14.229 hectáreas. Tales concesiones fueron otorgadas sin consultar a las comunidades afectadas.

El proyecto de *Almaden Minerals* consistía en abrir una mina a cielo abierto para extraer oro y plata. El temor de quedarse sin agua orilló a la población a iniciar una lucha jurídica en 2015, la cual concluyó el año pasado, pues en enero de 2022 su asunto fue revisado y resuelto por la Suprema Corte de Justicia de la Nación.

El Alto Tribunal resolvió conceder el amparo y declarar inconvencionales los referidos títulos de concesión, al resolver el Amparo en Revisión 134/2021, del cual se desprendieron diversas tesis jurisprudenciales.

Lo importante del caso es que, por vez primera, la Suprema Corte sienta un precedente. El máximo tribunal ya había confirmado el derecho de las comunidades indígenas a una consulta previa, pero es la primera vez que se cancela una concesión minera por no llevarla a cabo.

Si bien el caso terminó de feliz forma, lo cierto es que la "Madre Tierra" necesitó de un titular (la comunidad indígena) para ser defendida. Pero ¿Qué sucedería si los predios donde se asienta la concesión hubiesen sido propiedad de la Federación, de un Estado o de un Municipio? En este caso, es altamente probable que las concesiones y explotación se hubieran llevado a cabo sin oposición jurídica alguna. Su titular (Federación, Estado o Municipio) no tendría objeción que así fuera. De hecho, por esa razón se habría otorgado la concesión.

Pero estamos seguros que de haber contado con reconocimiento jurídico, esos predios podrían también ser protegidos por "toda persona", como lo indica el artículo 71 de la Constitución de la República del Ecuador[1] o "cualquier persona" como lo apunta el artículo 38 de la Constitución Política del Estado Plurinacional de Bolivia[2]

Esta participación tiene entonces como objetivo, reflexionar sobre la posibilidad jurídica de reconocer a la naturaleza (Tlali Nantli en lengua nahua) como sujeto de derechos en el sistema jurídico mexicano.

Para ello, inicialmente expondremos el marco teórico que sustenta esta postura para luego describir el sistema jurídico ecuatoriano sobre el tema, para concluir con un análisis del sistema jurídico nacional sobre el particular y obtener algunas conclusiones.

II. MARCO TEÓRICO

Ahora bien, la problemática planteada puede tener como soluciones teóricas varias explicaciones que confluyen directamente en este tema: la primera es la teoría de la personalidad jurídica plasmada en los ordenamientos jurídicos; la segunda, la teoría del derecho en la globalización; la tercera es la del constitucionalismo indígena y la cuarta es el ecocentrismo.

Con relación a la primera es conocido que el sistema jurídico tradicional entiende que las relaciones jurídicas sólo pueden

---

1 Art. 71. La naturaleza o Pacha Mama, donde se reproduce y realiza la vida, tiene derecho a que se respete integralmente su existencia y el mantenimiento y regeneración de sus ciclos vitales, estructura, funciones y procesos evolutivos. Toda persona, comunidad, pueblo o nacionalidad podrá exigir a la autoridad pública el cumplimiento de los derechos de la naturaleza. Para aplicar e interpretar estos derechos se observarán los principios establecidos en la Constitución, en lo que proceda. El Estado incentivará a las personas naturales y jurídicas, y a los colectivos, para que protejan la naturaleza, y promoverá el respeto a todos los elementos que forman un ecosistema.

2 Artículo 34. Cualquier persona, a título individual o en representación de una colectividad, está facultada para ejercitar las acciones legales en defensa del derecho al medio ambiente, sin perjuicio de la obligación de las instituciones públicas de actuar de oficio frente a los atentados contra el medio ambiente.

establecerse entre "personas" reconocidas por el propio sistema. Ello porque son las personas las que cuentan con derechos y obligaciones. Son centros de imputación jurídica. Esta construcción teórica, sin embargo, tomó dimensiones distintas al dotar de personería, primero a las empresas y después a entes como el Estado. Las primeras, se dijo, en realidad estaban conformadas por personas físicas y la única diferencia era que éstas habían decidido "crear una persona" distinta a ellos para realizar determinados fines empresariales. Algo parecido se apuntó al elaborar la teoría del Estado como persona. Se habló de un «contrato social» y que de él había surgido una "nueva persona" llamada Estado, dotada de patrimonio y personalidad distinta a la de sus integrantes y de sus administradores.

Ahora, la propia doctrina y, de paso la legislación, (entiéndase Códigos Civiles[3] dividen a las personas en dos categorías: las personas con capacidad de goce y ejercicio y las personas con capacidad de goce, pero sin capacidad de ejercicio.

Dentro de las primeras tenemos a los adultos mayores de 18 años en pleno uso de sus facultades mentales. Por su parte, las personas con capacidad de goce, pero sin capacidad de ejercicio,

---

3 El Código Civil Federal en sus artículos 22 a 24 establece: Artículo 22.- La capacidad jurídica de las personas físicas se adquiere por el nacimiento y se pierde por la muerte; pero desde el momento en que un individuo es concebido, entra bajo la protección de la ley y se le tiene por nacido para los efectos declarados en el presente Código. Artículo 23.- La minoría de edad, el estado de interdicción y demás incapacidades establecidas por la ley, son restricciones a la personalidad jurídica que no deben menoscabar la dignidad de la persona ni atentar contra la integridad de la familia; pero los incapaces pueden ejercitar sus derechos o contraer obligaciones por medio de sus representantes. Como excepción a lo establecido en el párrafo anterior, los menores de edad, a partir de los quince años cumplidos, podrán abrir cuentas de depósito bancario de dinero en términos de la Ley de Instituciones de Crédito, sin la intervención de sus representantes y tendrán la administración de los fondos depositados en dichas cuentas con los efectos a que se refiere el artículo 435 de este Código. Artículo 24.- El mayor de edad tiene la facultad de disponer libremente de su persona y de sus bienes, salvo las limitaciones que establece la ley.

son los menores de edad, aquellas a las que se les ha declarado judicialmente el estado de interdicción u otras restricciones que la ley establece. Este último grupo de personas deben actuar a través de sus representantes legales.

Sus derechos, salvo los derechos políticos, son los mismos que las de los adultos en pleno uso de sus facultades mentales.

Esta ficción jurídica, es decir, el reconocimiento de personas distintas a las personas naturales se fue ensanchando a tal grado que hoy resulta pacífico afirmar que el legislador puede sin mayor cortapisa "crear las personas" que considere necesario. Es el caso, por citar un ejemplo, del contrato de Asociación en Participación que regula el artículo 252 de la Ley General de Sociedades Mercantiles. Para efectos fiscales, el legislador decidió dotarla de personalidad, a pesar de ser un contrato (artículo 7 de la Ley del Impuesto Sobre la Renta). Esto permitió atribuir responsabilidad tributaria tanto al asociante como a los asociados.

Sin embargo, hasta hoy, el legislador mexicano se ha resistido a reconocer personalidad jurídica a la naturaleza. El legislador no se ha atrevido a dar ese salto tan importante que permitiría atribuirle —a la naturaleza— ser sujeta de derechos. Esta situación, sin embargo, si ha tenido plena recepción en el sistema jurídico ecuatoriano, en cuya Constitución es sujeta de derechos por sí misma.[4] Es la *Pacha Mama.*

El punto es que para reconocer personalidad jurídica o atribuir derechos a otro ente, es necesaria una labor de reconocimiento expreso del legislador. Por lo menos es lo que exige esta teoría jurídica.

Por otra parte, Boaventura de Sousa Santos[5] propone, dada la complejidad del fenómeno de la globalización, distinguirla en cuatro formas:

---

4 En ese sentido el artículo 10 de la Constitución de la República del Ecuador, que establece: Artículo 10… La naturaleza será sujeto de aquellos derechos que le reconozca la Constitución.

5 De Sousa Santos, Boaventura; La globalización del Derecho. Los nuevos caminos de la regulación y la emancipación; Universidad Nacional de Co-

a) *Localismo globalizado.* Respecto de este punto el autor afirma que se trata de un proceso por el cual un fenómeno local dado es globalizado con éxito. Como ejemplo lo sería la lengua inglesa, que ha pasado de ser una lengua local para ciertos países, a una lengua mundial en el comercio y las relaciones internacionales.

b) *Globalismo localizado,* se trata —explica el autor— en un proceso contrario al anterior, en el sentido del impacto específico de las prácticas transnacionales en las situaciones locales, que son así desestructuradas o reestructuradas con el fin de responder a dichos imperativos. Ejemplo de este fenómeno son el deterioro y destrucción masivo de los recursos naturales con el único objetivo de atraer la inversión extranjera, uso turístico de los sitios históricos, los lugares o ceremonias religiosas, las artes o artesanías.

c) *Cosmopolitismo.* El autor sostiene que, ante las posiciones dominantes de ciertos países, las naciones o grupos subordinados, suelen establecer mecanismos de defensa para contrarrestar esa hegemonía de la globalización. Estas actividades o posiciones incluyen, por ejemplo, las organizaciones filantrópicas, las ONG, las organizaciones internacionales de derechos humanos, etcétera.

d) *Herencia global de la humanidad.* Finalmente, el autor señala que hay otro grupo de problemas que la globalización ha creado y que guardan relación con los elementos comunes a todos nosotros. Se refiere al medio ambiente, la capa de ozono o el espacio extraterrestre, que pertenecen a todos y a nadie en particular.

Pues bien, es claro que la Madre Tierra, hace parte, tanto de los globalismos localizados, pues la destrucción de las tierras de las comunidades indígenas lo son generalmente por empresas transnacionales que adquieren esas tierras con meros propósitos mercantiles sin importarles la situación de sus tenedores originales, como de un elemento de la herencia común de la humanidad.

En cuanto al *constitucionalismo indígena,* este nuevo constitucionalismo en Latinoamérica se ha caracterizado por recoger el pro-

---

lombia, Instituto de Servicios Legales Alternativos; Bogotá, Colombia; 1998, pp. 57-61.

blema indígena, incorporar las reivindicaciones del movimiento indigenista y defender los derechos de estas comunidades.[6] De lo que hablan las nuevas Constituciones latinoamericanas que han incorporado el elemento indígena es de «Estado Pluricultural de Derecho» para referirse a la inculturación política y social de los Estados renovados.

Son elocuentes y paradigmáticas las constituciones de países como Ecuador, Bolivia, Perú y Colombia, que han introducidos todo un entramado normativo a favor de los grupos indígenas que habitan esos territorios.

Finalmente, debe darse cabida también a la explicación que viene del *ecocentrismo.* Conforme a esta postura, la idiosincrasia dominante en el constitucionalismo de los siglos XIX y XX en Latinoamérica (México incluido) era el ser humano. Todo el entramado constitucional giraba en torno a él, incluso así se advierte en forma letrista de la Convención Americana de Derechos Humanos. Postura que sin duda fue adoptada del constitucionalismo europeo.

Sin embargo, sin rechazar la afirmación anterior, sino al contrario, partiendo de ella, el ecocentrismo propone dar cuenta de cómo, —un ente no humano, la naturaleza— ha sido excluido del discurso de los derechos, debido a interpretaciones que favorecieron los fines humanos y que después legitimaron la depredación de la naturaleza y afirmaron su carácter instrumental a favor del hombre.

¿Cómo lograr conciliar la doctrina de los derechos humanos para un "no humano" (la naturaleza)?

---

6 María Concepción Pérez Villalobos; "Constitucionalismo indígena latinoamericano y derechos sociales" en *Setenta años de Constitución Italiana y cuarenta años de Constitución española. Retos del Siglo XXI;* Vol. V; Centro de Estudios Políticos y Constitucionales; Madrid, 2020, consultado en: https://www.boe.es/biblioteca_juridica/abrir_pdf.php?id=PUB-PB-2020-108_5

Para responder a esta pregunta resulta conveniente seguir a Montalván Zambrano,[7] para quien, bajo el ecocentrismo la naturaleza tiene una visión dialéctica, esto es, a diferencia de su tratamiento instrumental-antropocéntrico pasa a tener papeles activos y pasivos en la relación con el ser humano. Su enfoque es teleológico, se centra en los ciclos vitales de la naturaleza y apuesta por una justicia ecológica que mira hacia los procesos biogeoquímicos y físicos que crean las condiciones que permiten la vida sobre la tierra y de los cuales el ser humano es parte. Los derechos de la naturaleza no olvidan, entonces, que las dinámicas ecológicas implican también relaciones de competencia y depredación en las que se incluye el humano.

Estas características, hacen que —en consideración del autor que venimos siguiendo— este sea el único enfoque coherente para una posible incorporación de la naturaleza como sujeto de derechos en el discurso de los derechos humanos, pues: 1) no discute la existencia de intereses antropocéntricos, es más, los incorpora como parte de las relaciones que se dan en el mundo natural y, de la mano con lo anterior, 2) forma parte de su esencia la tensión entre el ser humano y el resto de la naturaleza. De este modo, el ecocentrismo, sin desconocer al antropocentrismo, permite abrir las puertas a otro tipo de discusión en el derecho, la política y la gestión, donde, en espacios de colisión entre intereses humanos y derechos la naturaleza, ya no sea necesario demostrar que preservar montañas o selvas es útil para el ser humano, o es rentable para las empresas, sino que las fundamentaciones por su valoración intrínseca serán tan importantes como los análisis costo beneficio de los economistas.

En suma, es necesario, nos dice Montalván: redefinir aquello que entendemos por lo "humano". Superar la visión de sujeto "ra-

---

[7] Moltalván Zambrano, Digno; Antropocentrismo y ecocentrismo en la jurisprudencia de la Corte Interamericana de Derechos Humanos; en Aucaria. Revista Iberoamericana de Filosofía, Política, Humanidades y Relaciones Internacionales, año 23, N° 46, primer cuatrimestre de 2021; pp. 508-509 https://dx.doi.org/10.12795/araucaria.2021.i46.25

cional independiente", ajeno a la naturaleza, y construir una nueva categorización que responda a la interrelación y cooperación con el mundo natural que nos permiten Ser y definirnos. Así, lo humano no es únicamente lo antropocéntrico; este se construye también a partir del respeto a la parte de sí mismo que está compuesta por la naturaleza. Dentro de esta nueva posible fundamentación de los derechos humanos, la naturaleza es un bien en sí mismo porque es un "otro" con el cual me defino. No es ajena a mí, me constituye y construye desde su otredad. El respeto por sus intereses, por sus fines, es, por tanto, el respeto por la parte de mí, ser humano, que se construye en el viaje conjunto con esos otros seres sintientes o no, que posibilitan las redes de vida en la que nos encontramos insertos.

De lo antes referido es claro que la Madre Tierra constituye, desde el punto de vista jurídico, "la otra parte de mi" con la que viajó en el tiempo y espacio y a la que le debo respeto y cuidado.

III. LA MADRE TIERRA

Para los Pueblos Indígenas hablar de sus tierras es hablar de elementos fundamentales que permiten la continuidad histórica y la plenitud de la vida, la espiritualidad y el desarrollo social, cultural, económico, político y humano, vinculado a su cosmovisión, que no es otra cosa que la relación profunda con la Madre Tierra.

Sin duda, una de las grandes aportaciones que los pueblos originarios de América han ofrecido al mundo occidental es la concepción que tienen de la Tierra, que para ellos es la vida misma, es su hogar. Entienden a la tierra no como una extensión de un territorio o como una simple fuente de producción agrícola, sino como el conjunto de elementos que lo integran.

Por tal razón, no podemos hablar de elementos separados. "Para nosotros el mundo es algo integral, con todos sus componentes, con todo lo que existe en la naturaleza, con lo que produce en ella y en su relación con los conocimientos. Nuestro mundo es una circunferencia, donde están los dioses, los sitios sagrados, las grandes rocas, los grandes ríos, las montañas; donde están las plantas y los animales, donde sale el sol, el rayo solar que preña tierra para que ella pueda parir. Y ahí está también el Indígena, haciendo parte de la naturaleza", menciona Lorenzo Muelas Hurtado, Indígena Guambiano del suroccidente de Colombia.[8]

Así visto, es claro por qué los pueblos originarios defienden su territorio. Para Dad Neba: "El ser humano vino a ella para cuidarla, protegerla y sostenerla...Así, el hombre se constituye en hijo con una obligación natural de defensa, cuidado, sostén y de no maltrato hacia nuestra morada. La defensa de la Madre Tierra no surge únicamente de la utilidad temporal que ella pueda ofrecer al hombre, sino que nace por una obligación y gratitud hacia ella...Por eso, cuando se les niega el derecho a tener la Comarca, Reserva o Territorio, no se les niega solamente la fuente de sus alimentos, sino la misma fuente de su ser, de su identidad, de su historia, de su religión, de su derecho inalienable de ser Pueblo".[9]

Este indígena originario del pueblo Kuna, sigue explicando: "Nuestros padres no pueden arrasar y destruir la selva, porque solamente en el equilibrio con la tierra vamos a encontrar nuestro equilibrio como pueblo. Como Indígenas, no es posible trabajar en una sola finca hasta cansarla; ella necesita descansar para luego rendir con mucho más impulso. La selva es nuestra gran nevera, nuestra gran ferretería, nuestro gran mercado. Cuando tenemos hambre, sacamos de ahí la carne fresca; cuando no tenemos casa, buscamos nuestros clavos, nuestros techos; cuando nos enfermamos, recurrimos a sus raíces, a sus hojas. Por lo tanto, tenemos que custodiar nuestra nevera, defender nuestra farmacia, nuestra ferretería. Así como al "Uaga" (no Indígena) no le gustaría que se llevarán su refrigerador, porque tiene guardados ahí los

---

8 https://grain.org/es/article/entries/1100-entrevista-al-dirigente-indigena-colombiano-lorenzo-muelas-hurtado

9 Dad Neba, con ese nombre se identifica Nelson De León Kantule, Miembro Directivo de Asociación Kunas Unidos por Napguana (KUNA); https://www.culturalsurvival.org/news/el-significado-de-tierra-territorio-desde-la-cosmovision-indigena

alimentos para su familia, así tampoco nosotros podemos permitir que nos vengan a robar nuestra nevera, nuestra farmacia, nuestro mercado".[10]

La siguiente es sin duda una explicación muy sencilla pero profunda de la relación de los pueblos indígenas con *Pachamama*: "Nuestra conciencia de Pueblos Indígenas, en relación con la Madre Tierra, es de hijos que defienden a su madre y no de propietarios que quieren sacar más dinero de ella; esto se contrapone a aquella que vive sobre ella, se sirve de ella y la puede vender al mejor postor cuando quiera, porque de ella no recibe ni su historia, ni su identidad, ni mucho menos su ser en y con el mundo…Los Indígenas no podemos ni debemos permitir que nos quiten las pocas tierras que nos quedan, de tanto acaparamiento y saqueo. No sólo se trata de la muerte de nuestros sembrados, de la destrucción de nuestros bosques, de la contaminación de nuestros ríos, sino que se trata de algo mucho más grave: de nuestra muerte física y espiritual como pueblos, de la muerte de nuestras religiones, de nuestras culturas, de nuestro derecho fundamental de ser como queremos sobre esta tierra. Las relaciones que se dan entre tierra, cultura, religión, identidad e historia en la concepción y vivencia de nuestros Pueblos Indígenas están tan inseparablemente unidas, que quitarle un elemento implica matar los otros. Por eso, nuestro grito es fuerte, porque nadie quiere morir en vida".[11]

Y la sentencia dictada por este gran indígena no se deja esperar: "Mientras la sociedad occidental no entienda estos principios y siga practicando la lógica de un mundo de acumulación ilimitada, mientras subsista la forma irracional con que los intereses del capital explotan a menudo los recursos naturales, provocando el desequilibrio ecológico, seguirá la amenaza a nuestro planeta, y el hombre al destruir la naturaleza se está destruyendo así mismo".[12]

---

10 Cultural suvival, el significado de la tierra, territorio de la cosmovision indígena, 5 de octubre de 2020.

11 Idem.

12 Idem.

IV. LA SITUACIÓN EN MÉXICO

Explorados los aspectos que anteceden se advierte que el interés por los derechos de la naturaleza en México ha aumentado recientemente; de hecho, en virtud de la *Convención sobre la Diversidad Biológica*[13] se hizo latente en el país la necesidad de certificar legalmente de dónde provenían los materiales biológicos. A su turno, se estimó fundamental la existencia del consentimiento informado para la realización de colectas y la generación de mecanismos que favorecieran la transparencia de los materiales genéticos.

A lo expuesto se sumó el nacimiento del nominado *Grupo de Acción de Países Megadiversos* (del que México era parte) que favoreció el apoyo e impulso a las acciones y políticas asociadas a la diversidad ambiental y el cambio climático; su participación en la *VIII Conferencia* de la precitada Convención sobre la Diversidad Biológica y la difusión y apoyo de la *Carta a la Tierra,* contentiva de sendos principios de carácter ético indispensables para el desarrollo sostenible.

Aclarado lo anterior se tiene que, en la Cumbre de Río, realizada en el año 1992, se hicieron partícipes alrededor de 172 países. En la misma se dio tratamiento a temas asociados a la sostenibilidad y el medio ambiente logrando la generación de sendos documentos como: la *Declaración de Principios Forestales,* la *Agenda 21,* la *Convención para un Marco de las Naciones Unidas en Cambio Climático,* la *Declaración de Principios Forestales,* la *Convención de las Naciones Unidas sobre la diversidad Biológica* y para los fines de lo que pretende advertirse en este documento, la *Declaración de Río sobre Medioambiente y Desarrollo.*[14]

---

13 ONU, Convenio sobre la Diversidad Biológica, instrumento internacional clave para un desarrollo sostenible, *https://www.un.org/es/observances/biodiversity-day/convention#:~:text=El%20Convenio%20sobre%20la%20Diversidad,ha%20sido%20ratificado%20por%20196*

14 Gobierno de Jalisco, Declaración de Río, disponible en: *http://siga.jalisco.gob.mx/assets/documentos/TratadosInt/DeclaraRio_92.htm*

En la precitada Declaración se dispone que los Estados están en la obligación de cooperar, con intención solidaria, para la protección, conservación y restablecimiento de la integridad y la salud del ecosistema terrestre. En paralelo, estos tienen derecho a sacar provecho de sus recursos conforme a las políticas de desarrollo y ambientales, pero son responsables de que las actividades que tengan lugar en la jurisdicción no generen daños medioambientales a otras zonas o Estados que se encuentren más allá de los límites de la jurisdicción nacional.[15]

A la par, la forma de desarrollarse de cada una de las naciones debe desplegarse de tal modo que atienda a las necesidades ambientales y de desarrollo de las presentes y futuras generaciones a través del intercambio de conocimiento tecnológico y científico y potenciando la adaptación, crecimiento, transferencia y difusión de tecnologías, en especial, las innovadoras y nuevas.[16]

Aunado a lo anterior, es preciso que personas y Estados cooperen en la erradicación de la pobreza como aspecto *sine qua non* del desarrollo sostenible. También es fundamental priorizar las necesidades de los países en vías de desarrollo, especialmente, en aquellos que tengan algún tipo de retraso o que sean vulnerables en términos medioambientales. Adicionalmente, los Estados están en la obligación de generar un sistema económico abierto y favorable que conduzca al crecimiento de la economía y al desarrollo de la sostenibilidad; en estas condiciones, debe dirigirse a que su legislación nacional atienda a la responsabilidad y eventual indemnización a víctimas de daños medioambientales y contaminación.

En estas condiciones, es preciso surtir una evaluación por parte de los Estados y con relación a las actividades que puedan impactar negativamente el medio ambiente y que se sujeten a decisiones de las autoridades del orden nacional. A la par, es preciso que los jóvenes, las mujeres y los colectivos indígenas —así como

---

15 *Ibidem.*

16 *Ibidem.*

otras comunidades— que se hacen partícipes en la ordenación medioambiental puedan hacerse partícipes activos para el logro del desarrollo sostenible.

Enunciado lo anterior, se tiene que la cumbre de Río finalizó con claros resultados entre los que destacan no solo la precitada Agenda 21, sino un catálogo en el que se especificaban medidas integrales a tomar frente a los problemas del ambiente; también, dos convenciones asociadas a la biodiversidad y el cambio climático y sendos acuerdos de carácter regional y local. Además, se concluyó que era importante resolver, en equidad, los problemas; lo anterior, considerando que los países industrializados llevan en su espalda la mayor responsabilidad por el deterioro del ambiente.[17]

Seguidamente tuvo lugar la cumbre de Johannesburgo sobre el desarrollo sustentable a través de la que se pretendió la evaluación de aquello que se hubiese logrado desde la reunión en Río de Janeiro con relación al medio ambiente; no obstante, la primera, en vez de promover lo que se gestó en su oportunidad en Brasil, favoreció la imposición de la desregulación de carácter financiero y la apertura comercial. Esta situación propició el aumento de la desigualdad y el deterioro ambiental, dificultando el desarrollo sustentable.

V. LOS DERECHOS DE LA NATURALEZA EN LA EXPERIENCIA ECUATORIANA

Surtido este análisis, interesa explorar genéricamente la forma en que han sido entendidos y abordados los derechos de la naturaleza en Ecuador. Para estos efectos, es importante referir que, a las personas, pueblos, comunidades y nacionalidades del país en cita les corresponde la representación de esos derechos. No obstante —como se verá en su oportunidad— para que se lograra el establecimiento de esta novedad en la constitución, de este proceso transformador, fue necesario el impulso de una lucha política

---

17 *Ibidem.*

que viabilizara una reforma jurídica; se gestó desde la cosmovisión indígena y el *Sumak Kawsay* y se complementó en virtud del crecimiento de reclamos por parte de diversos sectores poblacionales contra el incremento de la destrucción de la naturaleza.[18]

A la par, le es impuesto al Estado obligaciones en términos de respeto, promoción, reparación y garantía de estos derechos que son símiles a los que emanan de los derechos humanos. De igual forma, se prevé una obligación de restauración en el largo plazo; esta comprende el recuperar ecosistemas modificados o degradados a una condición parecida o símil a la que se encontraba originalmente, antes de la generación de algún impacto por acciones desplegadas por el hombre. Destáquese que, pese a lo expuesto, Ecuador ha sido registrado como el país con los indicadores ambientales más desastrosos en América del Sur, entre otras razones, porque las medidas que se han implementado con miras a evitar las acciones del hombre siguen siendo deficientes, con el agravante que el margen del deterioro ambiental sigue incrementándose con el pasar del tiempo.[19]

Dicho esto, es oportuno hacer algunas referencias frente al tratamiento que, sobre los derechos de la naturaleza, ha dado la constitución ecuatoriana. Aunque posteriormente se hará énfasis en algunos artículos de este texto, ha procurado el tratamiento de la subsidiariedad estatal en eventos de daño ambiental, la visión del agua como un recurso ecológico y social, el carácter transversal de lo ambiental y la previsión de la consulta como un mecanismo indelegable que debe adelantarse por el Estado hacia las comunidades y con relación a los proyectos que ocasionen daños al entorno natural.[20]

---

18 Universidad de Cuenca, Derechos de la Naturaleza en Ecuador, 2021, *https://www.ucuenca.edu.ec/component/content/article/277-espanol/investigacion/blog-de-ciencia/ano-2021/mayo-2021/2064-leyes-fisicas-y-modelos-basados-en-datos-2?Itemid=437*

19 *Ibidem.*

20 Albán, María, los derechos de la naturaleza y el riesgo climático: un nuevo escenario normativo, constitucionales de la suprema corte de justi-

Hecho este énfasis interesa señalar que en el artículo 71 de la Constitución en mención se hace referencia expresa a los derechos de la naturaleza; se enfatiza en que es, en la *Pacha Mama* o naturaleza, donde se realiza y reproduce la vida por lo que debe impulsarse el respeto íntegro a su existencia, así como a la regeneración y manutención de sus ciclos vitales, funciones, estructura y procesos de evolución.[21]

En virtud de lo anterior, las comunidades, pueblos y personas están facultadas para exigir que se cumplan los precitados derechos; para su interpretación y aplicación, se considerarán los principios previstos constitucionalmente y el Estado impulsará a personas jurídicas, naturales y colectivos a que protejan la naturaleza, promoviendo, además, el respeto a los elementos que conforman el ecosistema.[22]

Por su parte, el artículo 72 del precitado texto dispone que la naturaleza tiene derecho a su restauración, misma que será independiente a la obligación de las personas naturales o jurídicas y el Estado de indemnizar a colectivos e individuos dependientes de sistemas naturales impactados negativamente. En eventos de impacto ambiental que sea permanente o grave o que estén asociados con la explotación de los nominados recursos naturales no renovables, deberá establecerse, por parte del Estado, los mecanismos idóneos para cristalizar esta restauración, adoptando las medidas que se requieran para disminuir o erradicar las consecuencias ambientales negativas.[23]

Adicionalmente, el artículo 318 del mentado texto constitucional refiere que el agua es patrimonio nacional de uso público, con carácter imprescriptible e inalienable, del Estado y que debe ser

---

cia, *https://www.sitios.scjn.gob.mx/cec/sites/default/files/page/files/2020-04/Mari%CC%81a%20Amparo%20Alba%CC%81n.pdf*

21 Constitución de la Republica del Ecuador, disponible en: *https://www.ambiente.gob.ec/wp-content/uploads/downloads/2018/09/Constitucion-de-la-Republica-del-Ecuador.pdf*

22 *Ibidem.*

23 *Ibidem.*

visto como un elemento fundamental no solo para la naturaleza sino para la vida de los hombres, por lo que se prohíbe su privatización. Su gestión será comunitaria o pública y el servicio de saneamiento público, de riego y abastecimiento deberán prestarse por personas jurídicas comunitarias o estatales. El texto constitucional hace hincapié en la importancia que tiene el fortalecimiento del funcionamiento y gestión por parte del Estado frente a este recurso y a la prestación de servicios públicos a través de la generación de alianzas entre lo comunitario y lo público.

Además, el Estado por conducto de la autoridad del agua tiene a su cargo no solo la gestión sino la planeación de los recursos hídricos que se emplearán con fines de consumo o riego y con miras a la garantía de la soberanía alimentaria, actividades de orden productivo o caudal ecológico; así las cosas, se precisa de la autorización por parte del primero para el aprovechamiento de este recurso cuando tenga un fin productivo por parte del sector privado, público o de economía solidaria y popular.

El artículo 413, por su parte, hace énfasis en la promoción de la eficiencia energética por parte del Estado, así como el uso y necesario desarrollo de tecnologías y prácticas que sean sanas y limpias en términos ambientales y de energías renovables diversas, con impacto bajo, que no representen un riesgo para el equilibrio ecológico, la soberanía alimentaria o el derecho al agua.[24]

Conforme al artículo 414, el Estado está obligado a adoptar las medidas que requiera y que sean transversales para lograr la mejoría del cambio climático a través de la limitación de la emisión de gases de efecto invernadero, la contaminación atmosférica y la deforestación por lo que tiene, a su cargo, la toma de medidas que permitan conservar la vegetación y los bosques, así como la protección de la población con potencial riesgo.

Sin embargo, el amparo constitucional de estos derechos no está limitado a los artículos transcritos. A manera de guisa, el artículo 38 del Código Orgánico General de Procesos enuncia que

---

24 *Ibidem.*

la naturaleza podrá ser representada bien sea por una persona jurídica o por una natural e incluso, por el mismo defensor del pueblo ecuatoriano que, además, está facultado para actuar por facultad propia; aunado a ello, la naturaleza no puede ser reconvenida ni demandada. A la par, las acciones que se emprendan por daño ambiental o por aquel que afecte a los sujetos o a su patrimonio en virtud de este, serán ejercidos de manera independiente y separada.[25]

El artículo 39 del enunciado Código señala que, si en virtud de la aplicación de otras leyes se logra evitar, prevenir, restaurar, reparar o remediar el daño medioambiental, no es indispensable surtir alguna acción. No obstante, si estas acciones restauradoras, remediadoras o reparadoras del daño al medio ambiente o de su implementación proceden, deberán ser aprobadas por la autoridad ambiental y de no existir estas, el juzgador deberá ordenarlas.[26]

En paralelo, el Código Orgánico del Ambiente establece, en el artículo 4°, que su articulado promoverá el goce efectivo de los derechos de las personas, de la naturaleza, comunidades, pueblos, comunas, nacionalidades y colectivos a que puedan vivir en condiciones ambientalmente sanas y ecológicamente equilibradas, atendiendo a lo que sobre el particular se prevé en la Constitución, los instrumentos de carácter internacional que hayan sido ratificados por el Estado y recordando su carácter irrenunciable, inalienable, indivisible, progresivo e interdependiente. Además, para garantizar la tutela, el respeto y ejercicio de los derechos se gestarán garantías institucionales, normativas y jurisdiccionales y ejecutarán, a través de las herramientas necesarias, los derechos, principios y garantías ambientales de orden transversal y sistémico.

---

25 Asamblea nacional, Código Orgánico General de Procesos, disponible en: *https://www.funcionjudicial.gob.ec/pdf/CODIGO%20ORGANICO%20GENERAL%20DE%20PROCESOS.pdf*

26 *Ibidem.*

Paralelamente, el artículo 6° refiere que son derechos de la naturaleza los previstos en la Constitución; estos comprenden el respeto íntegro a la existencia de la enunciada naturaleza, así como la regeneración y manutención de su estructura, ciclos vitales, funciones, restauración y procesos evolutivos. Ahora, para garantizar que se ejerciten estos derechos, en el ordenamiento territorial y la planeación, se preverán los criterios territoriales de carácter ambiental atendiendo a los ecosistemas y la autoridad ambiental deberá pautar qué criterios territoriales se requiere y generará los lineamientos técnicos que se requieran con relación a la estructura, ciclos vitales, procesos evolutivos y funciones de la naturaleza.[27]

Considerados los aspectos normativos que anteceden, se colige que en Ecuador es evidente la existencia y pretendida protección del derecho al medio ambiente (sano y equilibrado) y los derechos de la naturaleza. No obstante, en el contexto actual amenaza climática y ambiental, la esfera de cumplimiento de los precitados derechos se torna más difícil, en especial, cuando estos entran en conflicto con otros salvaguardados por el sistema jurídico y constitucional. En estas condiciones, el sistema deberá adaptarse y prepararse para los retos que se presenten en esta tesitura y poner en marcha las herramientas que, sin enajenarse de la norma, pongan en práctica el uso de principios como la prevención y precaución en fallos judiciales, en eventos en los que, por supuesto, el esquema normativo sea insuficiente para el logro de la justicia.[28]

Ahora bien, es importante recordar que la jurisprudencia y la normativa ecuatoriana han sido fundamentales en el constructo de los elementos para el despliegue de los derechos de la naturaleza; particularmente destaca en esta gestación el rol activo de los jueces para la tutela efectiva de los derechos de la naturaleza y

---

27 Ministerio de Ambiente, Código orgánico del ambiente, *https://www.ambiente.gob.ec/wp-content/uploads/downloads/2018/01/CODIGO_ORGANICO_AMBIENTE.pdf*

28 Alban, María, *Op. Cit.* los derechos de la naturaleza y el riesgo climático: un nuevo escenario normativo.

la articulación del esquema biocéntrico de estos con un ordenamiento jurídico cimentado en el antropocentrismo. Sin embargo, hay aspectos pendientes en términos del ámbito y contenido de estos derechos, especialmente su relación con otros como los ambientales. Especialmente Ecuador, al ser país pionero en esta gesta tiene a cuestas una importante responsabilidad en términos de la concreción de una teoría de estos derechos y es una que no es exclusiva del Estado, sino que también le resulta aplicable a la sociedad civil que debe pugnar por su exigibilidad.[29]

En la misma línea, es importante enfatizar en que el reconocimiento de la personalidad jurídica que ostenta la *Pacha Mama* o la naturaleza, desde el punto de vista constitucional, ha constituido un parteaguas en la historia del derecho constitucional actual no solo en lo que concierne a la protección al ambiente y la naturaleza, sino también con relación a los sujetos de derecho.[30] Esta constitución, ciertamente, ha ido más allá de las bases del constitucionalismo clásico cimentado en el contrato social y el tinte antropocéntrico que, en esa línea, se daba a los derechos. De hecho, considera Boff que el constitucionalismo americano actual empalma la tradición ancestral característica de la región andina con la comprensión innovadora de la cosmología contemporánea, de la teoría de los sistemas y la biología molecular y genética que comprende a la tierra como un superorganismo vivo con capacidad de autorregularse para lograr la manutención de la vida, su reproducción y coevolución. En estas condiciones la nominada *Gaia* comprende a la globalidad de los seres, además de sustentar y generar vida en su biodiversidad; en su generosidad debe ser reconocida, respetada y considerada como

---

[29] Observatorio jurídico de derechos de la naturaleza, Base legal para DDN en Ecuador, *https://www.derechosdelanaturaleza.org.ec/base-legal-para-ddn-en-ecuador/*

[30] Boff, Leonardo, Constitucionalismos ecológicos en América Latina, 2013, disponible en *http://leonardoboff.wordpress.com/2013/05/14/constitucionalismo-ecologico-en-america-latina*

sujeto de derechos, para sustentar, paralelamente, los sociales y personales.[31]

Ahora bien, es fundamental entender que gracias al reconocimiento que se ha logrado de los derechos de la naturaleza ha sido posible el desarrollo del concepto de sustentabilidad como la conexión entre los procesos de desarrollo y lo medioambiental frente a un contexto dominante de insustentabilidad en el que priman el ánimo de lucro, la competencia y el crecimiento económico, favoreciendo paralelamente la artificialización de lo ambiental y rechazando las limitaciones ecológicas.[32]

A manera de cierre, es importante recordar que este reconocimiento de la *Pacha Mama* o de la naturaleza como sujeto de derechos está relacionado no solo con el buen vivir, sino con la concepción de Estado plurinacional; de hecho, estas categorías conceptuales —en conjunto— se constituyen en los pilares del constitucionalismo de Ecuador y han sido indispensables para repensar los modelos de sociedad actuales, mismos que se sustentan mayormente en el lucro y que, como se ha intentado evidenciar a este punto, han conducido e incluso propiciado el deterioro irreversible del medio ambiente, así como un escenario de exclusión social inequitativo.

Esto no obsta, sin embargo, para desconocer que la Constitución de Ecuador sigue siendo un referente importante en la promoción, desarrollo, reconocimiento y garantía de los derechos de la naturaleza, por lo que seguirá siendo un país que es tomado en consideración en el constructo de un planeta más consciente de los estragos del cambio climático y del carácter indispensable de la transformación radical de la política mundial de cara a una ineludible crisis ambiental; de hecho, puede afirmarse que esta Constitución es valiosa en términos jurídicos y puede ser conside-

---

[31] *Ibidem.*

[32] Gudynas, Eduardo, Desarrollo, Derechos de la Naturaleza y Buen Vivir después de Montecristi, Gabriela Weber ediciones, 2011, p. 86.

rada como un modelo de transformación necesario en un escenario de paulatino deterioro.[33]

Considérese —en todo caso— que la preocupación sobre este escenario (por lo menos, en América del Sur) no es exclusiva de Ecuador. En efecto, organismos internacionales pertenecientes al *Sistema de Naciones Unidas* han iniciado sendas discusiones pretendiendo la construcción de una declaración de derechos que tenga, como base, los que deben ser reconocidos a la naturaleza; particularmente, desde el año 2009 y gracias al Estado Plurinacional de Bolivia, la *Asamblea General* de Naciones Unidas procedió a trabajar con una resolución relacionada con la armonía de la naturaleza, misma que sería aprobada en el mes de diciembre de la enunciada anualidad y que permitió la posterior proclamación del Día Internacional de la Madre Tierra el día 22 de abril.

VI. UN ACTOR INESPERADO: LA SUPREMA CORTE DE JUSTICIA DE LA NACIÓN

Ahora bien, para el caso mexicano, si bien no existe algún ordenamiento que sujete a la naturaleza a ciertos derechos, también lo es que este reconocimiento ha venido de la mano de una decisión de la Suprema Corte de Justicia de la Nación.

Se trata del Amparo en revisión 307/2016; Liliana Cristina Cruz Piña y otra, resuelto el 14 de noviembre de 2018 y que generó diversas tesis entre ellas la que lleva por rubro y tesis, la siguiente:[34]

DERECHO HUMANO A UN MEDIO AMBIENTE SANO. LA VULNERACIÓN A CUALQUIERA DE SUS DOS DIMENSIONES CONSTITUYE UNA VIOLACIÓN A AQUÉL. El derecho humano a un medio ambiente sano posee una doble dimensión, la primera denominada objeti-

---

33 Melo, Mario, Derechos de la Naturaleza, globalización y cambio climático, línea sur Nro. 5, 2013, p. 46

34 Registrada digitalmente con el número 2018633, Primera Sala, Décima Época, publicada en la Gaceta del Semanario Judicial de la Federación. Libro 61, diciembre de 2018, Tomo I, página 308.

va o ecologista, que preserva al medio ambiente como un bien jurídico en sí mismo, no obstante, su interdependencia con otros múltiples derechos humanos. Esta dimensión protege a la naturaleza y al medio ambiente no solamente por su utilidad para el ser humano o por los efectos que su degradación podría causar en otros derechos de las personas, como la salud, la vida o la integridad personal, sino por su importancia para los demás organismos vivos con quienes se comparte el planeta, también merecedores de protección en sí mismos. La segunda dimensión, la subjetiva o antropocéntrica, es aquella conforme a la cual la protección del derecho a un medio ambiente sano constituye una garantía para la realización y vigencia de los demás derechos reconocidos en favor de la persona, por lo que la vulneración a cualquiera de estas dos dimensiones constituye una violación al derecho humano al medio ambiente, sin que sea necesaria la afectación de otro derecho fundamental.

Por virtud de este criterio, la Suprema Corte deja en claro que el derecho a un medio ambiente sano tiene una doble dimensión: una objetiva o ecologista y una segunda subjetiva o antropocéntrica.

La Suprema Corte reconoce, aun cuando lo haya hecho por vía de protección al derecho a un medio ambiente sano, concretamente con apoyo en el artículo 4 constitucional, que la tierra, como elemento de la naturaleza, tiene una gran importancia para los demás organismos vivos, los cuales son también merecedores de protección en sí mismos. Esto es, cada elemento de la naturaleza: bosques, agua, animales, tierra, la atmósfera, deben ser sujetos de derechos y protección en sí mismos y no tanto por la utilidad que estos le generan al ser humanos.

VII. CONCLUSIONES

1. La mejor forma de proteger a la Madre Tierra es reconociéndola como sujeta de derechos. Esto permitiría que cualquier persona, sin necesidad de contar con interés jurídico o legítimo, pueda defenderla.

2. La Madre Tierra es para las comunidades indígenas parte de su esencia y así debe reconocerse y declararse. Atentar contra ella, es atentar contra la vida de la comunidad. Este punto es difícil de entender para la mayoría de los juristas educados en el sistema romano-germánico-canónico, como el nuestro, que se alimenta actualmente del liberalismo económico y jurídico, para el cual no existe nada que no sea la propiedad privada o la propiedad pública. La propiedad social o comunitaria poco entendimiento tiene.

3. No es estrictamente necesario que el legislador reconozca a la Madre Tierra como sujeta de derechos en sí misma. La Suprema Corte ya lo ha hecho por vía jurisprudencial, aunque se reconoce que la vía más idónea para lograr esa protección es a través de una adición a las leyes que le reconozcan expresamente esos derechos.

VIII. FUENTES DE INVESTIGACIÓN

Alban, María, los derechos de la naturaleza y el riesgo climático: un nuevo escenario normativo, CIIAT y Centro de Estudios Constitucionales de la Suprema Corte de Justicia, 2020.

Asamblea nacional, Código Orgánico General de Procesos, disponible en: https://www.funcionjudicial.gob.ec/pdf/CODIGO%20ORGANICO%20GENERAL%20DE%20PROCESOS.pdf

Boff, Leonardo, Constitucionalismos ecológicos en América Latina, 2013, http://leonardoboff.wordpress.com/2013/05/14/constitucionalismo-ecologico-en-america-latina

Constitución de la Republica del Ecuador, https://www.ambiente.gob.ec/wp-content/uploads/downloads/2018/09/Constitucion-de-la-Republica-del-Ecuador.pdf

Gobierno de Jalisco, Declaración de Río, http://siga.jalisco.gob.mx/assets/documentos/TratadosInt/DeclaraRio_92.htm

Gudynas, Eduardo, Desarrollo, Derechos de la Naturaleza y Buen Vivir después de Montecristi, Gabriela Weber ediciones, 2011.

Melo, Mario, Derechos de la Naturaleza, globalización y cambio climático, línea sur Nro. 5, 2013.

Ministerio de Ambiente, Código orgánico del ambiente, https://www.ambiente.gob.ec/wp-content/uploads/downloads/2018/01/CODIGO_ORGANICO_AMBIENTE.pdf

Observatorio jurídico de derechos de la naturaleza, Base legal para DDN en Ecuador, https://www.derechosdelanaturaleza.org.ec/base-legal-para-ddn-en-ecuador/

ONU, Convenio sobre la Diversidad Biológica, instrumento internacional clave para un desarrollo sostenible, https://www.un.org/es/observances/biodiversity-day/convention#:~:text=El%20Convenio%20sobre%20la%20Diversidad,ha%20sido%20ratificado%20por%20196

Universidad de Cuenca, Derechos de la Naturaleza en Ecuador, 2021, https://www.ucuenca.edu.ec/component/content/article/277-espanol/investigacion/blog-de-ciencia/ano-2021/mayo-2021/2064-leyes-fisicas-y-modelos-basados-en-datos-2?Itemid=437

EL DERECHO AL TRABAJO DECENTE DE LOS MIGRANTES INDÍGENAS EN MÉXICO: EL CASO DE LOS TRABAJADORES GUATEMALTECOS EN CHIAPAS

LEONEL CASTRO ACOSTA*
LUIS ENRIQUE CONCEPCIÓN MONTIEL**

SUMARIO: I. Introducción. II. Contexto de los migrantes indígenas en el Estado de Chiapas. III. Marco jurídico regulador. IV. Derecho al trabajo decente. V. Conclusiones. VI. Fuentes de investigación.

I. INTRODUCCIÓN

México es un país caracterizado por su multiculturalidad y su estratégica posición geográfica frente a los movimientos migratorios de Centroamérica y del resto del mundo por su cercanía con Estados Unidos. En los últimos años hemos presenciado éxodos importantes de personas migrantes que desean ingresar por la frontera norte de México a los EE.UU., así como otros flujos regionales de movilidad laboral transfronteriza.

---

* Doctor en Ciencias Sociales por el Colegio de la Frontera Norte, Maestro en Administración pública y Licenciado en Derecho. Responsable del área de Asuntos Jurídicos del Sindicato Nacional de Trabajadores Operadores de Libros y Establecimientos de Diversión, Hoteles, Restaurantes, Comunicaciones y Servicios en Entidades Locales y Federales; así como del Área Jurídica y Recursos Humanos del Colegio Alemán Cuauhtémoc Hank, A.C. Correo electrónico: leonel.castro@sintoled.com

** Profesor Investigador de Tiempo Completo de la Universidad Autónoma de Baja California (UABC). Integrante del Sistema Nacional de Investigadores nivel I, CONAHCYT México. Doctor en Ciencias Políticas y Sociología.

En esta multiculturalidad reconocida en el artículo 2° de la Constitución Política de los Estados Unidos Mexicanos (CPEUM) encontramos una diversidad de etnias indígenas de la región.[1]

De acuerdo con el Censo de Población y Vivienda 2020 del INEGI,[2] en nuestro país existen 23.2 millones de personas de tres años y más, que se autoidentifican como indígenas, esto es equivalente a cerca del 20% de la población total de ese rango de edad. Con respecto a los hogares indígenas, en este censo utilizando el criterio del Instituto Nacional de los Pueblos Indígenas (INPI) se identificó a casi 12 millones de personas, lo que equivale a casi el 10% de la población total del país.

Con respecto a las entidades federativas, el estado de Chiapas se encuentra en la segunda posición a nivel nacional de personas hablantes de lengua indígena con el 28.2% del total de hablantes de lengua indígena en el país, solo por debajo del estado de Oaxaca con el 31.2% de esta población.

Sobre su participación económica, encontramos que de la población de 12 años y más, que son hablantes de alguna lengua indígena, se encontraban económicamente activos el 60.5%, esto es, que se encontraban trabajando o buscando trabajo durante la semana previa en que el INEGI realizó el levantamiento del censo.

Con estos datos se puede observar la importancia de las comunidades indígenas en las entidades federativas del sur profundo mexicano, sobre todo, en el estado de Chiapas que colinda con el país de Guatemala, en donde surge un fenómeno social intere-

---

1 De acuerdo con la Constitución Política de los Estados Unidos Mexicanos (CPEUM), en su Artículo 2°. Se establece que, "La Nación Mexicana es única e indivisible. La Nación tiene una composición pluricultural sustentada originalmente en sus pueblos indígenas que son aquellos que descienden de poblaciones que habitaban en el territorio actual del país al iniciarse la colonización y que conservan sus propias instituciones sociales, económicas, culturales y políticas, o parte de ellas".

2 INEGI, Censo de Población y Vivienda 2020 *https://www.inegi.org.mx/programas/ccpv/2020/#:~:text=El%20Censo%20de%20Poblaci%C3%B3n%20y,viviendas%20para%20obtener%20informaci%C3%B3n%20sobre*

sante de movilidad laboral transfronteriza, y de los cuales, un importante flujo migratorio es perteneciente a algún grupo étnico.

Para ejemplificar la importancia del trabajo que realizan los guatemaltecos provenientes de los departamentos fronterizos con Chiapas, en el mapa 1 se muestra los lugares en que se emplearon estos trabajadores migrantes y el lugar de residencia en Guatemala.

Mapa 1. Distribución porcentual del flujo de migrantes guatemaltecos procedentes de México, por departamento de residencia en Guatemala y municipio de trabajo en México, 2019

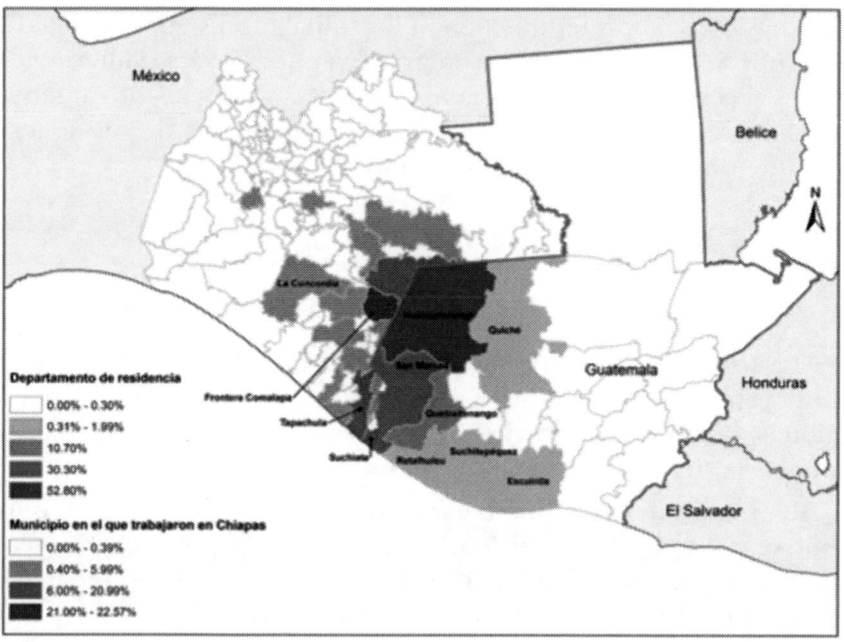

Fuente: Emif Sur (2020:21).

De acuerdo con la Emif Sur,[3] la movilidad laboral transfronteriza hacia el estado de Chiapas ha tenido momentos importantes

---

[3] Encuesta sobre Migración en la Frontera Sur de México (EMIF SUR): Informe Anual de Resultados 2019 en el Colegio de la Frontera Norte (CO-

con respecto a la cantidad de desplazamientos como en 2013, en donde el flujo laboral guatemalteco alcanzó los 642 mil desplazamientos anuales registrados, mientras que en 2019 alcanzaron los 296 mil desplazamientos anuales registrados.

Es importante aclarar que no todo el flujo laboral procedente de Guatemala está registrado, esto se debe en parte por la alta porosidad de la frontera y las diferentes formas en que pueden ingresar a México de manera irregular como son el cruce en balsa, por veredas o por las montañas.

En este sentido, en este capítulo se aborda una aproximación a los derechos laborales que tienen los trabajadores guatemaltecos, que por su condición étnica y migratoria pueden verse vulnerables en el acceso a prestaciones laborales, y los cuales históricamente no han recibido en México y tampoco en su país de residencia porque no se encuentran trabajando en éste último.

II. CONTEXTO DE LOS MIGRANTES INDÍGENAS EN EL ESTADO DE CHIAPAS

La frontera sur entre México y Guatemala está vinculada por importantes lazos históricos, sociales y culturales entre sus poblaciones, siendo un territorio que llegó a pertenecer a ambas naciones hasta su adhesión al territorio mexicano.

La región del Soconusco es importante económicamente porque se encuentra integrado por regiones que exportan café y plátano, principalmente, además de productos como melón, papaya y caña de azúcar a las diferentes partes del mundo.

Sin embargo, esta región también es importante porque es receptora de trabajadores provenientes de los departamentos gua-

---

LEF), Secretaría del Trabajo y Previsión Social (STPS), Consejo Nacional de Población (CONAPO), Unidad de Política Migratoria (UPM), Secretaría de Relaciones Exteriores (SRE) (2020). Disponible en: *https://www.colef.mx/emif/datasets/informes/sur/2019/Emif%20Sur%20Informe%20Anual%202019.pdf*

temaltecos fronterizos que conlindan con el estado de Chiapas y los cuáles se insertan principalmente en la industria agropecuaria que se desarrolla en el Soconusco. Esta movilidad laboral de trabajadores guatemaltecos a los campos cafetaleros del Soconusco, principalmente, fueron sustituyendo a los indígenas provenientes de los Altos de Chiapas formando parte de las estrategias de las familias campesino-indígenas de Guatemala[4]

Al respecto, es importante resaltar que, en relación con su condición étnica, el 53.5% de los hombres y el 39.2% de las mujeres de esta población de trabajadores guatemaltecos en el estado de Chiapas son pertenecientes a alguna etnia indígena.[5]

Esta condición los sujeta a desventajas en el acceso a prestaciones laborales que las normas internacionales y nacionales en nuestro país les otorgan por carecer de documentos migratorios para entrar a México para trabajar, insertándose su mayoría en empleos informales.

En la gráfica 1 se muestra la distribución del flujo de migrantes guatemaltecos procedentes de México por condición de documentos migratorios cuando entraron a México, siendo en su mayoría trabajadores que entraron sin documentos migratorios. Esto se debe en parte por la porosidad que prevalece a lo largo de la frontera entre México y Guatemala que facilita el cruce irregular de las personas que transitan por esta región.

---

4 Castro, Leonel, La precariedad laboral en el empleo transfronterizo: el caso de los trabajadores guatemaltecos en la frontera sur de México con Guatemala. *Tesis de Doctorado,* México, El Colef, 2022

5 Encuesta sobre Migración en la Frontera Sur de México (EMIF SUR). *Óp. Cit.*

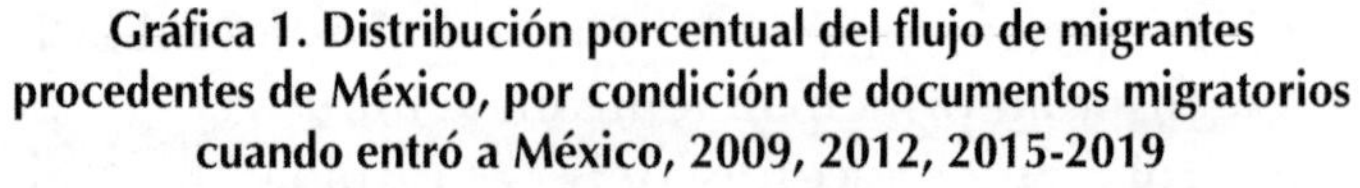

Gráfica 1. Distribución porcentual del flujo de migrantes procedentes de México, por condición de documentos migratorios cuando entró a México, 2009, 2012, 2015-2019

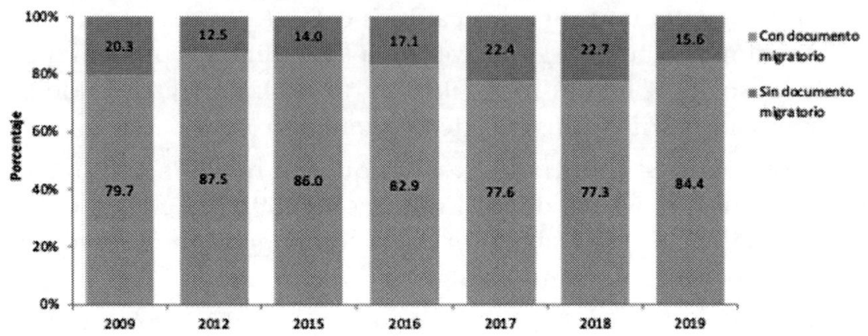

Fuente: Emif Sur (2020:18).

Sin embargo, los trabajadores que se encuentran en México con algún documento migratorio, no significa que este documento migratorio les autorice ingresar a nuestro país para trabajar de manera regular. El Instituto Nacional de Migración (INM) es la instancia que autoriza los siguientes documentos migratorios: Tarjeta de Visitante Regional (TVR), Tarjeta de Visitante Trabajador Fronterizo (TVTF), visa por razones humanitarias, entre otras.

En este sentido, en 2019 los trabajadores guatemaltecos con la Tarjeta de Visitante Regional representaron el 60.8% de esta población, mientras que el 37.8% de estos ingresaron con la Tarjeta de Visitante Trabajador Fronterizo. Estos datos sugieren que poco más de la mitad de los trabajadores guatemaltecos ingresaron sin documento migratorio autorizado para trabajar en México, esto puede ser debido, además, por los requisitos para solicitar la TVTF, como que el empleador se encuentre registrado ante el Instituto Nacional de Migración y solicite por medio de un ofrecimiento de empleo el permiso para trabajar en México para el trabajador migrante.

Esta información es importante para resaltar la vulnerabilidad a la que se encuentran estos trabajadores en el estado de Chiapas por su condición étnica y sin documentación migratoria para trabajar en México de manera regular frente a la dificultad de acceso a prestaciones laborales y empleos decentes como se mostrará más adelante (gráfica 5).

Gráfica 2. Distribución porcentual de flujo de migrantes procedentes de México, por tipo de documentos para entrar a México, 2009, 2012, 2015-2019

Tipo de documento	*2009*	*2012*	*2015*	*2016*	*2017*	*2018*	*2019*
TVR	84.2	54.4	41.5	43.0	56.0	56.7	60.8
TVTF	15.5	45.4	58.4	56.9	42.8	42.6	37.8
Otro	0.3	0.2	0.1	0.1	1.1	0.7	1.4
Total	*100.0*	*100.0*	*100.0*	*100.0*	*100.0*	*100.0*	*100.0*

Fuente: Emif Sur (2020:19).

Asimismo, se debe resaltar el periodo de 2015 y 2016, como los años con mayor porcentaje de trabajadores guatemaltecos que ingresaron con la Tarjeta de Visitante Trabajador Fronterizo, debido a que nuestra legislación laboral regula que las relaciones laborales se establezcan de forma escrita o verbal, con todas las condiciones de trabajo a las que estará sujeto el trabajador, sin embargo, el carecer de documento migratorio para trabajar en México de forma regular es posible que incremente o incida en que se inserten en empleos informales, sin contrato de trabajo ni prestaciones laborales.

Se debe de señalar que el estado de Chiapas es la tercera entidad federativa con mayor índice de informalidad laboral (75.2%) solamente por debajo de Oaxaca (81.2%) y Guerrero (79%)[6], lo que contextualiza el tipo de mercado de trabajo en el que se encuentran estos trabajadores y sus adversidades.

Con relación a las actividades económicas que desarrollan en su permanencia temporal en México, es importante resaltar que el sector agropecuario ha sido principalmente su fuente de empleo. Estos datos coinciden con el tipo de documento migratorio con el que ingresan a nuestro país, sugiriendo que el trabajador

---

6 INEGI. (2023). Comunicado de prensa núm. 95/23, 20 de febrero de 2023, página 1/25.

que se desempeña en el sector agropecuario tiene mayor incidencia a contar con una Tarjeta de Visitante Trabajador Fronterizo, que el resto de los trabajadores que se desempeñan en las demás actividades económicas.

Esto quiere decir que es más probable que un trabajador del sector agropecuario se encuentre trabajando con contrato de trabajo, ya sea por escrito o verbal, sin embargo, esto no garantiza el acceso a prestaciones laborales como se muestra en la gráfica 5.

Además, cuando hablamos del sector agropecuario, generalmente son lugares de trabajo en el que acuden familias completas a trabajar, siendo sujetas a posiblemente el trabajo infantil que está prohibido por nuestra legislación laboral, y a las cuáles todas las empresas o patrones están obligados a promover, respetar y cumplir.

Gráfica 3. Distribución porcentual del flujo de migrantes procedentes de México, por sector de actividad económica en su última estancia en México, 2009, 2012, 2015-2019

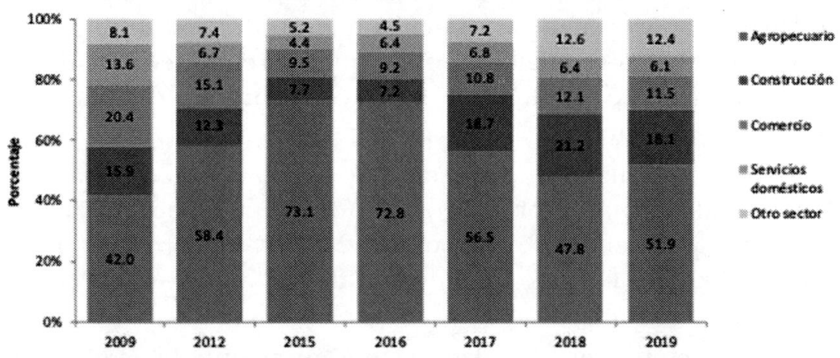

Fuente: Emif Sur (2020:23).

Para contextualizar el problema con que se enfrentan los trabajadores guatemaltecos en Chiapas para realizar un trabajo decente, es importante revisar los cambios de algunas condiciones generales de trabajo que ha tenido este grupo específico, por consiguiente, al respecto con los ingresos, la gráfica 4 muestra una alta volatilidad en los ingresos que reciben los trabajadores guatemaltecos, sobre todo, en los dos rangos más bajos de ingreso. La mayoría de estos trabajadores perciben entre 1 y 2 salarios mínimos diarios, lo que es considerado en algunas investigaciones como insuficiencia salarial[7], esto es, que sus ingresos diarios se encuentren por debajo de dos salarios mínimos.

De igual manera, cuando se observan los periodos de 2015 y 2016, los datos muestran una correlación entre el ingreso recibido (gráfica 4) por día con el tipo de actividad económica en la que se encontraban desempeñando (gráfica 3)

Gráfica 4. Distribución porcentual del flujo de migrantes procedentes de México, por nivel de ingreso recibido en México, en múltiplos de salarios mínimos (SM), 2009, 2012, 2015-2019

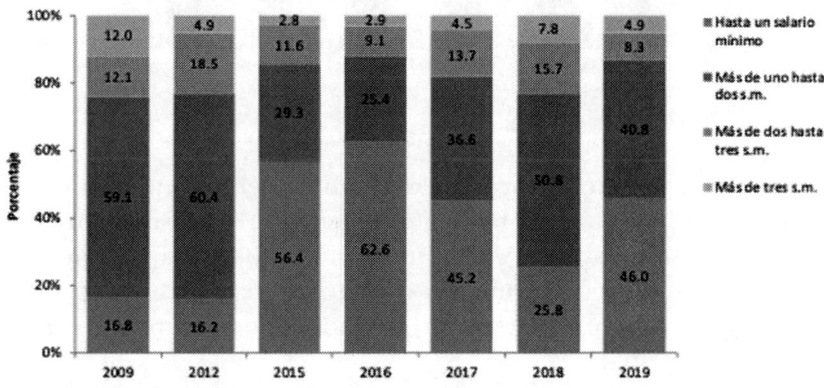

Fuente: Emif Sur (2020:23).

Sobre el acceso a prestaciones laborales durante su estancia trabajando en México (gráfica 5), los datos muestran que históricamente han carecido de acceso a servicios de salud, vacaciones y aguinaldo, prestaciones laborales que se encuentran salvaguardadas en nuestra Constitución Mexicana y en la Ley Federal del Trabajo. Sin embargo, es importante resaltar que han sido sujetos

7 Castro, Leonel, La precariedad laboral en el empleo transfronterizo… cit

a otras prestaciones como alimentos o comidas y hospedaje, los cuales muestran ser beneficios correlacionados con la actividad en el sector agropecuario.

Gráfica 5. Distribución porcentual del flujo de migrantes procedentes de México, por acceso a prestaciones laborales en México, 2009, 2012, 2015-2019

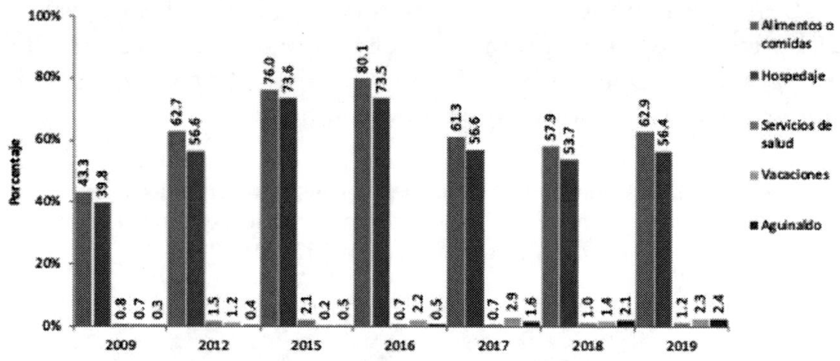

Fuente: Emif Sur (2020:24).

En este contexto de precariedad laboral en el que se mueven los trabajadores guatemaltecos en Chiapas, resulta relevante como se regula el trabajo. A continuación se abordarán las normas jurídicas que regulan el trabajo de estos trabajadores migrantes, en su mayoría, conformadas por pobladores de alguna etnia indígena en Guatemala.

III. MARCO JURÍDICO REGULADOR

El estado mexicano como sujeto de derechos y obligaciones en un marco internacional y con autonomía para autorregularse, cuenta con una serie de normas jurídicas tendientes a regular el empleo y las migraciones.

En el marco internacional, México, mantiene ratificada la Convención Internacional sobre la Protección de los Derechos de todos los trabajadores migratorios y de sus familiares,[8] adoptada por la Asamblea General de la Organización de las Naciones Unidas en su resolución 45/158 de fecha 18 de diciembre de 1990.

En esta convención internacional se resguardan los derechos humanos, la no discriminación en el reconocimiento de sus derechos, y en materia laboral, se privilegian los derechos a ellos y sus familiares de seguridad social, trato por igual con respecto a los trabajadores nacionales del Estado de empleo con relación a las jornadas de trabajo, descanso semanal, vacaciones pagadas, seguridad y salud.

México se adhirió a dicho convenio internacional desde su firma en 1991 y su ratificación en 1999. Por lo que sus disposiciones son sujetas a cumplirse por parte del Estado mexicano hacia los trabajadores migrantes.

Dentro de los convenios fundamentales de la Organización Internacional del Trabajo, relativos a la seguridad y condiciones de trabajo se encuentra el Convenio sobre la discriminación (empleo y ocupación)[9] número 111 de 1958 y el Convenio sobre seguridad y salud de los trabajadores[10] número 155 de 1981.

El primero de éstos, se refiere a la protección de la discriminación entendiendo como "cualquier distinción, exclusión o preferencia basada en motivos de raza, color, sexo, religión, opinión política, ascendencia nacional u origen social que tenga por efecto anular o alterar la igualdad de oportunidades o de trato en el empleo y la ocupación".[11]

---

8 Convención Internacional sobre la Protección de los Derechos de todos los trabajadores migratorios y de sus familiares, 1990. *https://www.ohchr.org/sites/default/files/cmw_SP.pdf*

9 Convenio sobre la discriminación (empleo y ocupación), 1958 (núm. 111). *https://www.ilo.org/wcmsp5/groups/public/—ed_norm/–declaration/documents/publication/wcms_decl_fs_108_es.pdf*

10 Convenio sobre seguridad y salud de los trabajadores, 1981 (núm. 155) *https://www.ilo.org/dyn/normlex/es/f?p=NORMLEXPUB:12100:0::NO::P12100_ILO_CODE:C155*

11 Convenio sobre la discriminación (empleo y ocupación) ...cit

Para esto, los estados deben formular y llevar a cabo una política nacional que promueva las condiciones de igualdad de oportunidades y de trato en materia de empleo y ocupación con el objetivo de eliminar cualquier discriminación en este campo.

Mientras que el segundo convenio es aplicable a todas las ramas de actividad económica de los países firmantes, sujetando al estado a formular y poner en práctica una política nacional en materia de seguridad y salud de los trabajadores y medio ambiente de trabajo, que debe formularse a partir de la consulta de las organizaciones más representativas de empleadores y trabajadores interesados.

Anteriormente, en el marco contextual de este capítulo se abordó el sector económico en el que mayormente se insertan los trabajadores guatemaltecos en Chiapas, siendo principalmente el sector agropecuario en los campos cafetaleros y plataneros. Se mencionó que son lugares de trabajo en los que concurren generalmente familias completas a trabajar en las temporadas de cosecha, y que pueden estar sujetas a encontrarse posiblemente con trabajo infantil que van acompañando a sus familias.

Al respecto, el Estado mexicano está sujeto a los Convenios sobre la edad mínima[12] establecida en el número 138 de 1973 y el Convenio sobre las peores formas de trabajo infantil[13] número 182 de 1999. El primero se refiere a que los países miembros "deben comprometerse con una política nacional que asegure la abolición efectiva del trabajo de los niños y eleve progresivamente la edad mínima de admisión al empleo o al trabajo a un nivel que haga posible el más completo desarrollo físico y mental de los menores".[14] La edad mínima para los trabajos que por su naturaleza resulten peligrosos para la salud, la seguridad o la moralidad

---

12 Convenio sobre la edad mínima, 1973 (núm. 138). *https://www.ilo.org/legacy/spanish/buenos-aires/trabajo-infantil/resource/docs/sabermas/normativa/c138.pdf*

13 Convenio sobre las peores formas de trabajo infantil, 1999 (núm. 182). *https://www.ilo.org/legacy/spanish/buenos-aires/trabajo-*

14 Convenio sobre la edad mínima, 1973 (núm. 138) … cit

de los menores es de 18 años, mientras que los trabajos garanticen plenamente la salud, la seguridad y la moralidad de los adolescentes, la edad puede ser a partir de los 16 años.

En el segundo de los convenios mencionados anteriormente sobre el trabajo infantil, sujeta a los estados miembros a "adoptar medidas inmediatas y eficaces para conseguir la prohibición y la eliminación de las peores formas de trabajo infantil con carácter de urgencia".[15]

En el ámbito nacional, en México en la CPEUM en el artículo 1° establece que todas las personas gozarán de los derechos humanos reconocidos por la Constitución y en los tratados internacionales de los que el Estado Mexicano sea parte. Asimismo, todas las autoridades tienen la obligación de promover, respetar, proteger y garantizar los derechos humanos de todas las personas en territorio nacional.[16]

En este sentido, la Constitución protege los derechos humanos de todas las personas que se encuentran en territorio nacional, siempre y cuando éstos no contravengan alguna disposición legal que les sea aplicable.

Se debe de recordar que son trabajadores en territorio mexicano provenientes del extranjero, en su mayoría, provenientes de origen étnico, y que, además, no cuentan con un documento migratorio que les autorice trabajar.

Este escenario puede percibirse como desfavorable para nuestro grupo de estudio para el reconocimiento de sus derechos y prestaciones laborales.

Por otra parte, el artículo 123 de la carta magna en México, establece que toda persona tiene derecho al trabajo digno y socialmente útil; al efecto, se promoverán la creación de empleos

---

15 Convenio sobre las peores formas de trabajo infantil, 1999 (núm. 182) ... cit

16 Constitución Política de los Estados Unidos Mexicanos *https://www.diputados.gob.mx/LeyesBiblio/pdf/CPEUM.pdf*

y la organización del trabajo.[17] Este artículo da origen a la Ley Federal del Trabajo que regula las relaciones laborales entre los patrones y trabajadores en nuestro país.

Como se mencionó anteriormente, de la Carta Magna se desprende la creación de la Ley laboral en mención, el cual en su artículo 2° refiere que "las normas de trabajo tienden a conseguir el equilibrio entre los factores de producción y la justicia social, así como propiciar el trabajo digno o decente en todas las relaciones laborales".[18]

Asimismo, este artículo de la legislación laboral mexicano establece que "el trabajo digno o decente es aquél en el que se respeta plenamente la dignidad humana del trabajo; no existe discriminación por origen étnico o nacional, género, edad, discapacidad, condición social, condiciones de salud, religión, condición migratoria, opiniones, preferencias sexuales o estado civil; se tiene acceso a la seguridad social y se percibe un salario remunerador, se recibe capacitación continua para el incremento de la productividad con beneficios compartidos, y se cuenta con condiciones óptimas de seguridad e higiene para prevenir riesgos de trabajo".[19]

Es importante la conceptualización que realiza la Ley Federal del Trabajo sobre lo que se entiende por trabajo decente, sobre todo, la obligación del estado mexicano que tiene sobre promover, salvaguardar y hacer cumplir cada una de las disposiciones legales tendientes al cumplimiento de estos preceptos.

Por último, es importante destacar que en la Ley de Migración en México,[20] en el artículo 52 se hace referencia al concepto de visitante trabajador fronterizo como aquel que al "contar con la calidad de visitante trabajador fronterizo autoriza al extranjero que sea nacional de los países con los cuales México comparte

---

17 Constitución Política de los Estados Unidos Mexicanos…cit

18 Ley Federal del Trabajo. *https://www.gob.mx/cms/uploads/attachment/file/156203/1044_Ley_Federal_del_Trabajo.pdf*

19 *Ibidem.*

20 Ley de migración, *https://www.diputados.gob.mx/LeyesBiblio/pdf/LMigra.pdf*

límites territoriales, para permanecer hasta por un año en las entidades federativas que determine la Secretaría".

Esto debido a que en México la legislación laboral y migratoria, para la región del sur profundo mexicano, se autoriza el permiso para trabajar de manera regular por medio de la Tarjeta de Visitante Trabajador Fronterizo, el cuál conlleva una serie de requisitos tanto para el empleador o el patrón, como para los trabajadores guatemaltecos, en el caso de nuestro grupo de estudio.

Su cumplimiento, si bien, no asegura el cumplimiento de los empleadores de otorgar las prestaciones laborales que generalmente los nacionales gozan en sus empleos en territorio nacional, aproxima a los trabajadores migrantes, sobre todo los que provienen de una comunidad indígena a que se les respeten sus derechos, así como a recibir un buen trato fuera de las diferentes modalidades en que se pueda presentar la discriminación en el centro de trabajo.

IV. DERECHO AL TRABAJO DECENTE

El trabajo decente que no es más que una lucha por la dignidad humana[21] y que, a partir de la propuesta de la OIT en 1999, "impulsa el respeto a los derechos laborales en cada país, para con ello mejorar las condiciones de trabajo con el fin de que las personas logren desplegar sus capacidades para satisfacer sus necesidades en condiciones de equidad, libertad, seguridad y dignidad"[22]

Como se muestra en el apartado anterior, la legislación laboral en México, refiere que el trabajo decente es "aquel que respeta la

---

[21] Somavía, Juan, *El trabajo decente. Una lucha por la dignidad humana*, Organización Internacional del Trabajo, Chile, 2014. *https://www.ilo.org/wcmsp5/groups/public/—americas/—ro-lima/—sro-santiago/documents/publication/wcms_380833.pdf*

[22] Gálvez Santillán, Elizabeth et al,, "El trabajo decente, una alternativa para reducir la desigualdad en la globalización: el caso de México" *Región y sociedad* / año xxviii / no. 66. 2016, p. 72. *https://www.scielo.org.mx/pdf/regsoc/v28n66/1870-3925-regsoc-28-66-*

dignidad humana en el trabajo, sin discriminación, en el cual gozan o tienen acceso a seguridad social, con un salario remunerador, en el que se otorga capacitación para incrementar la productividad y se cuente con las condiciones adecuadas de seguridad e higiene en el trabajo".[23]

Por consiguiente, el irrestricto cumplimiento de sus derechos laborales y la formulación de políticas nacionales dirigidas a promover, respetar y vigilar el cumplimiento de empleadores y patrones hacia los trabajadores migrantes provenientes de una comunidad indígena protegerá su derecho internacional a una vida digna sin discriminación en el trabajo.

La OIT[24] hace mención que el trabajo remunerado es considerado como la pieza clave para que los trabajadores encuentren el bienestar material, la seguridad económica y la igualdad de oportunidades, sin embargo, el encontrarse empleado no significa que las personas puedan disfrutar de condiciones para una vida digna, esto se debe a que muchos trabajadores se ven forzados a emplearse en puestos precarios, generalmente en la economía informal, sin seguridad social y sin certeza de la permanencia en el empleo.

Asimismo, esta organización internacional, en su 87ª reunión celebrada en 1999,[25] adoptó el concepto de trabajo decente como aquel que refiere al trabajo productivo y que debe de contar con las condiciones de libertad, equidad, seguridad y dignidad humana. En este sentido, por trabajo decente debe entenderse como aquel que goza de condiciones dignas, respeto a los derechos humanos de cada trabajador, de salarios justos y que cuentan con seguridad social.[26]

Como se observa en el apartado de las normas jurídicas que regulan el empleo de los trabajadores migrantes y pertenecientes a

---

23 Ley federal del Trabajo… Op. cit.

24 Organización Internacional del Trabajo. (1999)…cit

25 Ibid

26 Monsalve, Martha E, Trabajo decente y seguridad social en *Condiciones de trabajo y seguridad social*. Universidad Nacional Autónoma de México, 2022. https://archivos.juridicas.unam.mx/www/bjv/libros/7/3142/16.pdf

una comunidad indígena, la Organización Internacional del Trabajo ha sido promotora de los derechos humanos y los derechos laborales de los trabajadores en todo el mundo, invitando a los diferentes países que sean miembros activos a través de la firma y adopción de sus convenios internacionales para incidir sobre las políticas nacionales.

Finalmente, la agenda 2030 para el Desarrollo Sostenible adoptada por la Asamblea General de la Organización de las Naciones Unidas es "un plan de acción para beneficio de las personas y del planeta". En su objetivo 8 establece el trabajo decente y el crecimiento económico dirigido a generar la conciencia de que mientras más personas cuenten con empleos decentes, esto se traduce en un mayor crecimiento para los países del mundo. Estos propósitos enfrentan retos muy serios, que hay que superar, según la OIT,[27] durante el año 2022, las perspectivas mundiales de los mercados de trabajo se deterioraron considerablemente y ante estas difíciles circunstancias, persisten en todo el mundo importantes déficits de trabajo decente que quebrantan la justicia social sobre todo a los grupos más vulnerables como podrían ser los trabajadores indígenas guatemaltecos.

V. CONCLUSIONES

El tema de los derechos laborales de personas indígenas, sobre todo, si se encuentran en condiciones migratoria por provenir de un país extranjero, es un tema relevante para el avance de los derechos humanos y que implica diferentes líneas de investigación que se pueden ser abordadas, desde los campos de las ciencias jurídicas, la sociología, la antropología, la economía, entre otras ciencias.

---

27 Organización Internacional del Trabajo Perspectivas sociales y empleo en el mundo. Tendencias 2023 *https://www.ilo.org/wcmsp5/groups/public/—dgreports/—dcomm/—publ/documents/publication/wcms_865368.pdf*

En este capítulo se abordaron desde el punto de vista socio jurídico, algunas cuestiones sobre el marco jurídico regulador de los migrantes trabajadores y las limitaciones y carencias que han sufrido los trabajadores guatemaltecos históricamente en su empleo en México, consistiendo la mayoría de esta población en personas provenientes de alguna comunidad indígena en Guatemala. El contexto social, económico y cultural presentado de manera muy general explica en gran parte las causas que llevan a la vulnerabilidad laboral de estos grupos indígenas que buscan un trabajo decente en donde se respete su dignidad humana y que hasta la fecha no se han creado las condiciones favorables para alcanzar sus propósitos legítimos a pesar del marco jurídico regulatorio tanto internacional como nacional.

A su vez, estos grupos de trabajadores guatemalteco en Chiapas, al mantener un estatus de condición migratoria los convierte en sujetos vulnerables en el acceso a prestaciones laborales y derechos sociales como contar con vacaciones, aguinaldo, y sobre todo, contar con un fondo de ahorro para el retiro, que en su mayoría, no son calificados para contar con una jubilación cuando llegan a esa edad porque no trabajaron en su país de origen, y en México, tampoco son sujetos a ella.

Estos beneficios y derechos que han mencionado de prestaciones y derechos laborales, son elementos imprescindibles, para que estos grupos puedan ser sujetos de contar con una vida digna.

VI. FUENTES DE INVESTIGACIÓN

Castro, Leonel, La precariedad laboral en el empleo transfronterizo: el caso de los trabajadores guatemaltecos en la frontera sur de México con Guatemala. *Tesis de Doctorado,* El Colef: México, 2022.

Gálvez Santillán, Elizabeth et al, "El trabajo decente, una alternativa para reducir la desigualdad en la globalización: el caso de México" *Región y sociedad* / año xxviii / no. 66. 2016, p. 72. *https://www.scielo.org.mx/pdf/regsoc/v28n66/1870-3925-regsoc-28-66-*

Monsalve, Martha E, Trabajo decente y seguridad social en *Condiciones de trabajo y seguridad social.* Universidad Nacional Autónoma de México, 2022. *https://archivos.juridicas.unam.mx/www/bjv/libros/7/3142/16.pdf*

Somavía, Juan El trabajo decente. Una lucha por la dignidad humana, Organización Internacional del Trabajo, Chile, 2014. *https://www.ilo.org/wcmsp5/groups/public/—americas/—*

Documentos y estadísticas

Encuesta sobre Migración en la Frontera Sur de México (EMIF SUR): Informe Anual de Resultados 2019 en el Colegio de la Frontera Norte (COLEF), Secretaría del Trabajo y Previsión Social (STPS), Consejo Nacional de Población (CONAPO), Unidad de Política Migratoria (UPM), Secretaría de Relaciones Exteriores (SRE) (2020). Disponible en: *https://www.colef.mx/emif/datasets/informes/sur/2019/Emif%20Sur%20Informe%20Anual%202019.pdf*

Instituto Nacional de Estadística, Geografía e Informática (INEGI). (2022). Estadísticas a propósito del día internacional de los pueblos indígenas. Comunicado de prensa núm. 430/22, 8 de agosto de 2022.

______ (2023). Encuesta Nacional de Ocupación y Empleo, nueva edición, cuarto trimestre de 2022. Comunicado de prensa núm. 95/23, 20 de febrero de 2023.

Organización Internacional del Trabajo. (1999). Memoria del Director General. Trabajo decente. Conferencia Internacional del Trabajo. 87ª. Reunión 1999. Ginebra. https://www.ilo.org/public/spanish/standards/relm/ilc/ilc87/rep-i.htm

Legislación

Constitución Política de los Estados Unidos Mexicanos *https://www.diputados.gob.mx/LeyesBiblio/pdf/CPEUM.pdf*

Ley Federal del Trabajo *https://www.diputados.gob.mx/LeyesBiblio/pdf/LFT.pdf*

Ley de migración, https://www.diputados.gob.mx/LeyesBiblio/pdf/LMigra.pdf

Instrumentos internacionales

Convenio sobre la discriminación (empleo y ocupación), 1958 (núm. 111). *https://www.ilo.org/wcmsp5/groups/public/---ed_norm/--declaration/documents/publication/wcms_decl_fs_108_es.pdf*

Convenio sobre seguridad y salud de los trabajadores, 1981 (núm. 155) *https://www.ilo.org/dyn/normlex/es/f?p=NORMLEXPUB:12100:0::NO::P12100_ILO_CODE:C155*

Convenio sobre la edad mínima, 1973 (núm. 138). *https://www.ilo.org/legacy/spanish/buenos-aires/trabajo-infantil/resource/docs/sabermas/normativa/c138.pdf*

Convenio sobre las peores formas de trabajo infantil, 1999 (núm. 182). *https://www.ilo.org/legacy/spanish/buenos-aires/trabajo-infantil/resource/docs/sabermas/normativa/c182.pdf*

Convención Internacional sobre la Protección de los Derechos de todos los trabajadores migratorios y de sus familiares.

https://www.ohchr.org/sites/default/files/cmw_SP.pdf

DERECHOS POLÍTICO-ELECTORALES DE LAS PERSONAS INDÍGENAS COMO GARANTE DE LA DEMOCRACIA

Benito Lima Montaño*
Aristeo Villalba Cortez**
Miguel Ángel Hernández Gómez***

SUMARIO: I. Introducción. II. Origen de la ciudadanía. III. Marco jurídico en la normatividad electoral en favor de las comunidades indígenas. IV. Criterios relevantes en materia electoral indígena. V. Conclusiones. VI. Fuentes de investigación.

I. INTRODUCCIÓN

Los grupos indígenas son considerados parte del patrimonio Nacional ya que conservan rasgos culturales prehispánicos que enriquecen al país y que, de acuerdo al INEGI en su comunicado de prensa del 8 de agosto de 2022, la población total es de 11 800 247 personas en hogares indígenas que equivale a 9.4% de la población.[1]

---

* Profesor de la Universidad Autónoma del Estado de Morelos (UAEM) de la Licenciatura en Derecho, Doctor en Derecho, correo electrónico benito.lima@uaem.edu.mx

** Profesor de la Universidad Autónoma del Estado de Morelos (UAEM) de la Licenciatura en Derecho, Doctor en Derecho, correo electrónico aristeo.villalbacor@uaem.edu.mx

*** Profesor Investigador de Tiempo Completo de la Universidad Autónoma de Guerrero (UAGro) de la Licenciatura, de la Maestría y el Doctorado en Derecho Programas inscritos en el SNP-CONAHCYT. Doctor en Derecho. Perfil PRODEP SEP Correo electrónico: 13841@uagro.mx

1 INEGI, Comunicado de prensa 420/22, México, 2022, https://www.inegi.org.mx/contenidos/saladeprensa/aproposito/2022/EAP_PueblosInd22.pdf

Considerando el porcentaje tan alto de este grupo social y los esfuerzos que se requieren para que su voz sea escuchada en un sistema jurídico neo-romano que implica que la norma sea quien en primer lugar brinde la certeza y seguridad jurídica a las minorías, atendiendo sus usos y costumbres, su dialecto, su organización, pero sobre todo sus necesidades como en su momento lo expresaba el filósofo griego Aristóteles en su apotegma de "Tratar igual a los iguales y desigual a los desiguales", que no es otra cosa más que ofrecer las oportunidades a los desiguales (grupos indígenas) para adquirir la equidad ante la aplicación de la norma de carácter electoral y la representatividad sin menoscabar sus derechos sustantivos y las características propias del grupo.

Como lo afirma el autor Luigi Ferrajoli, las diferencias, sean naturales o culturales, no son otra cosa que los rasgos específicos que diferencian y al mismo tiempo individualizan a las personas, y que en cuanto tales, son tutelados por los derechos fundamentales. Las desigualdades, sean económicas o sociales, son en cambio las disparidades entre sujetos producidas por la diversidad de sus derechos patrimoniales, así como de sus posiciones de poder y sujeción. Las primeras concurren, en su conjunto, a formar las diversas y concretas identidades de cada persona; las segundas, a formar las diversas esferas jurídicas.[2]

Por lo anteriormente aseverado estamos en la esfera jurídica de los derechos extrapatrimoniales que el Estado Mexicano ha considerado en su carta magna desde su incursión en la protección de los Derechos Humanos, el cuidado de las minorías en los diferentes ámbitos, donde confluye la peculiaridad del Derecho Público como dictaminador del Estado sobre los particulares y el Derecho Social al cuidado de los diversos grupos vulnerables.

Atendiendo a la igualdad Política, que es uno de principios de los gobiernos democráticos en cuanto a la participación social es muy adecuado el pensamiento del autor Manuel Atienza que señala que dicha premisa tiene que ver con el reparto o la

---

2 Luigi Ferrajoli, Derechos y garantías. La ley del más débil, p. 82

distribución del poder político en una sociedad y básicamente se entiende de dos formas, la primera se refiere a la existencia de igualdad en los procesos para elegir a quienes detentan el poder y, la segunda, a la manera como está repartido el poder, para que se produzca una igualdad en el resultado.[3]

Cuando no se dan las condiciones en el desarrollo de estos grupos, se generan brotes de riesgos para el Estado de Derecho al no legitimarse la norma, como ocurre en los Caracoles Chiapanecos, en los que incluso en el año 2019 aun fueron reconocidos por las propias comunidades 5 caracoles y buen gobierno, en este Estado;[4] lo que llevo a modificar normas en materia electoral, precedentes y criterios jurisprudenciales.

II. ORIGEN DE LA CIUDADANÍA

El ser humano por su propia naturaleza es llamado a convivir en sociedad, lo que representa grandes retos como en su momento lo llego a señalar el gran filosofo Aristóteles con el concepto *zoon politikon* en una especificidad ontológica, lo que implica que el raciocinio que caracteriza a nuestra especie va más allá del solo pertenecer a un grupo social, teniendo además la necesidad de ser escuchados y de detentar el poder alejados de los gobiernos autoritarios donde más que ciudadanos las personas se convierten en esclavos.

El tema de la ciudadanía se ha vuelto central en las discusiones políticas, sociales y jurídicas del pensamiento contemporáneo. Y no porque sea este un tema nuevo sino por los agitados cambios que se están produciendo en las democracias modernas que han

---

3 Cf. Manuel Atienza, El sentido del derecho, pp. 173 y ss. 12 Un claro ejemplo al respecto plantea el mismo al autor al referirse al sufragio universal, que aun cuando, desde el punto de vista del procedimiento, puede ser considerado como regla igualitaria, no redunda en un reparto igualitario del poder político. Ibid., pp. 176 y 177

4 Raúl Romero, La Jornada, Los caracoles zapatistas, https://www.jornada.com.mx/2019/08/17/opinion/015a2pol

llevado a las sociedades a replantearse y a repensar los conceptos clave con los que se ha construido la democracia actual.

Por ello, no vemos ajeno adentrarse en el tema de la ciudadanía en tanto se relaciona con dos aspectos fundamentales: el sistema electoral y la participación ciudadana como pilares de la democracia actual, la ciudadanía es el concepto en el que se conjuntan la vida política del individuo, es decir, su participación activa en las decisiones públicas con el derecho a ejercer precisamente. Es en la ciudadanía donde el individuo se hace responsable de su actuación en la vida pública a través de la participación ciudadana.

Respecto a que características se deben adquirir para ser parte de la ciudadanía de un Estado-Nación, podemos apreciar distintas regulaciones a través de la Historia, iniciemos con Roma en la época de la República donde para ser ciudadano era necesario ser romano, sin reconocer el derecho de suelo, solo el derecho de sangre; los privilegios jurídicos que solo un ciudadano romano podía ejercitar eran: Derechos de naturaleza política o de derecho público, el *ius sufragii* o derecho a participar como votante en las asambleas ciudadanas; el *ius honorum* o derecho a ser candidato a las magistraturas electivas; la *provocatio ad populum* o derecho de apelar a las condenas a muerte de un magistrado romana para ante los comicios centuriados; Respecto al Derecho privado, el *ius comercium* o derecho de celebrar actos y contratos de acuerdo a la ley romana, el *ius connubium* o el derecho de contraer matrimonio según el *ius civile* y adquirir la Patria Potestad sobre los miembros *alieni iuris* de su familia.[5]

Analizando las características anteriores y la desigualdad que existía en esta sociedad antigua, sobre el trato hacia los esclavos y los extranjeros que cooperando con la subsistencia del Estado estaban completamente relegados de las decisiones trascendentales.

---

5 Ver Tagle Martínez, Hugo, Ius sufragii y ius honorum, en Revista Chilena de Derecho, 20 (Santiago, 1993), pp. 345-352.

Así mismo el autor Derek Heater distingue cinco formas de ciudadanía a lo largo de la historia: feudal, monárquica, tiránica, nacional y ciudadana.[6] Cada una de estas formas de ser ciudadano implica una relación distinta con la sociedad y con el Estado. La relación feudal de tipo jerárquico que se basaba por los vínculos entre vasallos y señores, teniendo todo el reconocimiento estos últimos y utilizando su poderío sobre los primeros; en el sistema monárquico el único ser que goza de privilegios y representación es el rey, y se distingue por tener la obediencia de los súbditos ya que detentaba desde la administración, hasta la impartición de justicia, en este sistema los individuos son nulificados ante la autoridad. En la tiranía el poderoso se degrada de tal forma que los individuos lejos de ser súbditos se vuelven "adoradores", para apoyar el sistema. Por su parte, la ciudadanía nacional se da cuando los individuos se identifican con su respectiva nación y con su grupo cultural generando el sentimiento de pertenencia que incluso actualmente se ha consignado como derecho humano sustantivo, que produce en el individuo una participación activa de las problemáticas sociales. Por ultimo de acuerdo a lo planteado por el autor, estamos ante la presencia de la ciudadanía "civil" que se define, no como la relación de un individuo con otro individuo como en los sistemas mencionados, ni con un grupo como en la ciudadanía nacional sino en la relación del individuo con el Estado; es decir, estamos ante una relación o contrato social en el que el individuo cede una parte de su libertad para recibir derechos y protección del Estado, pero a su vez, este contrato implica obligaciones para con el mismo teniendo una valoración de "buenos" o "malos" ciudadanos de acuerdo a la responsabilidad que asuman en el contrato social establecido, gestando el Estado de Derecho.

En el Estado moderno se constituye a la ciudadanía como aquella otorgada por el Estado a los individuos que legitiman las reglas del pacto social. "Los conceptos de autonomía, igualdad, y par-

---

6 Derek Heater, Ciudadanía, Una breve historia, Madrid, Alianza Editorial, 2007. p. 10.

ticipación ciudadana distinguen a la ciudadanía de otras formas de identidad sociopolítica, ya sea feudal, monárquica o tiránica".[7]

De acuerdo con García y Lukes; cabe entender a la ciudadanía como una conjunción de tres elementos constitutivos: la posesión de ciertos derechos, así como la obligación de cumplir ciertos deberes en una sociedad específica; pertenencia a una comunidad política determinada (normalmente el Estado), que se ha vinculado generalmente a la nacionalidad; y la oportunidad de contribuir a la vida pública de esa comunidad a través de la participación[8]

Considerando las premisas expuestas anteriormente podemos estudiar el termino ciudadanía que implica derechos y deberes ante el Estado; en segundo lugar como relación política "en el sentido de pertenencia a una comunidad estatal en donde suelen estar anclados los imaginarios y valores de la nacionalidad, mismos que sintetizan ciertos principios de identidad, reflejo de orígenes, historia y vivencias compartidos para una comunidad que se asienta en un territorio común: el Estado-nación"; y en tercer lugar la ciudadanía como participación ciudadana.[9]

La participación ciudadana implica actualmente uno de los pilares de los gobiernos democráticos, la cual ha sido definida por el autor Luis Reyes como una posibilidad y una oportunidad de los individuos en la toma de decisiones de la vida pública, pero depende de tradiciones, valores y cultura aprendidos en los procesos de socialización que se han configurado. Cada sociedad da lugar a distintos modelos y sistemas de participación dependiendo de su historia. Idealmente, se espera que la participación sea libre y voluntaria.[10]

Enfatizando que la participación implica el reconocimiento de tradiciones, valores y cultura, entramos al reconocimiento de la diversidad que existe en México, donde se presenta la multicultu-

---

7 Ibídem, p. 13.

8 Citados en Luis Reyes García, Disponible en: *http://www.redalyc.org/articulo.oa?id=72630717005*. Fecha de consulta: 19 de junio de 2023.

9 *Ibidem.*

10 *Ibidem.*

ralidad y la interculturalidad de los diversos grupos étnicos en la sociedad, que conlleva a otro pilar de la democracia y es el reconocimiento de las minorías y sus necesidades concretas como es el caso de su representatividad y el poder acceder a emitir su voluntad considerando entre otras cosas su lengua, siendo actualmente el náhuatl como la más utilizada.[11]

III. MARCO JURÍDICO EN LA NORMATIVIDAD ELECTORAL EN FAVOR DE LAS COMUNIDADES INDÍGENAS

Robert Alexy afirma que existen tres formas de contemplar la relación entre derechos humanos y democracia: una ingenua, una idealista y una realista.[12]

Respecto a la concepción ingenua y atendiendo que el fin último es salvaguardar los derechos del individuo en ambos casos, se considera que ninguno se contrapone al otro; en cambio, en la idealista se reconoce que existe un conflicto entre ambas figuras, pero que se resuelve atendiendo a la disposición de una sociedad comprometida e ideal, aquella que no haga distinciones provocando desigualdad social y por último la realista, que nos lleva al profundo dilema de los límites entre el pueblo y el Estado.

Todo lo anterior nos centra en los derechos políticos que son el grupo de atributos de la persona que hacen efectiva su participación como ciudadano de un determinado Estado. En otras palabras, se trata de facultades o, mejor dicho, de titularidades que, consideradas en conjunto, se traducen en el ejercicio amplio de la participación política. Hay una relación estrecha entre los derechos políticos y la participación política, entendida como un

---

11 INEGI, Comunicado de prensa 420/22, México, 2022, https://www.inegi.org.mx/contenidos/saladeprensa/aproposito/2022/EAP_PueblosInd22.pdf

12 Robert Alexy, "Los derechos fundamentales y el Estado constitucional democrático", en Miguel Carbonell (editor) Neoconstitucionalismo(s), México, UNAM-Trotta, 2003.

concepto complejo. Si consideramos la noción de participación política como "toda actividad de los miembros de una comunidad derivada de su derecho a decidir sobre el sistema de gobierno, elegir representantes políticos, ser elegidos y ejercer cargos de representación, participar en la definición y elaboración de normas y políticas públicas y controlar el ejercicio de las funciones públicas encomendadas a sus representantes"[13] deberemos considerar también la diversidad de facetas en que la participación se ejerce sobre todo considerando ciertos aspectos que presentan los diversos grupos indígenas en el país.

En la Declaración Universal de los Derechos Humanos, siendo estos la base y el esfuerzo internacional para la salvaguarda de la dignidad humana, trato igualitario frente a la norma e incluso el respeto irrestricto de las minorías, señala en su numeral primero "Todos los seres humanos nacen libres e iguales en dignidad y derechos y, dotados como están de razón y conciencia, deben comportarse fraternalmente los unos con los otros"; lo que implica que no existen diferencias entre cada individuo bajo ninguna hipótesis haciendo gala del raciocinio que implica la diferencia con otras especies. Dentro del numeral séptimo se afirma que "todos son iguales ante la ley y tienen, sin distinción, derecho a igual protección de la ley. Todos tienen derecho a igual protección contra toda discriminación que infrinja esta Declaración y contra toda provocación a tal discriminación". La discriminación no solo se puede presentar de manera activa, ya que al no contener disposiciones donde se tome en consideración a las minorías y para el caso del presente el derecho de los pueblos indígenas se está generando una discriminación pasiva por omisión. En la misma Declaración dentro del numeral veintiuno se establece de manera gramatical el sentido de los derechos políticos para los individuos

---

13 Noción adoptada por el Instituto Interamericano de Derechos Humanos a partir de distintas definiciones y postulada como su definición base de los trabajos en materia de derechos derivados de la participación política y su evaluación por medio de indicadores. Al respecto, véase Thompson, 2002: 79-103, citada por Picado, Sonia; Treatise on Compared Electoral Law of Latin America; International IDEA, Sweden, p. 48.

señalando: "1. Toda persona tiene derecho a participar en el gobierno de su país, directamente o por medio de representantes libremente escogidos. 2. Toda persona tiene el derecho de acceso, en condiciones de igualdad, a las funciones públicas de su país. 3. La voluntad del pueblo es la base de la autoridad del poder público; esta voluntad se expresará mediante elecciones auténticas que habrán de celebrarse periódicamente, por sufragio universal e igual y por voto secreto u otro procedimiento equivalente que garantice la libertad del voto".[14] En este precepto no se realiza separación alguna o característica especial para ejercer la ciudadanía y participación activa de todos en la conformación de los actos políticos que contribuyan al mejoramiento en la calidad de vida de las personas.

Respecto al numeral veinticinco del Pacto Internacional de Derechos Civiles y Políticos como al numeral veintitrés del Pacto de San José, hacen referencia al derecho a participar en "asuntos públicos". En esta misma tesitura, el Sistema Interamericano de Derechos Humanos coloca la democracia y el modelo político de la democracia representativa como un derecho humano fundamental.[15]

Por su parte, el numeral tercero de la Carta Democrática de la OEA, señala "Son elementos esenciales de la democracia representativa, entre otros, el respeto a los derechos humanos y las libertades fundamentales; el acceso al poder y su ejercicio con sujeción al estado de derecho; la celebración de elecciones periódicas, libres, justas, y basadas en el sufragio universal y secreto como expresión de la soberanía del pueblo; el régimen plural de partidos y organizaciones políticas; y la separación e independen-

---

14 Declaración Universal de los Derechos Humanos, https://www.un.org/es/documents/udhr/UDHR_booklet_SP_web.pdf

15 Noción adoptada por el Instituto Interamericano de Derechos Humanos a partir de distintas definiciones y postulada como su definición base de los trabajos en materia de derechos derivados de la participación política y su evaluación por medio de indicadores. Al respecto, véase Thompson, 2002: 79-103, citada por Picado, Sonia; Treatise on Compared Electoral Law of Latin America; International IDEA, Sweden, p. 242.

cia de los poderes públicos".[16] Lo que implica el reconocimiento a participar en la vida activa del país, atendiendo a las distintas ideologías configurando la democracia representativa y la libertad de la creación de distintas asociación o partidos políticos.

Al ser México un país que ha suscrito y ratificado diversos tratados de esta índole, constriñéndose al texto del numeral ciento treinta y tres de su carta magna, en donde se reconoce que los tratados internacionales y la antes mencionada tienen el carácter de norma suprema, con lo cual el Derecho interno realiza un respaldo en respeto de los derechos consagrados en los distintos instrumentos internacionales en el que el país es parte. La reforma de 2011 en materia de derechos humanos, refleja el compromiso sobre su reconocimiento y atendiendo a la lucha de los mismos, al reconocer como afirman los ius positivistas que es necesario la regulación desde la norma para alcanzar el Estado de Derecho y otorgar la seguridad jurídica sobre los mismos eliminando esa cuadratura del constitucionalismo clásico para atender a lo que se denomina el nuevo paradigma constitucional o neoconstitucionalismo.[17] Esta idea refleja que la norma debe tener como fin último el bienestar de los individuos, lo que actualmente reconocemos como principio *pro persona*, donde se busca que por medio de los tratados o de la constitución se obtenga el máximo reconocimiento del derecho subjetivo de cada uno, en el caso concreto, la protección de los derechos políticos de los indígenas.

El artículo primero de la Constitución Política de los Estados Unidos Mexicanos, señala "en los Estados Unidos Mexicanos todas las personas gozarán de los Derechos Humanos reconocidos en esta Constitución y en los Tratados Internacionales de los que el Estado mexicano sea parte, así como de las garantías para su protección, cuyo ejercicio no podrá restringirse ni suspenderse,

---

16 *Ibidem*, p. 243.
17 *Ibidem*, p. 72.

salvo en los casos y bajo las condiciones que esta Constitución establece.[18]

El texto anterior permite exigir del Estado, el cumplimiento de los mismos al contener dentro de su cuerpo constitucional el compromiso del respeto a los Derechos Humanos, los cuales como se ha mencionado anteriormente incluyen la no discriminación y la participación de todos en la vida política o también conocida como la vida de la polis (ciudad), atendiendo a cada integrante social. Resulta interesante el texto del artículo tercero de la Constitución donde no solo se reconoce a la democracia como un sistema de gobierno que se quedaría muy limitado o reducido sino también como el mecanismo para obtener el constante mejoramiento en la calidad de vida de las personas.[19] Atendiendo al análisis del texto gramatical, la democracia es para todos, ya que no hace diferencia entre pueblo y población e incluso prioriza el termino calidad de vida, subjetivismo que aun despierta distintas discusiones sobre las bases mínimas que contempla la calidad de vida.

Los derechos de los ciudadanos mexicanos están consagrados en el artículo treinta y cinco de la Constitución Federal, especificando los derechos políticos electorales en las fracciones I a IV, VII y VIII del mismo texto.[20] En estas fracciones hacen referencia a que el ciudadano tiene derecho a votar y ser votado incluso de manera independiente y no a través de un partido político ya que dicho requisito limitaría el derecho del individuo a participar como candidato; a asociarse para tomar parte en forma pacífica en los asuntos políticos del país; a defender a las instituciones; promover leyes, y a votar en las consultas populares, creando sujetos más libres al reconocimiento de los derechos y no solo en la imposición de deberes que formaría una sociedad servil.

---

18 Constitución Política de los Estados Unidos Mexicanos, https://www.diputados.gob.mx/LeyesBiblio/pdf/CPEUM.pdf

19 Idem.

20 Idem.

Ahora bien, para ser "ciudadano" hay que cumplir con los términos del artículo 34° de la Constitución Política de los Estados Unidos Mexicanos, que afirma, son ciudadanos de la República los varones y mujeres que, teniendo la calidad de mexicanos, reúnan, además, los siguientes requisitos: I) haber cumplido 18 años, y II) tener un modo honesto de vivir. Una vez cumplidos los términos de ciudadanía, lo que resta para ejercer los derechos político electorales como tales, es poseer la credencial de elector y estar inscritos en el Padrón Federal Electoral; ambos trámites a realizarse ante la autoridad electoral federal, el Instituto Nacional Electoral (INE).[21]Este precepto nos permite entender quiénes son pueblo, y por tanto son en quienes recae la obligatoriedad de ejercer objetivamente su responsabilidad para con la población, atendiendo que por Hermenéutica Jurídica existen dentro de los grupos étnicos sujetos que pertenecen al pueblo y sujetos que pertenecen a la población. Además de los requisitos constitucionales para la ciudadanía resulta interesante los requisitos de los artículos séptimo y noveno de la Ley General de Instituciones y Procedimientos Electorales donde se establece la igualdad de oportunidades y paridad de género para los cargos de elección popular.[22]Recordando que nuestro sistema jurídico prioriza la ley y deja en menor nivel a la costumbre, abre la puerta a las mujeres de ciertos grupos étnicos a participar como candidatas incluso si sus usos y costumbre no lo permiten, generando una transformación de la perspectiva política de la mujer indígena; ahora bien al establecer la igualdad de oportunidades, se señala la obligatoriedad del Estado para generar los procedimientos que permitan atender a todos los sectores sociales, en el caso de los pueblos indígenas conocer su cultura, tradiciones, lengua, etc.

Respecto a quienes son reconocidos como pueblos indígenas, el artículo segundo, párrafo primero, de la Constitución Política de los Estados Unidos Mexicanos, reconoce la composición

---

21 Idem.

22 Ley General de Instituciones y Procedimientos Electorales, https://www.diputados.gob.mx/LeyesBiblio/ref/lgipe.htm

pluricultural de la nación mexicana, sustentada en los pueblos indígenas que viven en ella, definiéndolos como: "aquellos que descienden de poblaciones que habitaban en el territorio actual del país al iniciarse la colonización y que conservan sus propias instituciones sociales, económicas, culturales y políticas, o parte de ellas".[23]

Así mismo el artículo primero inciso b del Convenio 169 de la Organización Internacional del Trabajo, señala que son pueblos indígenas, aquellos que por el hecho de descender de poblaciones que habitaban en el país o en una región geográfica a la que pertenece el país en la época de la conquista, la colonización o del establecimiento de las actuales fronteras estatales y que, cualquiera que sea su situación jurídica, conservan sus propias instituciones sociales, económicas, culturales y políticas, o parte de ellas[24]

Todo lo anterior implica que estos grupos indígenas son poseedores de una cultura antigua y no improvisada, donde se pretenda hacer pasar por pueblos indígenas aquellos grupos humanos que adquieran características o criterios similares en razón del agrupamiento de ideas.

Las comunidades indígenas al conservar sus rasgos culturales a través de las generaciones y mantener su perpetuidad en el territorio mexicano, es que se han reconocido constitucionalmente. De acuerdo al artículo 2° de la Constitución Política de los Estados Unidos Mexicanos vigente, los pueblos indígenas "son aquellos que descienden de poblaciones que habitaban en el territorio actual del país al iniciarse la colonización y que conservan sus propias instituciones sociales, económicas, culturales y políticas, o parte de ellas".,[25] con este precepto legal se busca reconocer la

---

23 Constitución Política de los Estados Unidos Mexicanos, https://www.diputados.gob.mx/LeyesBiblio/pdf/CPEUM.pdf

24 Convenio 169, Organización Internacional del Trabajo, ttps://www.ilo.org/global/standards/introduction-to-international-labour-standards/conventions-and-recommendations/lang--es/index.htm

25 Congreso constituyente, Constitución Política de los Estados Unidos Mexicanos, 06 de junio de 2023, https://www.diputados.gob.mx/LeyesBiblio/pdf/CPEUM.pdf.

pluriculturalidad de México, así como la protección al derecho para mantener su forma de gobierno y su forma de organización, razón por la que en el apartado A del mismo precepto constitucional consagra los derechos a la autodeterminación, señalando que para el ejercicio de estos derechos, deberán respetarse en todo momento "las garantías individuales, los derechos humanos y, de manera relevante la dignidad e integridad de las mujeres"(CPEUM, art. 2), este límite de los derechos a la autodeterminación establece un criterio importante, al establecer que aun y cuando los pueblos indígenas determinen su propia forma de gobierno para el desarrollo de sus comunidades, deberán respetar los derechos humanos, ya que una situación contraria contravendría lo señalado por el artículo 1° del mismo ordenamiento, lo que evidencia que el legislador realizó una ponderación de los derechos fundamentales, desde el texto normativo, lo que no permite interpretación contraria. En este mismo sentido, se desprende que el Estado al reconocer constitucionalmente estos derechos, también le nace la obligación de establecer los mecanismos legales que permitan el libre ejercicio, por lo que en el apartado B, se señalan una serie de responsabilidades que permitirán a las autoridades, en el ámbito de sus competencias, el respeto en todo momento de los derechos de los pueblos indígenas lo que también conlleva en otorgar la pauta para crear las diversas leyes reglamentarias, en donde los estados que forman parte de la Federación, puedan expedirlas de acuerdo a las comunidades que de manera particular se encuentran en su territorio. Al respecto, el artículo 3° de la Declaración de las Naciones Unidas sobre los derechos de los pueblos indígenas[26] señala que "Los pueblos indígenas tienen derecho a la libre determinación. En virtud de ese derecho determinan libremente su condición política y persiguen libremente su desarrollo económico, social y cultural". Asimismo, el Tribunal Electoral de la Federación emitió el criterio jurisprudencial 19/2014, del rubro

---

26 Organización de las Naciones Unidas, Declaración de las naciones unidas sobre los derechos de los pueblos indígenas, marzo de 2008, *https://www.un.org/esa/socdev/unpfii/documents/DRIPS_es.pdf*.

"Comunidades indígenas. Elementos que componen el derecho de autogobierno" que a la letra dice:

> De la interpretación de los artículos 2, de la Constitución Política de los Estados Unidos Mexicanos; 2, apartado 2, inciso b), 4, apartado 1, 5, inciso b), y 8 del Convenio sobre Pueblos Indígenas y Tribales en Países Independientes; 4, 5 y 20 de la Declaración de las Naciones Unidas sobre los Derechos de los Pueblos Indígenas, se desprende que las citadas comunidades tienen derecho a participar sin discriminación alguna, en la toma de decisiones en la vida política del Estado, a través de representantes electos por ellos de acuerdo con sus procedimientos. En este sentido, el derecho de autogobierno como manifestación concreta de la autonomía comprende: 1) El reconocimiento, mantenimiento y defensa de la autonomía de los citados pueblos para elegir a sus autoridades o representantes acorde con sus usos y costumbres y respetando los derechos humanos de sus integrantes; 2) El ejercicio de sus formas propias de gobierno interno, siguiendo para ello sus normas, procedimientos y prácticas tradicionales, a efecto de conservar y reforzar sus instituciones políticas y sociales; 3) La participación plena en la vida política del Estado, y 4) La intervención efectiva en todas las decisiones que les afecten y que son tomadas por las instituciones estatales, como las consultas previas con los pueblos indígenas en relación con cualquier medida que pueda afectar a sus intereses. Así, el autogobierno de las comunidades indígenas constituye una prerrogativa fundamental, indisponible para las autoridades y, por tanto, invocable ante los órganos jurisdiccionales para su respeto efectivo a través del sistema de medios de impugnación en materia electoral.[27]

De los preceptos mencionados y de la tesis citada, se puede concluir que el derecho de los pueblos indígenas para decidir sobre su forma de organización política, es un derecho fundamental plenamente reconocido por la comunidad internacional, y que, en ese tenor el Estado Mexicano a través del Tribunal Electoral ha otorgado la interpretación que corresponde en el mismo sentido.

---

27 Jurisprudencia 19/2014. Gaceta de Jurisprudencia y Tesis en materia electoral, Tribunal Electoral del Poder Judicial de la Federación. Quinta época, año 7, número 14, 2014, pp. 24, 25 y 26.

IV. CRITERIOS RELEVANTES EN MATERIA ELECTORAL INDÍGENA

Una de las discusiones actuales sobre los Derechos Humanos, en los cuales se incluyen los Derechos Políticos y que han sido resultado de las luchas sociales en donde los mismos pueblos indígenas han protagonizado la defensa de los mismos, siendo el Estado el obligado en garantizar el acceso a la justicia a todos ellos. Una forma en la cual se ha actuado es en la suplencia absoluta de la queja, la Sala Superior del TEPJF sostuvo que esta es una figura jurídica que ha seguido históricamente una tendencia progresiva y sistemática tendiente a expandir su aplicación a diversas materias.[28] Con el propósito de favorecer a la parte más débil del proceso, debe ser antiformalista al dirigirse a los individuos que pertenecen a grupos sociales que están en una situación de desigualdad real. En opinión del TEPJF, en el razonamiento de la jurisprudencia citada anteriormente señala que la Constitución Política de los Estados Unidos Mexicanos exige un tratamiento diferenciado entre individuos cuando sea indispensable para lograr un acceso efectivo a los tribunales de justicia constitucional eliminando toda forma de obstáculo que pueda impedir esta meta; entre las cuales se encuentran la designación de un intérprete y de traducción de las actuaciones efectuadas en el juicio; En el caso de San Jerónimo Sosóla, el TEPJF suplió la deficiencia de los agravios, acto que fundamentó en la pertenencia del actor a una comunidad indígena y que no necesariamente se debía a la falta del conocimiento del español. Porque consideró que tanto las cinco demandas de juicio para la protección de los derechos políticos electorales del ciudadano como la sentencia SX-JDC-398/2010[29] y acumuladas, que emitió la Sala Regional Xalapa estaban escritos en español. Además, basándose en la Enciclopedia de los municipios de México. Estado de Oaxaca, sólo 14 personas de los 2,736

---

[28] Jurisprudencia 13/2008, https://www.te.gob.mx/IUSEapp/tesisjur.aspx?idtesis=13/2008&tpoBusqueda=S&sWord=1

[29] Sentencia SX-JDC-398/2010, https://www.te.gob.mx/EE/SX/2010/JDC/398/SX_2010_JDC_398-118993.pdf

habitantes del municipio, hablaban una lengua indígena (mixteco), por lo que no existía alguna razón para que se designara a un intérprete o se realizara la traducción de las actuaciones que se realizaron en el juicio, a fin de garantizarles el pleno acceso a la jurisdicción del Estado, así como para que preservaran y enriquecieran su lengua. (Tesis XIV/2012).

Lo anterior muestra la línea tan delgada en la preservación de las características particulares para cada uno de los grupos indígenas, el cuidado en la valoración de las necesidades sin vulnerar el derecho de quienes no pertenecen a los mismos, atendiendo solo las situaciones que los dejan en desventaja frente a otros.

Ahora bien, en cuanto a los criterios procesales que se deben determinar en este grupo vulnerable es importante recordar el contenido del artículo diecisiete de la Constitución Política de los Estados Unidos Mexicanos que dice: Toda persona tiene derecho a que se le administre justicia por tribunales que estarán expeditos para impartirla en los plazos y términos que fijen las leyes, emitiendo sus resoluciones de manera pronta, completa e imparcial…”.[30]

Atendiendo al acceso a la justicia actualmente existen diversas tesis como lo son:

a) Tlacolulita, Oaxaca, SUP-JDC 037/1999[31] y Tesis XXIV/2000, Designación de intérprete o traducción de las actuaciones en el juicio. Con el fin de garantizar el pleno acceso a la jurisdicción del Estado a todo ciudadano indígena, cuando conozcan de los medios de impugnación, el juzgador debe valorar la designación de un intérprete y de realizar la traducción de las actuaciones efectuadas en el juicio, tomando en consideración el idioma en el que se redactó la demanda y la lengua que habla la comunidad.

30 Constitución Política de los Estados Unidos Mexicanos, https://www.diputados.gob.mx/LeyesBiblio/pdf/CPEUM.pdf

31 Juicio en revisión, https://www.te.gob.mx/sentenciasHTML/convertir/expediente/SUP-JDC-00037-1999.

Dicha tesis señala la importancia que tiene el traductor para los pueblos indígenas, haciendo aquí incluso un énfasis en que no solo se requiere de alguien que conozca la lengua sino de un profesional en Derecho que dimensione y maneje los tecnicismos procesales para una adecuada intervención.

b) Tesis XIV/2012[32] Legitimación de los ciudadanos indígenas. Lo anterior fue asentado en una tesis relevante en la que se indica que: todo ciudadano indígena tiene legitimación para presentar un medio de impugnación que tenga como finalidad controlar la regularidad de comicios bajo el sistema de usos y costumbres.

Respetando los Derechos Humanos y lo consagrado por el artículo segundo constitucional, donde se primicia el respeto a las tradiciones, usos y costumbres de los pueblos originarios, seria incongruente que aquellos no gozaran de acceso a los medios de impugnación de los mismos que darían la certeza de las decisiones de los pueblos indígenas.

Por cuanto a la aplicación del sistema normativo indígena en las elecciones tanto ciudadanos como autoridades deben atender lo siguiente:

a) Sus normas consuetudinarias Tesis CXLVI/2002.[33] En dicha Tesis se señala la obligatoriedad de las autoridades federales, estatales y municipales en el respeto de los usos y costumbres en la elección de sus representantes.

b) El lugar en donde se llevan a cabo las elecciones Tesis CXLV/2002.[34] Cuando el lugar donde se llevan las elecciones ha sido señalado por la libre determinación de los pueblos indígenas es importante que las autoridades generen

---

32 https://www.te.gob.mx/IUSEapp/tesisjur.aspx?idtesis=14/2012&tpoBusqueda=S&sWord=14/2012

33 https://www.te.gob.mx/IUSEapp/tesisjur.aspx?idtesis=CXLVI/2002&tpoBusqueda=S&sWord=Tesis,CXLVI/2002

34 https://mexico.justia.com/federales/jurisprudencias-tesis/tribunal-electoral/tesis-cxlv-2002/

las condiciones para que se lleven a cabo las actividades conforme al sistema normativo indígena.

c) La forma de organización para elegir a sus representantes Tesis CXLVI/2002; cuando ya está preservado el lugar para llevar a cabo dichas elecciones, es importante reconocer los distintos procedimientos que se han generado por uso y costumbre para llevarse a cabo.

Atribuciones del Consejo General del Instituto Electoral de Oaxaca que tiene ante elecciones por el sistema normativo indígena, con fundamento en la Tesis CXLIII/2002[35]

a) Conocer de los casos de controversia que surjan respecto de la renovación de los ayuntamientos mediante los usos y costumbres, previendo situaciones hasta de conciliación entre las partes, El mismo criterio se aplicó en los casos SUP-JDC-2542/2007, San Juan Bautista Guelache, Oaxaca y en el SUP-JDC-2568/2007, San Nicolás Miahuatlán, Oaxaca, considerando que en materia electoral la jurisprudencia se forma a partir de tres tesis (sentencias) en un mismo sentido nace la numero 15/2008, la cual a la letra manifiesta:

COMUNIDADES INDÍGENAS. LA AUTORIDAD ELECTORAL DEBE PROVEER LO NECESARIO PARA LLEVAR A CABO LAS ELECCIONES POR USOS Y COSTUMBRES (LEGISLACIÓN DE OAXACA).

De los artículos 2, apartado A, fracciones III y VII y 116, párrafo segundo, fracción IV, inciso b), de la Constitución Política de los Estados Unidos Mexicanos; 25, apartado C, de la Constitución Política del Estado Libre y Soberano de Oaxaca; 58 y 125 del Código de Instituciones y Procedimientos Electorales de Oaxaca, se desprende que las autoridades electorales están obligadas a proveer lo necesario y razonable para que las comunidades indígenas elijan a los ayuntamientos conforme al sistema de usos y costumbres, propiciando, la conciliación, por los medios a su alcance, como

[35] https://mexico.justia.com/federales/jurisprudencias-tesis/tribunal-electoral/tesis-cxliii-2002/

es la consulta con los ciudadanos que residen en el municipio. La autoridad electoral, en ejercicio de sus atribuciones, debe procurar las condiciones que permitan llevar a cabo la celebración de los comicios.[36]

Esto implica el reconocimiento no solo del territorio sino también de los deberes impuestos por la comunidad, atendiendo en todo momento el Consejo General, las necesidades para el desarrollo pacífico de las elecciones, respetando la jurisprudencia antes mencionada.

Por tanto, cuanto a quienes son considerados indígenas y atendiendo al contenido del artículo segundo constitucional y el principio de suplencia que se otorga en materia electoral a los indígenas bastará con la autoadscripción al pueblo indígena y si existe oposición a dicho reconocimiento será el oponente el que deberá ofrecer las pruebas para acreditar su dicho, dichas normas electorales también están sujetas al control constitucional. En consecuencia, la Jurisprudencia 19/2012[37] dicta: "las normas de los sistemas normativos indígenas, de carácter electoral, deben considerarse parte integrante del sistema normativo jurídico electoral, es decir, de las leyes en materia electoral, que las Salas del Tribunal Electoral del Poder Judicial de la Federación pueden llegar a inaplicar por estimarlas inconstitucionales".

Es así que, México con la intención de compensar la realidad jurídica con la realidad fáctica de los grupos indígenas y a efecto de establecer una igualdad material entre este sector vulnerable con el resto de la sociedad ha llevado a cabo acciones afirmativas. En el Estado de Morelos a través del Instituto Morelense de Procesos Electorales y Participación Ciudadana (IMPEPAC), se aprobaron los lineamientos para el registro y asignación de candidaturas

---

36 https://mexico.justia.com/federales/jurisprudencias-tesis/tribunal-electoral/jurisprudencia-15-2008/

37 https://mexico.justia.com/federales/jurisprudencias-tesis/tribunal-electoral/jurisprudencia-19-2012/

indígenas que participarán en el proceso electoral 2020-2021,[38] en el que se elegirán diputaciones locales al congreso del estado e integrantes de los ayuntamientos, en los que se instó a los partidos políticos a registrar en las listas plurinominales a dos personas indígenas de género diferente. Esta acción llevó a que los grupos indígenas tuvieran una representación fáctica en la toma de decisiones políticas, sin embargo, y con la finalidad de otorgar la mayor protección a los derechos político-electorales de los indígenas el Tribunal Electoral de la Federación emitió el criterio jurisprudencial 03/2023 del rubro "Comunidades indígenas. Los partidos políticos deben presentar elementos que demuestren el vínculo de la persona que pretenden postular con la comunidad a la que pertenece, en cumplimiento a una acción afirmativa" que a la letra se inserta:

> Hechos: En los tres casos la Sala Superior tuvo que determinar si para la postulación de las candidaturas que se autoadscribieron como personas indígenas en el cumplimiento de una acción afirmativa era o no suficiente su simple manifestación para ubicarlos como miembros de esas comunidades, o bien, si, por el contrario, los partidos debían presentar pruebas para comprobar el vínculo comunitario de las personas postuladas y, en esa medida, evitar una autoadscripción no legítima. Además, se cuestionó cuáles eran algunos de los documentos o elementos objetivos para acreditar fehacientemente ese vínculo.
>
> Criterio jurídico: En la postulación de candidaturas indígenas y en cumplimiento a una acción afirmativa; los partidos políticos además de la declaración respectiva deben proporcionar los elementos objetivos necesarios con los que se acredite la auto adscripción calificada, y el vínculo efectivo de la persona que se pretende postular con la comunidad indígena a la que pertenece.
>
> Justificación: Con base en lo previsto en el artículo 2° de la Constitución Política de los Estados Unidos Mexicanos; el Convenio 169 de la Organización Internacional del Trabajo sobre Pueblos Indígenas y Tribales en Países Independientes; la Declaración de las Naciones Unidas sobre Derechos Indígenas y la jurisprudencia 12/2013, de rubro COMUNIDADES INDÍGENAS. EL CRITERIO DE AUTOADSCRIPCIÓN ES SUFICIENTE

[38] Instituto Morelense de Procesos Electorales y Participación Ciudadana, ACUERDO IMPEPAC / CEE /128/ 2021, 05 de marzo de 2021, http://impepac.mx/wp-content/uploads/2014/11/InfOficial/Acuerdos/2021/02%20Feb/ACUERDO-128-E-U-28-02-2021.pdf.

> PARA RECONOCER A SUS INTEGRANTES, la Sala Superior ha sostenido que es necesario acreditar la autoadscripción calificada, a fin de que la acción afirmativa verdaderamente se materialice, para lo cual, es necesario demostrar el vínculo efectivo con las constancias que emiten las instituciones sociales, económicas, culturales y políticas distintivas de la comunidad a la que se pertenece. Con la finalidad de garantizar que la ciudadanía vote efectivamente por candidaturas indígenas, asegurando que las personas electas representarán los intereses reales de los grupos en cuestión. En ese sentido las autoridades y los actores políticos tienen el deber de vigilar que esas candidaturas postuladas, sean ocupadas por personas indígenas con vínculos a sus comunidades que pretenden representar y evitar una autoadscripción no legítima.[39]

La tesis anterior, permite dilucidar que la protección de los derechos político-electorales de los indígenas no solo se limitarán a la protección legal, sino a establecer mecanismos que garanticen su protección en la práctica, lo que es extensivo y realmente fortalece el estado democrático, lo que permite la libre participación ciudadana y busca establecer la igualdad material para los grupos indígenas.

V. CONCLUSIONES

Es un tema controversial donde se atienden diversos elementos filosóficos como lo es el derecho subjetivo de los indígenas, que es un concepto fundamental del Derecho, en un mundo desigual y polarizado, buscando álgidamente el reconocimiento que pueda llevar a una equidad social, aquella de la que hablaba Jacobo Rosseau, partiendo de lo objetivo no podemos justificar como en su momento lo han sostenido las teoría iusnaturalistas sobre las prerrogativas de las que se deben gozar por nuestra propia naturaleza, ya que incluso los derechos humanos han sido reconocidos a base de luchas e incluso la Declaración de los Derechos

---

39 Jurisprudencia 03/2023, pendiente su publicación en la Gaceta de Jurisprudencia y Tesis en materia electoral, Tribunal Electoral del Poder Judicial de la Federación. Séptima época, sesión de la Sala Superior el 12 de abril de 2023, se declaró formalmente obligatoria.

del Hombre y del ciudadano que fueron resultado de la Revolución Francesa de 1789, fueron por mucho tiempo solo principios morales de cumplimiento opcional, lo que dio como resultado la aplicación de las teorías ius-positivistas, reconociendo la obligación al estar consagrada en una norma, por tanto el derecho que los indígenas están teniendo ha sido a base de la lucha por su reconocimiento, que no solo seguirá siendo progresista, sino que para el propio Estado implicara el ingresar a la teoría de los Riesgos y el mantenimiento del Estado de Derecho, ya que muchos de los usos y costumbres implican un deber, que es característico de las sociedades serviles y que debe mutar a un derecho característico de las sociedades democráticas y libre.

El estado siempre ha velado a través de la suplencia absoluta de la queja que los derechos fundamentales de los integrantes de los pueblos indígenas se cumplan debidamente ante los tribunales electorales, figura jurídica progresiva y sistemática que cumple con el propósito de favorecer a los grupos vulnerables y un proceso efectivo ante los tribunales de justicia electoral; así mismo la autoridad electoral debe proveer lo necesario para llevar a cabo las elecciones por usos y costumbres.

En la postulación de candidaturas indígenas y en cumplimiento a una acción afirmativa como se ha hecho en el Estado de Morelos, los partidos políticos además de la declaración respectiva deben proporcionar los elementos objetivos necesarios con los que se acredite la auto adscripción calificada, y el vínculo efectivo de la persona que se pretende postular con la comunidad indígena a la que pertenece, actualizándose la protección de los derechos político-electorales de los indígenas ya que no solo se limitarán a la protección legal, sino a establecer mecanismos que garanticen su protección en la práctica, lo que es extensivo y realmente fortalece el estado democrático, permite la libre participación ciudadana y busca establecer la igualdad material para los grupos indígenas.

VI. FUENTES DE INVESTIGACIÓN

Derek Heater, Ciudadanía, Una breve historia, Madrid, Alianza Editorial, 2007

Luigi Ferrajoli, Derechos y garantías, la ley del más débil. Ed. Trotta, 2016

Manuel Atienza, El sentido del derecho, Ed. Ariel, México 2018

Tagle Martínez, Hugo, Ius sufragii y ius honorum, en Revista Chilena de Derecho, 20 Santiago, 1993

Raúl Romero, La Jornada, Los caracoles zapatistas, revista La Jornada, https://www.jornada.com.mx/2019/08/17/opinion/015a2pol

INEGI, Comunicado de prensa 420/22, México, 2022, https://www.inegi.org.mx/contenidos/saladeprensa/aproposito/2022/EAP_PueblosInd22.pdf

Luis Reyes García,: http://www.redalyc.org/articulo.oa?id=72630717005. Fecha de consulta: 19 de junio de 2023.

Picado, Sonia; Treatise on Compared Electoral Law of Latin America; International IDEA, Sweden,

Legislación

Declaración Universal de los Derechos Humanos

Convenio 169, Organización Internacional del Trabajo

Constitución Política de los Estados Unidos Mexicanos

Ley General de Instituciones y Procedimientos Electorales

Semanario Judicial de la Federación

Jurisprudencia 13/2008

Jurisprudencia 15/2008

Jurisprudencia 14/2012

Jurisprudencia 19/2012

Sentencia SX-JDC-398/2010

SUP-JDC-00037-1999.

Tesis CXLVI/2002

TESIS-CXLIII-2002/